Betriebs geschichte und allgemeine Geschichte

Herausgegeben
von der Arbeitsstelle
Wirtschaftsgeschichte
der Deutschen Akademie
der Wissenschaften
zu Berlin

Eine Kollektivarbeit zu methodologischen Fragen der Betriebs-geschichtsschreibung

AKADEMIE-VERLAG
BERLIN
1965

Die hier abgedruckten Beiträge sind erschienen in:
JAHRBUCH FÜR WIRTSCHAFTSGESCHICHTE 1964 · TEIL II/III
AKADEMIE-VERLAG GmbH, BERLIN 1964

Erschienen im Akademie-Verlag GmbH, 108 Berlin 8, Leipziger Straße 3–4

Lizenznummer: 202 · 100/241/65
Gesamtherstellung: IV/2/14 VEB Werkdruck 445 Gräfenhainichen · 2492
Bestellnummer: 2103/64/2–3/S · ES 5 B 2 · Preis: MDN 5,50

INHALT

EINLEITUNG

Die Notwendigkeit, Betriebsgeschichte zu schreiben, wird heute nicht mehr bestritten, wenngleich die tatkräftige Förderung der Autorenkollektive, die aus dieser Erkenntnis erwachsen sollte, in vielen Betrieben noch zu wünschen übrig läßt. Es war kein geringerer als Maxim Gorki, der 1931 die Arbeiter in der Sowjetunion dazu aufrief, die Geschichte ihrer Fabriken und Werke zu schreiben: „Um die gewaltige Bedeutung ihrer Errungenschaften, ihrer wirtschaftlichen Erfolge verstehen zu können, muß die Arbeiterklasse auch die Vergangenheit, den stark beschmutzten Boden kennen, auf dem sie ihren neuen Staat zu bauen begann. Alles wird durch den Vergleich bewußt, und um die Gegenwart richtig zu schätzen, muß man die Vergangenheit kennen. Es gibt viele unter uns, die die Schinderei der Vergangenheit gar nicht kennen und daher die Gegenwart überhaupt nicht richtig einzuschätzen vermögen ...
Die Arbeiter schufen das Werk, auch sie müssen die Geschichte seines Entstehens schreiben – die Geschichte ihrer Arbeit."[1]
Die Geschichte *ihrer* Arbeit! Der ganze Stolz der Arbeiterklasse auf das Werk ihrer Hände klingt aus diesen Worten. Generationen von Arbeitern haben das Ihre dazu beigetragen, Erfahrungen gesammelt und weitergegeben: Generationen haben gekämpft, Siege errungen und Niederlagen erlitten, auch hierbei Erfahrungen gesammelt und auch diese weitergegeben, bis Kraft und Wissen reichten, um die Fesseln der Ausbeutung zu sprengen. Die Geschichte ihrer Arbeit ist die Geschichte ihrer schöpferischen Kraft.
So wenig eine Gesellschaft denkbar ist ohne produktive Tätigkeit – weil diese die Voraussetzung für ihre Existenz überhaupt ist –, so wenig ist ein Land denkbar ohne Warenproduktion, ohne Handel und Verkehr, ohne Export und Import. Ja, die Anzahl seiner Fabriken und Werke und deren Entwicklungsstand sind ein Kriterium dafür, ob es ein entwickeltes oder ein schwachentwickeltes Land, ein Industrie- oder ein Agrarstaat ist. Damit ist die Bedeutung der Betriebe für die Geschichte und damit auch für die Geschichte eines Landes in großen Umrissen angedeutet.

1 *Gorki, Maxim,* Die Geschichte der Fabriken und Werke, in: Prawda v. 7. 12. 1931. Übersetzung des vollständigen Artikels abgedr. bei: Jonas, Wolfgang, das Leben der Mansfeld-Arbeiter, Berlin 1957, S. 9–16.

Stellen wir uns die Frage: Was ist Betriebsgeschichte, welchen Platz nimmt sie in der allgemeinen Geschichte ein? Von der gesamten gesellschaftlichen Entwicklung aus gesehen, ist sie ein Bestandteil der Geschichte unseres Volkes, so wie der einzelne Betrieb selbst ein Bestandteil, eine Zelle oder eine Einheit der Gesellschaft ist. Vom Betrieb aus gesehen, ist sie die Geschichte eines Werkes, das mit dem Fleiß, mit der Überlegung werktätiger Menschen errichtet und erhalten wurde und wird. Sind es alte Werke, so sind es auch Generationen von Arbeitern, die Tag für Tag ihre Kräfte eingesetzt haben, oft unter Bedingungen, die wir heute kaum noch fassen können; sind es neue Werke, in unserem Arbeiter- und-Bauern-Staat errichtet, so ist es unsere eigene freie sozialistische Arbeit, die in die Betriebsgeschichte eingeht, und die Schwierigkeiten, die dabei zu überwinden waren, die Sorgen, die oftmals das Denken beherrschten und mit denen man sich auseinandersetzen mußte, rechtfertigen den Stolz auf unsere Werke um so mehr.
In der Betriebsgeschichte werden die Leistungen und die Kämpfe, wird aber auch das Leben all der Namenlosen aufbewahrt, die tagtäglich unter allen Bedingungen zur Arbeitsstätte gingen, die dort ihre Kraft hingaben und oft auch ihre Gesundheit oder sogar ihr Leben, die nachdachten und suchten, wie sie ihre Arbeit erleichtern und ihren so kargen Verdienst erhöhen konnten und sich dabei weiterbildeten und entwickelten, die Technik verbesserten und auch die Qualität des Produkts, die um bessere Bedingungen kämpften, um den Fortschritt, gegen die Ausbeutung, auch wenn sie sich dessen nicht in jedem Falle bewußt waren. Betriebsgeschichte ist die Geschichte von Millionen von Menschen, deren Namen nicht in den Geschichtsbüchern stehen, deren unermüdliche Arbeit, deren Nachdenken, deren Kampf um die eigene Existenz um die Existenz der Klasse in den vielfältigsten Formen aber die Voraussetzung und das tiefste Wesen jeder Entwicklung sind.
Aber die Betriebsgeschichte ist wiederum auch mehr als die Geschichte nur einer Gruppe von Menschen, zusammengehörig durch die gemeinsame Arbeit, sie ist mehr, weil der Betrieb selbst eine *gesellschaftliche* Einheit und als solche ein Stück Allgemeinheit ist. Hier sind Produktivkräfte der Gesellschaft tätig. Menschen setzen mit ihrer Arbeitskraft und Arbeitserfahrung Maschinen in Bewegung, sind mit ihnen verbunden, entwickeln sie weiter, erfinden neue, leistungsfähigere, schaffen und beherrschen Giganten der modernen Technik. Sie verarbeiten Rohstoffe, ringen der Natur ihre Reichtümer ab, dringen in ihre Geheimnisse ein, machen sie nutzbar für die Gesellschaft, setzen ihre Arbeitskraft zu, um immer mehr und immer neue Produkte zu schaffen. Hier im Betrieb gehen sie unmittelbar die Produktionsverhältnisse ein, die der gesamten Gesellschaft, in der sie leben, den spezifischen Charakter geben. Unmittelbar hier verkaufen sie ihre Arbeitskraft, weil sie die einzige Ware ist, die sie anzubieten haben; unmittelbar hier schaffen sie den Reichtum – für andere, für die Besitzer der Werke, der Produktionsmittel; unmittelbar hier werden sie, die Beherrscher der Technik, beherrscht von der Arbeitsteilung, vom Produktionsablauf, vom Kapital, hier werden sie ausgebeutet, hier liegen die

Wurzeln ihrer Armut, ihres Elends, und hier finden sie sich zusammen und werden sich ihrer selbst als Klasse, als Proletariat, bewußt!
Aber hier haben auch die Besitzer der Werke ihre Wurzeln, denn hier wächst ihr Reichtum, hier werden ihre Interessen geboren und bestimmt, hier – aber nicht nur hier – verteidigen sie diese und setzen sie durch mit allen Mitteln, hier herrschen sie, und hier werden sie selbst beherrscht vom Kapital.
Der Betrieb ist die unmittelbare Ausbeutungsstätte. Hier treffen die Klassengegensätze tagtäglich aufeinander, und tagtäglich wird hier gekämpft. Manchmal sind es große, offene Auseinandersetzungen, meist aber ist es verbissener Kleinkrieg, vom Kapitalisten geführt mit List und Tücke, mit Betrug und Gewalt, mit Bestechung und Sophisterei – die Macht der Kapitals und des Staates im Rücken –, vom Proletariat mit Herz und Verstand, mit der gemeinsamen Kraft des Mutes und des Willens, mit der Kraft der gegenseitigen Hilfe, mit der Kraft der Partei – gegen die Macht des Kapitals und gegen die Macht des Staates.
Hier im Betrieb entwickeln sich aber heute auch die neuen, sozialistischen Produktionsverhältnisse, und in der Sorge um das Gemeinsame, um die Erfüllung des Plans, um die sinnvolle Anwendung der Mittel, voll Ärger über Fehlschläge, im Kampf um die Verbesserung der Qualität, in der gemeinsamen Anstrengung zur Überwindung von Schwierigkeiten wächst der sozialistische Mensch, das sozialistische Kollektiv – bewußt und unbewußt für den einzelnen.
Jeder Betrieb ist ein Zentrum des gesellschaftlichen Lebens. Hier wird nicht nur produziert, hier werden auch Gedanken ausgetauscht und Ideen geboren, hier mischen sich Vorstellungen und Interessen vieler Menschen aus unterschiedlichen Berufen, oft auch aus unterschiedlichen Landschaften, aus Städten und Dörfern. Hier herrscht reges geistiges Leben, sowohl im produktiven Sinne als auch hinsichtlich der persönlichen Entwicklung und Bildung des einzelnen. Die gewonnenen Erkenntnisse werden hinausgetragen aus dem Betrieb, neue werden hereingebracht – ein ewiges, ununterbrochenes Wechselspiel. Es beeinflußt den Betrieb und die Umwelt, es beeinflußt auch – mehr oder weniger, direkt und indirekt – das geistige und kulturelle Leben der ganzen Gesellschaft.
Fassen wir zusammen, so ist Betriebsgeschichte ein Stück allgemeine Geschichte, denn sie ist Geschichte der Produktivkräfte und der Produktionsverhältnisse, sie ist Geschichte des Klassenkampfes, der Arbeiterbewegung und der Lage der Arbeiter, und sie ist die Geschichte von Millionen werktätiger Menschen.
In welchem Verhältnis stehen nun Betriebsgeschichte und nationale Geschichte bzw. betriebliche und nationale Entwicklung?
Als gesellschaftliche Einheit unterliegt der Betrieb natürlich auch den Entwicklungsbedingungen der Gesellschaft, das heißt, seine Entwicklung ist eng verflochten mit der allgemeinen, mit der Entwicklung der Nation. Er wird von dieser beeinflußt, während er seinerseits ebenfalls – je nach seiner Bedeutung, in jedem Fall aber mit der Gesamtheit der Betriebe – auf diese Einfluß nimmt.

Diese Beziehungen zwischen Betrieb und Umwelt – und diese gehen nicht selten über den nationalen Rahmen hinaus – sind Wechselbeziehungen der vielfältigsten Art. Ohne sie ist die Entwicklung keines Betriebes denkbar, eben weil kein Betrieb im luftleeren Raum für sich existiert, sondern nur in seiner Umwelt und durch seine Umwelt. Das trifft auf die Gestaltung der Produktion, auf die Konkurrenz- und Marktbeziehungen genauso zu wie auf die Betriebsform und die technische Entwicklung, die nicht selten weltweiten Einflüssen unterliegt. Es gilt für die Ausbeutung und die Intensivierung der Arbeit, die Lohn- und Sozialpolitik, den Klassenkampf, seine Formen und Methoden, seine Höhen und Tiefen. Die internationale Stellung Deutschlands war es, die die deutsche Industrie zwang, ihren Vorteil in der Qualitätsarbeit zu suchen, und die Arbeiter, Techniker und Wissenschaftler waren es, die diese Qualitätsarbeit leisteten und damit den Begriff der deutschen Wertarbeit prägen halfen. All diese Beziehungen muß man beim Schreiben der Betriebsgeschichte genauso beachten und sichtbar machen, wie die Beziehungen und Bedingungen im Betrieb selbst. Nur so kann eine wahre Darstellung der Entwicklung entstehen, eine Darstellung, die überzeugt und darüber hinaus unser nationales Geschichtsbild bereichert.

Während nun die nationale Geschichte auf die Lebensfragen der Nation Antwort geben und helfen muß, die entsprechenden Lehren zu ziehen, hat die Betriebsgeschichte im Zusammenhang mit der nationalen Geschichte Fragen zu beantworten, die in den Betrieben täglich neu gestellt werden. Sie muß zeigen, wie die Entwicklung des Betriebes durch das nationale Geschehen geprägt wurde und wird und wie sie anderseits vielfältig in die nationale Geschichte eingeht; so kann sie die große historische Kraft eines jeden einzelnen im Kollektiv seines Betriebes bewußtmachen. So geschrieben, kann die Betriebsgeschichte dazu beitragen, den Betrieb als Volkseigentum in des Wortes tiefster Bedeutung in Besitz zu nehmen und zu hüten, als Erbe der Väter und Mütter, zum Nutzen der sozialistischen Gesellschaft.

Fassen wir zusammen: Die Betriebsgeschichte unterliegt den gleichen Gesetzmäßigkeiten des historischen Materialismus wie die Nationalgeschichte und die allgemeine Geschichte überhaupt. Ihr Gegenstand ist der Betrieb, seine Entstehung, seine Entwicklung, sein Leben. All das kann nur erforscht und dargestellt werden, wenn man ihn als gesellschaftliche Einheit mit seinen Beziehungen und Wechselwirkungen innerhalb und außerhalb des Betriebes erfaßt.

Diese Aufgabe zu lösen ist für den Betriebshistoriker verdienstvoll, aber keineswegs einfach, denn dieses gesellschaftliche Wechselspiel in seinem ganzen Umfang zu übersehen ist oft sehr kompliziert. Hier ist deshalb die Zusammenarbeit mit den Historikern der allgemeinen Geschichte wichtig. Die vorliegende Kollektivarbeit soll Hilfe und Anleitung für die Behandlung dieser Problematik geben. Unser Anliegen war es, einige der wichtigsten Komplexe herauszugreifen, die vorhandenen Wechselbeziehungen möglichst an Hand von konkreten Beispielen nachzuweisen und ihre Wirkungen zu zeigen. Es war unmöglich, im Rahmen dieser Arbeit alles zu erfassen – das gilt sowohl für die Themen als auch für ihre Behandlung. Sicher wird man der Meinung sein können, das eine oder andere Thema sei wichtiger oder ebenso wichtig gewesen. Für uns ist es ein Anfang, die Betriebsgeschichtsschreibung in dieser Weise zu unterstützen, und schon die Arbeit an den einzelnen Beiträgen hat uns gezeigt, daß weit mehr notwendig ist. Es ist deshalb unsere Absicht, diese methodologischen Beiträge im „Jahrbuch für Wirtschaftsgeschichte" fortzusetzen.

Manchem Betriebshistoriker mag vielleicht angesichts der Fülle von Hinweisen und Anregungen, die in den einzelnen Beiträgen gegeben werden, der Mut etwas sinken. Ihm möchten wir sagen, daß unsere Arbeit möglichst vielen, ja, möglichst allen Betriebskollektiven helfen soll. So haben wir nach der alten Erkenntnis gehandelt: Wer vieles bringt, wird manchem etwas bringen! Wir wissen wohl, nicht jedes Beispiel, nicht jede Anregung trifft auf jede einzelne Betriebsgeschichte zu, oft werden auch die notwendigen Unterlagen fehlen, weil die Archivbestände unterschiedlich ergiebig sind, doch wo es irgend möglich ist, sollte den Anregungen nachgegangen werden, sei es durch die Benutzung staatlicher oder anderer Archive, sei es durch das Sammeln von Literatur oder Erlebnisberichten, und mag es auch mühevoll sein. Die Geschichte – und die Betriebsgeschichte ist ein Teil davon – ist eine Wissenschaft und will, soll sie nützlich sein, als solche behandelt werden. „Es gibt keine Landstraße für die Wissenschaft, und nur diejenigen haben Aussicht, ihre hellen Gipfel zu erreichen, die der Ermüdung beim Erklettern ihrer steilen Pfade nicht scheuen."[2]

LOTTE ZUMPE/RUDOLF SCHRÖDER

2 *Marx, Karl*, Das Kapital, Bd 1, Berlin 1951, S. 19.

Technischer Fortschritt

VON KARL LÄRMER

GESELLSCHAFTLICHER UND TECHNISCHER FORTSCHRITT

Zu den grundlegenden Gesetzen der gesellschaftlichen Entwicklung gehört die Erkenntnis, daß in der Auseinandersetzung zwischen zwei gesellschaftlichen Systemen letztlich die Gesellschaftsordnung den Sieg davonträgt, die die höhere Arbeitsproduktivität erreicht. Lenin formulierte diese Gesetzmäßigkeit so: „Die Arbeitsproduktivität ist in letzter Instanz das allerwichtigste, das ausschlaggebende für den Sieg der neuen Gesellschaftsordnung. Der Kapitalismus hat eine Arbeitsproduktivität geschaffen, wie sie unter dem Feudalismus unbekannt war. Der Kapitalismus kann nur endgültig besiegt werden und wird dadurch endgültig besiegt werden, daß der Sozialismus eine neue, weit höhere Arbeitsproduktivität schafft."[1]
Ein Faktor, der den Grad der Arbeitsproduktivität entscheidend bestimmt, ist das Niveau der zur Anwendung gebrachten technischen Mittel, das Tempo ihrer Verbesserung, der technische Fortschritt. Wenn auch die Technik immer stärker in alle Sphären des gesellschaftlichen Lebens eindringt, so sind ihr wichtigstes Wirkungsfeld die Produktionsstätten der Menschen. Deshalb muß der Darstellung ihrer Entwicklung und Wirkungsweise in der betriebsgeschichtlichen Forschung ein gebührender Platz eingeräumt werden. Dabei kommt es nicht darauf an, die Entwicklung der Technik schlechthin zu schildern, sondern zu zeigen, welche Kräfte sie vorantreiben und welche Hemmnisse sich ihr entgegenstellen. Mit einem Wort: Die Wechselbeziehungen zwischen Mensch und Natur, zwischen Technik und Gesellschaft müssen dargestellt werden.

VORARBEITEN ZUR GESCHICHTE DER TECHNIK

Am Anfang einer Untersuchung über die Entwicklung des technischen Fortschritts in einem Betrieb muß die Ermittlung der technischen Einrichtungen stehen, über die er am Ausgangspunkt der Untersuchung verfügte. Ist diese Grundlage geschaffen, dann wird es in der Regel nicht schwer sein, den weiteren Fortgang zu erfassen. Als Quellen für derartige Erhebungen können die Akten

1 *Lenin, W. I.*, Die große Initiative, in: Werke, Bd 29, Berlin 1961, S. 416.

der technischen und kaufmännischen Abteilungen, Protokolle von Aufsichtsratssitzungen, Geschäftsberichte, Jubiläumsschriften, Mitteilungen der örtlichen Tagespresse und ähnliche Unterlagen aus den Betriebsarchiven dienen. Da eine Reihe von technischen Anlagen, besonders Energiemaschinen, nur mit behördlicher Genehmigung eingerichtet werden durften, bieten die Berichte der Aufsichtsbehörden, die sich in den staatlichen Archiven befinden, weiteres Material. Die Akten der Ortspolizeibehörden – sie werden oft von den Stadtarchiven verwahrt – sollten gleichfalls nicht ungenutzt bleiben. Trotzdem noch vorhandene Lücken können nicht selten mit Hilfe von Aussagen und Aufzeichnungen alter Meister und Ingenieure geschlossen werden. Durch die Auswertung der genannten Quellen wird es möglich sein, eine chronologische Aufstellung über die technische Entwicklung des Betriebes zu erarbeiten, die auf folgende Fragen Auskunft gibt:

1. Wann wurden welche Maschinen usw. angeschafft?
2. Über welches Leistungsvermögen verfügten die Anlagen?
3. Wie hoch waren die Anschaffungs- und Betriebskosten?
4. Wie wurde die Einrichtung neuer Anlagen begründet?

So wichtig die sorgfältige Erarbeitung einer solchen Aufstellung auch ist, sie bildet dennoch nur den ersten und einfachsten Schritt der Gesamtuntersuchung.

Wesentlich komplizierter ist die eigentliche Aufgabe der Arbeit, das Erkennen des Zusammenhanges zwischen technischer und gesellschaftlicher Entwicklung und seine plastische Darstellung. Zunächst wird der Charakter der Produktionsform geklärt bzw. der Prozeß dargestellt werden müssen, in dem der Betrieb das Handwerksstadium, den Verlag, die Manufakturperiode durchschritt, die Merkmale einer kapitalistischen Fabrik annahm und schließlich zum volkseigenen Betrieb wurde. Die Werke der Klassiker des Marxismus-Leninismus, besonders aber „Das Kapital" von Karl Marx, sind hierbei eine wertvolle Hilfe.

Eine andere Frage, die in einem möglichst frühen Stadium der Arbeit beantwortet werden muß, ist die Einschätzung des Niveaus des gegebenen technischen Standes und seiner Weiterentwicklung im Untersuchungszeitraum. Da der Begriff *technischer Fortschritt* keine konstante Größe darstellt, kann er nicht absolut gemessen werden. Nur ein Vergleich des jeweils erreichten eigenen Standes mit dem Entwicklungsgrad im nationalen und internationalen Rahmen besitzt objektive Aussagekraft. Angaben in den Statistischen Jahrbüchern über die Zahl der vorhandenen Maschinentypen, gegliedert nach Produktionszweigen und Leistungsvermögen, geben einen ersten, wenn auch oft nur quantitativen Überblick. Die Untersuchung der qualitativen Seite des technischen Entwicklungsprozesses verlangt eine eingehende Beschäftigung mit spezieller Literatur. Dazu gehören die Veröffentlichungen des Vereins Deutscher Ingenieure, die technischen Fachzeitschriften für die verschiedenen Produktionszweige, Gesamtdarstellungen, zum Beispiel zur Geschichte des Maschinenbaues, der Chemie, des Bauwesens usw. Aber auch technische Lehrbücher, ja selbst

Werbeschriften von Firmen sollten in ihrem Wert nicht unterschätzt werden. Ebenso nützlich ist die Auswertung der zahlreichen „Technikgeschichten", die sich in der Regel nicht auf ein Land beschränken. Die Beschäftigung mit dieser Literatur ist jedoch, soweit es sich um bürgerliche Autoren handelt, problematisch, denn die Arbeiten sind wertlos, wenn sie sich der Darstellung gesellschaftlicher Probleme zuwenden. Außerdem neigen viele dieser Verfasser dazu – gewollt oder ungewollt –, die überragende Rolle der Volksmassen, der einfachen Produzenten, bei der Entwicklung der Produktivkräfte der Gesellschaft zu übersehen und den Erfinderpersönlichkeiten oft ungerechtfertigt eine zu große Bedeutung beizumessen. Bei jeder Untersuchung technischer Entwicklungen in einem Betrieb wird sich jedoch auch heute noch eindeutig zeigen, wie recht Karl Marx hatte, als er für das 18. Jahrhundert schrieb: „Eine kritische Geschichte der Technologie würde überhaupt nachweisen, wie wenig irgendeine Erfindung des 18. Jahrhunderts einem einzelnen Individuum gehört."[2] V. Gordon Childe illustriert durch zahlreiche moderne Beispiele in seinem Buch „Triebkräfte des Geschehens"[3] diese Feststellung von Karl Marx.

Ein nicht minder seltener und schwerwiegender Fehler bürgerlicher Autoren ist das Bestreben, den Anteil der eigenen Nation am technischen Fortschritt nicht nur zu unterstreichen, sondern in unangemessener Weise und mit unkorrekten Mitteln hervorzuheben. Dabei nutzen sie es aus, daß durch die unterschiedlichen natürlichen Gegebenheiten in den einzelnen Ländern und Erdteilen und durch ein ungleichmäßiges Tempo der gesellschaftlichen Entwicklung manche Nationen in bestimmten Bereichen der technischen Entwicklung weiter sind als andere Völker. Es wird dabei geflissentlich übersehen, daß die „zurückgebliebenen" Länder aber auf anderen Gebieten größere Fortschritte zu verzeichnen haben. Die Hinweise von Karl Marx zu diesem Problem erleichtern exakte Einschätzungen.[4]

Bei allen Mängeln bürgerlicher Quellen wird es mit ihrer Hilfe jedoch möglich sein, zunächst unabhängig von allen anderen Faktoren folgendes zu ermitteln:

1. die Entwicklung des technischen Fortschritts im eigenen Betrieb,
2. das Niveau des jeweils erreichten technischen Standes, gemessen am Grad der Entwicklung
   a) in gleichartigen Betrieben,
   b) in anderen Produktionszweigen,
   c) im internationalen Rahmen.

Eine solche, gewiß nicht einfach zu schaffende Ausgangsbasis ist die unerläßliche Voraussetzung für eine echte Analyse der vielfältigen Wechselbeziehungen zwischen Betrieb und Umwelt.

2 *Marx, Karl,* Das Kapital, Bd 1, Berlin 1951, S. 389.
3 *Childe, Gordon,* Triebkräfte des Geschehens – Die Menschen machen ihre Geschichte selbst, Wien 1952.
4 *Marx, Karl,* a. a. O., S. 537ff.

BETRIEB UND UMWELT

Die Umwelt läßt sich in zwei Sphären unterteilen: in den natürlichen und in den gesellschaftlichen Bereich.
Zum natürlichen Bereich zählen in erster Linie die klimatischen, geographischen und geologischen Bedingungen eines Gebietes. Die eisenschaffende Industrie zum Beispiel kann sich dort besonders gut entwickeln, wo Kohle- und Erzvorkommen vorhanden sind. Schiffbare Wasserläufe usw. sind weitere günstige Voraussetzungen für die Entfaltung des technischen Fortschritts in diesem Industriezweig. Die Vorstellung, daß Chemie- oder Papierbetriebe ohne ausreichende Wasserzufuhren entwicklungsfähig wären, ist absurd. Das heißt aber nicht, daß Industrien nur dort entstehen können, wo ideale natürliche Gegebenheiten vorhanden sind. Solche Standorte sind in der Wirklichkeit sehr selten. Aber gerade dadurch gewinnt die Technik außerordentlich an Bedeutung. Mit ihrem Einsatz und ihrer Anwendung werden die für die Produktion fehlenden Voraussetzungen geschaffen. Davon zeugen Talsperren, Kraftwerke, Energieverbundsysteme, Kanäle, Straßen, aber auch zum Beispiel die Halbwaren- und die Kunststoffproduktion. So ist die immer umfassendere Anwendung des technischen Fortschritts im Bereich der Land- und Forstwirtschaft, des Straßen- oder Bergbaues Ausdruck der Möglichkeiten, mit Hilfe der Technik ungünstige Naturgegebenheiten auszugleichen. In der Tatsache, daß diese Produktionszweige im Vergleich mit anderen noch relativ wenig technisiert sind, zeigt sich jedoch auch, wie die Entfaltung des technischen Fortschritts durch bestimmte Naturgegebenheiten erschwert werden kann. Doch gerade deshalb erfordern die grob wirkenden, aber leistungsfähigen Straßenbaumaschinen, Förderbrücken, die guten Bodenbearbeitungsgeräte usw. einen sehr hohen Aufwand an schöpferischer Arbeit.

TRIEBKRÄFTE UND SOZIALE WIRKUNGEN TECHNISCHEN FORTSCHRITTS IM KAPITALISMUS

Sollen die Wechselbeziehungen zwischen einem Betrieb und seiner Umwelt bei der Durchsetzung des technischen Fortschritts untersucht werden, dann ist von folgenden Grundüberlegungen auszugehen:

1. Der Widerspruch zwischen den immer größer werdenden Bedürfnissen der Menschen und dem jeweils erreichten Entwicklungsniveau der Produktivkräfte führt, da die Bedürfnisse schneller wachsen, als sich die Produktivkräfte entwickeln, dazu, daß die Entwicklung der Produktivkräfte ständig vorwärtsgetrieben wird.
2. Das entscheidende gesellschaftliche Bedürfnis, welches im Kapitalismus als Triebkraft auf die Produktivkräfte wirkt, ist das Profitstreben der Bour-

geoisie. Nur die Unternehmer können im Konkurrenzkampf bestehen, die rücksichtslos alle Möglichkeiten der Technik für die Profitmacherei ausnutzen.

3. Das Tempo der technischen Entwicklung nimmt ständig zu, wenn auch im Imperialismus nicht alle gegebenen technischen Möglichkeiten ausgenutzt werden können. Die Beschleunigung des Entwicklungstempos beruht darauf, daß die Basis, auf der sich der Technisierungsprozeß vollzieht, immer breiter wird und das Profitstreben maßlos ist.
4. Der technische Fortschritt vollzieht sich im Kapitalismus zu Lasten des arbeitenden Menschen.
5. Es gibt eine Reihe von Faktoren, die den kapitalistischen Unternehmer veranlassen können, über längere Perioden hinweg auf die Einführung neuer technischer Mittel in seinem Betrieb zu verzichten.

Auf welche Wechselbeziehungen sollte bei der betriebsgeschichtlichen Forschung zu diesen Problemkreisen besonders geachtet werden?

Zunächst muß herausgearbeitet werden, daß die Bourgeoisie nur dann technische Neuerungen einführte, wenn die Nachfrage nach den Produkten ihrer Betriebe wuchs bzw. wenn die Technik es ihr gestattete, bei gleichbleibenden Absatzmöglichkeiten die Kosten zu verringern, ohne daß der Profit geschmälert wurde.

Drei Möglichkeiten boten sich dem kapitalistischen Unternehmer in der Regel zur Verbesserung der technischen Ausrüstung seines Betriebes an. Er konnte es mit Hilfe der eigenen Arbeiter und Angestellten tun. Er konnte auch auf dem Markt längst bekannte Maschinen anschaffen. Außerdem hatte er häufig Gelegenheit, völlig neu entwickelte Maschinen zu kaufen und in seinem Betrieb einzusetzen. Man denke nur daran, was die Einführung der Dampfmaschine, des Elektromotors, der modernen Drehbank oder auch der Dreschmaschine bedeutete – und zwar einmal für die Fabriken, in denen diese technischen Neuerungen entwickelt und hergestellt wurden, zum anderen für die Unternehmer, die sie sich nutzbar machten. Mehr noch, das gesamte Wirtschaftsgefüge und seine Technik können durch einen neuen Maschinentyp verändert werden. So gewannen – um bei diesem Beispiel zu bleiben – die Kohlenproduktion und ihr technischer Ausbau erst durch die Dampfmaschine ihre überragende Bedeutung. Gleichzeitig löste diese Maschine auch eine rasche Entfaltung des Maschinenbaues aus, der wiederum auf den Eisenbergbau, das Hüttenwesen usw. zurückwirkte. Das heißt, jede technische Entwicklung löst Kettenreaktionen in vielen anderen Bereichen und Zweigen aus. Aufgabe der Betriebsgeschichtsschreibung ist es nicht, diese Ausstrahlungen in allen Einzelheiten darzustellen. Es ist aber notwendig, auf die Zusammenhänge hinzuweisen, um zu zeigen, welche Impulse der Betrieb von „außen" empfängt, damit auch seine Bedeutung – er ist ja für alle anderen Betriebe Teil der Umwelt – im Gesamtprozeß der technischen Entwicklung herausgearbeitet werden kann. Unsere Arbeiter und die überwiegende Mehrzahl der Techniker haben keine Ursache, auf die schon in der kapitalistischen Ära der Betriebe vollbrachten

Leistungen nicht stolz zu sein. Es waren in erster Linie ihre Fähigkeiten und ihr Fleiß, die – wenn auch oft mißbraucht – die deutsche Industrie einen der ersten Plätze in der Welt einnehmen ließen.
Die kapitalistisch angewandte Technik wirkte sich jedoch äußerst negativ auf das Leben des Proletariats aus. Die Arbeiter standen deshalb dem technischen Fortschritt zwangsläufig ablehnend gegenüber. Die großen schöpferischen Kräfte, die in den arbeitenden Menschen ruhen, mußte sich der Kapitalist mit Gewalt, List und Tücke dienstbar zu machen suchen. Die Ausbeutung der menschlichen Arbeitskraft als des wichtigsten Teils der Produktivkräfte der Gesellschaft stellte einen der wesentlichsten Faktoren dar, der den technischen Fortschritt im Kapitalismus hemmte. Das fand zum Beispiel seinen Ausdruck darin, daß jeder Arbeiter seine Erfahrungen möglichst für sich behielt, daß er sie nur zögernd und nur zeitweilig anwendete und die Ausnutzung neuer Maschinen hintertrieb. Es hat lange gedauert, bevor die Arbeiter begriffen, daß nicht die Maschine, sondern die Technik in den Händen der Bourgeoisie ihre Lage verschlechterte.
Immer war die Einführung neuer Maschinen mit der Bedrohung von Arbeitsplätzen verbunden. Facharbeiter konnten durch an- und ungelernte Arbeitskräfte – auch durch Frauen und Kinder – ersetzt werden, das Arbeitstempo nahm zu, der Lohn stand in keinem Verhältnis zur geforderten Arbeitsleistung. Die Unternehmer kalkulierten alle diese Folgen genau ein. Jedes Betriebsarchiv besitzt Dutzende von Belegen dafür. Der Bourgeois tat aber so, als ob er die Maschinen im Interesse der Arbeitserleichterung einführte, und war bestenfalls bereit zuzugeben, daß sein Unternehmen „rationalisiert" werden müsse, um die „Konkurrenzfähigkeit" und damit die Arbeitsplätze zu erhalten. Es darf uns nicht wundern, daß sich das Proletariat in seiner Frühzeit direkt gegen die Maschinen wandte und sie oft zerstörte. „Jede Verbesserung der Maschinerie wirft", schrieb Friedrich Engels, „Arbeiter außer Brot, und je bedeutender die Verbesserung, desto zahlreicher die arbeitslos gewordene Klasse; jede bringt demnach auf eine Anzahl Arbeiter die Wirkung einer Handelskrisis hervor, erzeugt Not, Elend und Verbrechen."[5]
Die Bourgeoisie setzte die Technik unmittelbar als Waffe im Klassenkampf gegen das Proletariat ein. Zahlreiche Beispiele sind dafür in allen Betrieben zu finden. Marx schrieb dazu: „In England sind Streiks regelmäßig Veranlassung zur Erfindung und Anwendung neuer Maschinen gewesen. Die Maschinen waren, man darf es behaupten, die Waffe, welche die Kapitalisten anwendeten, um die Revolte der Geschick erfordernden Arbeit niederzuschlagen ... Hätten die Gewerkschaften und Streiks keine andere Wirkung als die, mechanische Erfindungen gegen sich wachzurufen, schon dadurch hätten sie einen ungeheuren Einfluß auf die Entwicklung der Industrie ausgeübt."[6] Es zeigt sich, von welch

5 *Engels, Friedrich,* Die Lage der arbeitenden Klasse in England, Berlin 1947, S. 132.

6 *Marx, Karl,* Das Elend der Philosophie, Berlin 1952, S. 187.

scheinbar weit entfernten Bereichen der technische Fortschritt im Kapitalismus stimuliert wurde. Eine genaue Untersuchung der Situation in den kapitalistischen Betrieben Deutschlands dürfte deshalb auch in dieser Beziehung von großem Wert sein. Die Durchsetzung des technischen Fortschritts erhielt durch die vielfältigen Methoden der Unternehmer, sich die Arbeits- und Forschungsergebnisse von Arbeitern, Technikern und Wissenschaftlern anzueignen, eine außerordentliche Bereicherung. Dazu gehörte es, die Betriebsangehörigen für minimale Entschädigungen – und oft wurden nicht einmal diese gezahlt – um ihre Ideen und Erfindungen zu bringen. Eine andere Form des Betruges stellten die Arbeitsverträge mit Technikern und Wissenschaftlern dar – auch diese Verträge befinden sich in den Betriebsarchiven –, mit deren Hilfe die Ingenieure gezwungen wurden, auf jede wirtschaftliche Auswertung ihrer Arbeitsergebnisse zu verzichten und sich lediglich mit den Gehältern zu begnügen. Das bürgerliche Patentrecht begünstigte diese Bestrebungen der Unternehmer außerordentlich. Darüber hinaus versuchte der Bourgeois, auch außerhalb seines Betriebes alle ihm nützlich erscheinenden technischen Neuentwicklungen zusammenzuraffen. Große Betriebe verfügten nicht selten über Ingenieure, die vor allem damit beauftragt waren, Patente festzustellen, deren Inhaber die Patentgebühren nicht mehr entrichten konnten. Dazu kam das weite Feld der Werkspionage im nationalen und internationalen Rahmen, wobei die internationale Wirtschaftsspionage in der Regel mit direkter Unterstützung des Staates vor sich ging. Schon im 19. Jahrhundert verstand es die deutsche Bourgeoisie – und nicht nur die deutsche – ausgezeichnet, dieses Mittel anzuwenden.

Zu den Formen, sich die im Ausland erreichten technischen Fortschritte nutzbar zu machen, muß auch die Anwerbung ausländischer Arbeitskräfte, seien es Facharbeiter, Ingenieure oder Wissenschaftler, gezählt werden. Jeder Betrieb, in dem früher Ausländer beschäftigt wurden, sollte diesen Aspekt beachten und untersuchen. Nicht minder stark wurde die Entwicklung der Produktivkräfte von den Erfolgen der wissenschaftlichen Forschung beeinflußt. Spätestens seit der Mitte des vergangenen Jahrhunderts begann die Wissenschaft deutlich sichtbar auf das technische Geschehen in den Betrieben einzuwirken.[7] In zunehmendem Maße bedienten sich die Unternehmer der Arbeitsergebnisse wissenschaftlicher Einrichtungen, einer Unterstützung, die der Staat – genauer: der Steuerzahler – der Bourgeoisie kostenlos gewährte. Ingenieurtechnische Vereinigungen – von den Unternehmern zwar unterstützt und gelenkt, keineswegs aber voll finanziert – bildeten eine weitere Quelle, aus der die Bourgeoisie indirekt ihre Profite schöpfte. Auch die mit staatlichen bzw. kommunalen Mitteln unterhaltenen Bildungseinrichtungen, deren Lehrprogramme sich völlig mit den Bedürfnissen der Bourgeoisie deckten, dienten diesen Zielen.

Von den vielen Faktoren, die die Wechselwirkung zwischen technischem Fortschritt und Umwelt bestimmen, seien noch die staatliche Steuer- und Zoll-

7 Vgl. *Bernal, J. D.*, Die Wissenschaft in der Geschichte, Berlin 1961.

politik genannt. So können zum Beispiel Steuervergünstigungen, dem Unternehmer nützende Abschreibungsverfahren usw. sehr günstig auf den technischen Fortschritt einwirken. Ebenso großen Einfluß hatte die Zollpolitik, obwohl hier schon Zwiespältigkeiten in Erscheinung traten. Hohe Einfuhrzölle für Maschinen regten beispielsweise den Maschinenbau im eigenen Lande an, schränkten jedoch gleichzeitig die Einfuhr ausländischer Erzeugnisse ein und verzögerten damit mindestens das Tempo der Technisierung.

HEMMNISSE

Betrachtet man die wichtigsten Hemmnisse des technischen Fortschritts im Kapitalismus, so ist zu berücksichtigen, daß der kapitalistische Unternehmer – wie schon dargelegt – nur unter bestimmten Voraussetzungen bereit war, die Anschaffung neuer Maschinen zu erwägen, daß die Produktivkraft Mensch unter den Bedingungen kapitalistischer Produktionsverhältnisse zwangsläufig in eine negative Einstellung zur Technik gedrängt wurde und daß durch das im Kapitalismus herrschende Bildungsprivileg gewaltige schöpferische Potenzen überhaupt nicht geweckt wurden. Keinesfalls darf aber die Zwiespältigkeit und Differenziertheit der Entwicklung der kapitalistischen Ökonomik und Technik übersehen werden. Nehmen wir zum Beispiel nur die Wirkung des Konkurrenzkampfes. Bildete er einerseits eine Triebfeder für die Durchsetzung des technischen Fortschritts im kapitalistischen Betrieb, so stellte er gleichzeitig ein bedeutendes Hemmnis dar. Er führte dazu, daß die Unternehmer die in ihren Betrieben erreichten Erfolge sorgsam gegenüber der Außenwelt abschirmten und anderen Firmen nur bei der Zahlung hoher Lizenzgebühren usw. zugänglich machten. Daraus ergab sich, daß nur kapitalkräftige Betriebe die Möglichkeit hatten, sich der modernsten Technik zu bedienen. Es waren vor allem auch nur Großunternehmen in der Lage, eigene Forschungsabteilungen zu unterhalten, Wirtschaftsspionage zu treiben usw.
Eine Untersuchung der den technischen Fortschritt hemmenden Faktoren wird sich auch sehr gründlich mit den Wirkungen der zyklischen Überproduktionskrisen zu befassen haben, da diese unter anderem zur Nichtauslastung der vorhandenen Produktivkräfte, verbunden mit ihrer massenhaften Vernichtung bei gleichzeitiger starker Arbeitslosigkeit, führten. Das zeitweilige Desinteresse der Bourgeoisie an der technischen Weiterentwicklung war eine der Folgen. Diese Haltung der Bourgeoisie zum technischen Fortschritt wurde mit dem Eintritt des Kapitalismus in sein imperialistisches Stadium und dem Beginn der allgemeinen Krise des kapitalistischen Systems verstärkt. Die Herrschaft der Monopole erlaubte es zum Beispiel, auf die Einführung bestimmter technischer Neuerungen in den Produktionsprozeß zeitweilig zu verzichten. Der Aufkauf von Patenten zu dem Zweck, sie nicht auszunutzen, sei als ein Beispiel dafür genannt. Die systematische Niederhaltung des technischen Niveaus in den von Konzernen beherrschten Betrieben, Gebieten, Ländern, ja selbst ganzen

Erdteilen war und ist unter den gesellschaftlichen Bedingungen des Imperialismus keine Ausnahme. Besonders in den ehemaligen kolonialen Ländern, wo die menschliche Arbeitskraft sehr wenig kostete, war die technische Ausrüstung der Industrie – wenn überhaupt vorhanden – äußerst primitiv. Aber auch in den imperialistischen Staaten selbst lassen sich solche Erscheinungen beobachten. Überall dort, wo die Konzerne ein Gebiet ökonomisch und politisch in der Hand hatten, zum Beispiel im Mansfelder Bergbau[8], oder in vorwiegend landwirtschaftlichen Gebieten, wo genügend billige Arbeitskräfte zur Verfügung standen, setzte sich der technische Fortschritt außerordentlich langsam durch. Auch auf die Kreideindustrie Rügens sei – um ein anderes Beispiel zu nennen – hingewiesen.[9] Oft war es den Unternehmern möglich, durch die Anwerbung ausländischer Arbeitskräfte – besonders aus Ost- und Südeuropa – eine derartig große Reserve an billigen Arbeitskräften zu schaffen, daß sie auf den Einsatz technischer Mittel teilweise verzichten konnten. Der Bergbau, die Landwirtschaft und das Bauwesen sind typische Bereiche für derartige Erscheinungen. Die genannten Faktoren beeinträchtigen zwar den rascheren technischen Fortschritt im Kapitalismus, sie bringen ihn aber keineswegs zum Erliegen. „Die Bourgeoisie kann nicht existieren, ohne die Produktionsinstrumente ... fortwährend zu revolutionieren.“[10] Diese von Karl Marx und Friedrich Engels im Manifest der Kommunistischen Partei getroffene Feststellung ist auch heute noch vollauf gültig.

TECHNIK UND IMPERIALISTISCHER KRIEG

Die Durchsetzung des technischen Fortschritts im kapitalistischen Betrieb hängt, wie die wenigen genannten Beispiele zeigen, von zahlreichen Faktoren in und außerhalb des Betriebes ab, die sich in ständiger Wechselwirkung zueinander befinden. Entscheidend geformt werden diese Beziehungen durch die Produktionsverhältnisse, welche wiederum im Verlauf des Kapitalismus Modifikationen erfahren, die unbedingt beachtet werden müssen. Sie bewirkten zum Beispiel, daß im Imperialismus die Entwicklung der Produktivkräfte zum Teil anders beeinflußt wurde als in jener Periode, in der sich die Antagonismen der kapitalistischen Gesellschaftsordnung erst herausbildeten. Die Militarisierung der Wirtschaft, die seit dem Beginn des Imperialismus immer weiter um sich griff, stellte das stärkste Hemmnis für die Entwicklung der gesellschaftlichen Produktivkraft dar. Sie führte zu einer einseitigen Förderung der Rüstungsindustrie auf Kosten aller anderen Bereiche der gesellschaftlichen Produktion.

8 Vgl. *Jonas, Wolfgang*, Das Leben der Mansfeld-Arbeiter, Berlin 1957.

9 Vgl. *Thümmler, Heinzpeter*, Zur Lage der Arbeiter in der Kreideindustrie Rügens in der Zeit des Kapitalismus, wirtsch.-wiss. Diss. Berlin 1961. (MS)

10 *Marx/Engels*, Manifest der Kommunistischen Partei, Berlin 1955, S. 10.

Das „Produktionsergebnis“ der Rüstungsindustrie diente ausschließlich dem Zweck der Massenvernichtung von Produktivkräften der Gesellschaft. Jedes Betriebsarchiv birgt eine Fülle von Beweisen dafür. Ein Nachweis dieser Art wäre aber unvollständig, wenn er sich nur auf die materiell-technischen Verluste beschränkte. Der Verlust an Menschen, Facharbeitern, Technikern und Wissenschaftlern ist weitaus nachhaltiger. Negativ wirkte sich auf den technischen Fortschritt auch aus, daß schon in Perioden der Kriegsvorbereitung nur in den kriegswichtigen Zweigen für den Facharbeiternachwuchs gesorgt wurde. Dadurch entstanden in der Arbeitskräftestruktur Lücken; sie zu schliessen sind Jahrzehnte notwendig.

Um die bisher genannten Probleme bewältigen zu können, wird es nützlich sein, außer der schon genannten Literatur auch nachstehende Publikationen auszuwerten:

Die Zeitschrift *Sowjetwissenschaft – Gesellschaftswissenschaftliche Beiträge,* Verlag Kultur und Fortschritt, Berlin;

die Werke der Reihe *Geschichte der Fabriken und Werke* Verlag Tribüne, Berlin;

das *Jahrbuch für Wirtschaftsgeschichte,* herausgegeben von der Arbeitsstelle für Wirtschaftsgeschichte der Deutschen Akademie der Wissenschaften zu Berlin, Akademie-Verlag, Berlin;

Kuczynski, Jürgen, Die Geschichte der Lage der Arbeiter unter dem Kapitalismus, Teil 1: Die Geschichte der Lage der Arbeiter in Deutschland von 1789 bis zur Gegenwart, Akademie-Verlag, Berlin, bisher sind erschienen: Bd 1, 2, 3, 7a, 7b, 8, 9, 10, 11, 12, 13, 14, 15, 16, 18;

Kuczynski, Jürgen, Die Geschichte der Lage der Arbeiter in Deutschland von 1789 bis in die Gegenwart, Verlag Tribüne, Berlin, 1953–1955. – In der gleichen Reihe erschienen analoge Untersuchungen zur Geschichte der Lage der Arbeiter in England, Frankreich, den USA, Westdeutschland und den kolonialen Ländern sowie ein Band zur Theorie der Lage der Arbeiter. Ein von Ruth Hoppe dazu veröffentlichtes Generalregister erleichtert die Arbeit mit dieser Publikationsreihe.

Lenin, W. I., Werke, Bd 22, Dietz Verlag, Berlin 1960,

Oelßner, Fred, Die Wirtschaftskrisen, Dietz Verlag, Berlin 1951.

DIE TRIEBKRÄFTE IM SOZIALISMUS

Der Ausgangspunkt für die Darstellung der Probleme der Durchsetzung des wissenschaftlich-technischen Fortschritts in unseren volkseigenen Betrieben muß das ökonomische Grundgesetz des Sozialismus sein, in dem es heißt: „Ständige Entwicklung und Vervollkommnung der Produktion auf der Grundlage der fortgeschrittensten Wissenschaft und Technik und der Steigerung der Arbeitsproduktivität mit dem Ziel der immer besseren Befriedigung der materiellen und geistigen Bedürfnisse der Werktätigen und der allseitigen Entwicklung des Menschen der sozialistischen Gesellschaft."[11] Diese Grundlinien der Entwicklung geben die Richtung der Untersuchung an. Dabei kommt es darauf an, den Prozeß der Herausbildung der sozialistischen Produktionsverhältnisse zu charakterisieren und den Zusammenhang mit den Etappen der Entwicklung des technischen Fortschritts herzustellen. Im Kapitalismus wurden die Richtung und das Tempo der Technisierung ausschließlich vom Profitstreben der Unternehmer diktiert. Auch in unserer Gesellschaftsordnung müssen die Betriebe volkswirtschaftlich rentabel arbeiten, und es werden ökonomische Hebel zur Durchsetzung des wissenschaftlich-technischen Fortschritts benutzt. Er vollzieht sich aber geplant, krisenfrei und wird ausschließlich von dem Bestreben bestimmt, in historisch kürzester Zeit die Produktionstechnik so aufzubauen, daß sie es im Zusammenwirken mit den Hebeln der sozialistischen Ökonomik und dem ideologischen Umerziehungsprozeß der Menschen gestattet, die Bedürfnisse der Werktätigen immer besser zu erfüllen. Damit erhält die Entwicklung der Produktivkräfte eine neue wirkungsvolle Triebkraft, die zugleich eine der wesentlichsten Grundlagen für die Überlegenheit des Sozialismus über den Kapitalismus ist.

DIE HINTERLASSENSCHAFT DES KAPITALISMUS UND IHRE ÜBERWINDUNG

Eine betriebsgeschichtliche Untersuchung der Entwicklung der Produktivkräfte in der volkseigenen Wirtschaft wird mit der Frage beginnen müssen, welche technischen Mittel, Organisationsformen der Produktion und welcher Arbeitskräftebestand – sowohl in quantitativer als auch in qualitativer Hinsicht – nach dem zweiten Weltkrieg vorgefunden wurden. Dadurch kann sehr überzeugend unterstrichen werden, wie groß die Aufbauleistung ist, die in unserer Republik bisher vollbracht wurde. Es sollte auch die Haltung der Arbeiter, Angestellten und Techniker des Betriebes zur Technik charakterisiert und dabei zum Ausdruck gebracht werden, welches Verhältnis diese Betriebsangehörigen zueinander hatten. Nur auf diese Weise kann deutlich gemacht werden, wie die aus der kapitalistischen Anwendung der Maschine erwachsene negative Haltung der Arbeiter zur Technik, wie die begründete Reserviertheit und Gegensätzlichkeit zwischen Arbeitern, Meistern, Ingenieuren und Wissenschaftlern allmählich überwunden wurde und ein echtes Bündnis zwischen allen in der Produktion Tätigen entstand. Zwei Faktoren sind es vor allem, die diese Entwicklung ermöglichten. Einmal die Erfahrungen, die die Werktätigen ständig mit der sozialistisch angewandten Technik sammeln, zum anderen die ideologische Erziehungsarbeit der Partei der Arbeiterklasse und der demokratischen Massenorganisationen.

11 *Ulbricht, Walter,* Das Programm des Sozialismus und die geschichtliche Aufgabe der Sozialistischen Einheitspartei Deutschlands, Berlin 1963, S. 323.

SOZIALISTISCHES BEWUSSTSEIN – ÖKONOMIE – TECHNIK

Die Umformung des gesellschaftlichen Bewußtseins der Produktivkraft Mensch muß ein Schwerpunkt jeder Betriebsgeschichte sein.
Folgende Prozesse sind dabei von großer Wichtigkeit:

1. Die Wechselbeziehungen zwischen ideologischer Arbeit und ökonomischen Hebeln – ein Problemkreis, dessen beide Pole nicht voneinander isoliert betrachtet werden können, wenn seine Bedeutung im vollen Umfang anschaulich dargelegt werden soll.
2. Der Prozeß der Entwicklung einer neuen Einstellung zur Arbeit und zur Technik. Die Aktivisten- und Neuererbewegung, die Tätigkeit der Arbeiterforscher und die Brigaden der sozialistischen Arbeit müssen als unersetzliche und nie versiegende Quellen des technischen Fortschritts in der sozialistischen Gesellschaft gewürdigt werden.
3. Die Gewinnung der alten Intelligenz für den sozialistischen Aufbau und die Heranbildung einer neuen Intelligenz durch die Brechung des bürgerlichen Bildungsprivilegs; das Entstehen des Bündnisses zwischen der Arbeiterklasse und der Intelligenz, welches unter anderem seinen Niederschlag in der Unterstützung der Arbeit der Neuerer durch die Ingenieure findet. Auch auf die Bildung der freiwilligen Arbeitsgemeinschaften der Kammer der Technik, die Entstehung der ehrenamtlichen Konstruktionsbüros usw., die vom Charakter der neuen Gesellschaft zeugen, ist einzugehen.
4. Die vielfältigen Formen der Erwachsenenbildung als Ergebnis der neuen Haltung der Arbeiter zur Technik und ihres Wunsches, ihrem Betrieb, ihrer Gesellschaft ein Maximum an Kenntnissen zu geben. Der ständig steigende Anteil der Frauen in technischen Berufen ist nicht minder beachtenswert.
5. Der polytechnische Unterricht an den allgemeinbildenden Schulen, die Methoden der Ausbildung des Facharbeiternachwuchses sowohl in ihrer Wirkung auf den Betrieb wie umgekehrt die Einflußnahme des Betriebes auf die Ausbildung.

Alle diese Probleme können nur auf der Grundlage der neuen sozialistischen Produktionsverhältnisse gelöst werden, die eine unerläßliche Voraussetzung für die Befruchtung und Entwicklung des wissenschaftlich-technischen Fortschritts in einem solchen Ausmaß bilden, wie es die sozialistische Gesellschaftsordnung verlangt.

DIE ÜBERWINDUNG VON STÖRUNGEN

Es darf aber auch nicht übersehen werden, daß es innerhalb und außerhalb der Betriebe Kräfte gab, die im Auftrag der ehemaligen Konzernherren den Auf- und Ausbau mit allen – auch terroristischen – Mitteln sabotierten. Hinzu kommen die Bemühungen des westdeutschen Monopolkapitals, die Entwicklung unserer Wirtschaft durch Abwerbungen, Störungen des Handels und demagogische Propaganda von Westdeutschland und Westberlin aus zu behindern. Viele Betriebsgeschichten werden auf diese, den technischen Fortschritt hemmenden Faktoren eingehen müssen. Alle unsere Betriebe werden aber davon berichten können, wie Arbeiter, Wirtschaftsfunktionäre und die technische Intelligenz zusammen sehr rasch zeitweilige Schwierigkeiten überwanden. Dabei wird darauf hinzuweisen sein, wie die Umwelt in Gestalt anderer Betriebe, der SED, des Staates und des sozialistischen Lagers dazu beitrug, den erreichten technischen Stand nicht nur zu erhalten, sondern ständig weiter auszubauen. Kaum ein Industriezweig in unserer Republik hat seine technische Entwicklung ohne die Unterstützung der Sowjetunion durchgeführt. Die gewährte Hilfe war und ist sehr vielgestaltig. Sie beginnt bei der Vermittlung von Produktionserfahrungen, Arbeitsmethoden und Leitungsformen und setzt sich fort im Austausch von Studiendelegationen. An die Tätigkeit sowjetischer Fachleute und Neuerer in unseren Betrieben sowie an die Lieferung von Roh- und Brennstoffen, von Maschinen und Ausrüstungen gilt es zu denken.

DIE ROLLE DES SOZIALISTISCHEN WETTBEWERBS

Zu den Faktoren, die in unserer Gesellschaft die rasche Entfaltung des technischen Fortschritts sichern, gehört neben den schon genannten die Ausschaltung der Konkurrenz, die im Kapitalismus nicht nur als Triebkraft wirkt, sondern die Entwicklung der Produktivkräfte auch hemmt. Dieser Konkurrenzkampf, der mit dem Ziel geführt wurde, den Konkurrenten auszuschalten, mußte dem sozialistischen Wettbewerb, dem gemeinsamen Streben nach höheren Leistungen weichen.

Im Kapitalismus hatte der Arbeiter allen Grund, seine Arbeitstechnik und seine konstruktiven Ideen sorgsam vor seinen Vorgesetzten, unter Umständen sogar vor den Arbeitskollegen, zu verbergen. Die sozialistischen Produktionsverhältnisse gestatten ihm dagegen den Einsatz aller seiner schöpferischen Kräfte. Jede Verbesserung der Produktionstechnik durch Betriebsangehörige verwandelt sich nicht nur in einen Vorteil für die Gesellschaft, sondern in unmittelbare Vergünstigungen für ihren Initiator. Die im volkseigenen Betrieb wirkende Technik führt dazu, daß die Arbeiter nicht nur selbst die Lösung vieler Probleme suchen und finden, sondern den Ingenieuren und Wissenschaftlern eine steigende Zahl von Anregungen geben. Der ungehinderte Austausch von Erfahrungen und Anregungen fördert nicht nur den technischen Fortschritt im Betrieb selbst, sondern gestattet durch die Schaffung neuer, besserer Einrichtungen und Produktionsanlagen auch die Hebung des Niveaus im nationalen und internationalen Rahmen. Die Weitergabe technischer Informationen – und auch das ist nur unter sozialistischen Produktionsverhältnissen möglich – beschränkt sich nicht auf den Betrieb selbst, sondern findet unter

Einbeziehung aller interessierten Betriebe der DDR, oft sogar im Rahmen der sozialistischen Länder, statt.

WISSENSCHAFT UND INTERNATIONALE ZUSAMMENARBEIT

Zentrale Forschungseinrichtungen für eine Reihe von Betrieben, wissenschaftliche Forschungspläne für ganze Produktionszweige der DDR und der Länder des Rates für Gegenseitige Wirtschaftshilfe bilden längst keine Einzelerscheinungen mehr. Der Austausch von Experten, die Ausbildung bestimmter Facharbeitergruppen im sozialistischen Ausland, der Studentenaustausch, die Einrichtung gemeinsamer Konstruktionsbüros, die Erteilung von Lizenzen und internationale Verbundsysteme zwischen den sozialistischen Ländern begründen die gewaltige Förderung des wissenschaftlich-technischen Fortschritts. Derartig günstige Bedingungen für die Entwicklung der Produktivkräfte sind im Kapitalismus weder im nationalen noch gar im internationalen Rahmen denkbar. Die sich in den letzten Jahren immer deutlicher abzeichnende Arbeitsteilung innerhalb der Staaten des RGW, die zum Teil eine Umstrukturierung von Betrieben, ja ganzen Produktionszweigen bedingt, schafft neue Möglichkeiten, die Technik im großen Stil zu entwickeln, und ist eine Garantie dafür, daß das sozialistische Lager in absehbarer Zeit mit Hilfe der modernsten Technik den Kapitalismus auch ökonomisch auf allen Gebieten schlagen wird.

ARCHIVALIEN UND LITERATUR

Welche Quellen stehen der Betriebsgeschichtsschreibung zu diesem Fragenkomplex zur Verfügung?
Zunächst sind die zahllosen Akten der Betriebsarchive bzw. der Archive der VVB, der Hauptverwaltungen, zu sichten. Die Sitzungsprotokolle der Werkleitungen sowie der Partei- und Gewerkschaftsleitungen werden neben den ausgesprochen technischen Unterlagen über fast alle Fragen grundsätzliche Auskünfte geben. Aber auch die Protokolle von Produktionsberatungen und Belegschaftsversammlungen, Akten der TAN-Büros, Unterlagen über eingereichte Verbesserungsvorschläge, der Plan „Neue Technik", die Produktionspläne der Betriebe, die Betriebskollektivverträge und die Prämienvorschläge mit ihren Begründungen bergen wertvolles Material. Darüber hinaus ist es unumgänglich, die Volkswirtschaftspläne und die Dokumente und Beschlüsse des Staatsrates und des Ministerrates der DDR, der SED und des FDGB eingehend auszuwerten, in denen unter anderem zum Beispiel die Grundsätze der Investitionspolitik sichtbar werden. Betriebszeitungen und die Tagespresse, Zeitschriften wie die „Wirtschaftswissenschaft" und „Die Wirtschaft" dürfen nicht übersehen werden.

Wichtiges Material enthalten auch die Betriebsgeschichten, deren Darstellung bis in die jüngste Zeit reicht. Für den Fragenkomplex *technischer Fortschritt* sei besonders das von einem Autorenkollektiv geschaffene Werk „Carl Zeiss Jena einst und jetzt" empfohlen, in dem sehr ausführlich und gründlich auf alle damit zusammenhängenden Fragen eingegangen wird.[12] Von grundsätzlicher Bedeutung sind die Arbeiten Lenins aus den Jahren von 1917 bis 1924, denn sie lösen nicht nur eine Reihe theoretischer Probleme, sondern auch fachliche Fragen, mit denen sich unsere Betriebe in ihrer praktischen Arbeit täglich zu befassen haben.

12 *Carl Zeiss Jena einst und jetzt.* Von einem Autorenkollektiv unter Leitung von Wolfgang Schumann, Berlin 1962.

Ausbildung und Qualifizierung

von Wolfgang Schlieder

ALLGEMEINE PROBLEME

Jede Entwicklung und Veränderung der Produktion, die die erste Lebensbedingung der Gesellschaft darstellt, beginnt mit der Entwicklung und Veränderung der Produktivkräfte. Der Mensch, der Produzent, ist die wichtigste Produktivkraft, weil seine schöpferische Tätigkeit den Produktionsprozeß in Bewegung setzt, leitet und lenkt, weil er denkend und zielbewußt produziert. Die menschliche Arbeitskraft ist durch geistige und manuelle Fähigkeiten ausgezeichnet, mit deren Hilfe sie die Produktionsinstrumente schafft. In der Produktion steht der Mensch der Natur gegenüber; mit Hilfe der Produktionsinstrumente wirkt er auf sie ein und verändert sie nach seinen Absichten. In diesem Prozeß der Wechselwirkung zwischen Mensch und Natur verbessert der Mensch die Produktionsinstrumente, die Technik, und steigert so die Arbeitsproduktivität. So vollzieht sich in der Produktion der Prozeß der Weiterentwicklung der Technik und damit der Erhöhung der Produktion. In engem Zusammenhang mit diesem Prozeß erwirbt sich der Mensch aber auch immer größeres Geschick in der Anwendung der Produktionsinstrumente. Seine Erfahrungen wachsen, und seine Arbeitsfertigkeiten erweitern sich. Er gewinnt neue Erkenntnisse, die sich wiederum auf die Verbesserung der Produktionstechnik, auf die Steigerung der Arbeitsproduktivität auswirken.

Hier sehen wir ganz klar, daß die produktive Auseinandersetzung zwischen Mensch und Natur und die aus ihr entstehende Weiterentwicklung der Produktionsinstrumente eine wichtige Rolle beim Fortschritt der Produktionserfahrungen spielen: Die technische Entwicklung ist das Wesen und die Grundlage der Ausbildung und Qualifizierung der menschlichen Arbeitskraft und wird zugleich von ihr gefördert. Bei der Untersuchung und Darstellung der Ausbildung und Qualifizierung muß also den engen Beziehungen zwischen der Technik und der Produktivkraft Mensch große Aufmerksamkeit geschenkt werden.

Wachsende Produktionserfahrungen und Arbeitsfertigkeiten bedeuten aber auch, daß die Kenntnisse von den Zusammenhängen in der Natur und in der Gesellschaft größer werden. Die Abhängigkeit des Menschen von der Natur wird immer geringer, je mehr ihre Gesetze erkannt und daher auch angewendet werden können. Mit der fortschreitenden Entwicklung der Produktivkräfte gewinnt so die wissenschaftliche Verallgemeinerung der Produktionserfahrun gen immer größere Bedeutung und führt zu einer immer stärkeren Verwissenschaftlichung der materiellen Produktion. Auch von diesem Gesichtspunkt her ist die Ausbildung und Qualifizierung der Produzenten zu betrachten. Überhaupt spielen die Wechselwirkungen zwischen Wissenschaft und Produktion eine wichtige Rolle im Hinblick auf die Entwicklung der Fähigkeiten der menschlichen Produktivkraft.

QUALIFIZIERUNG UND STAND DER TECHNIK

Entscheidend für die Entwicklung der Fähigkeiten der menschlichen Arbeitskraft ist die Entwicklung der materiellen Produktivkräfte. So entstehen die Anforderungen an Ausbildung und Qualifizierung im Prozeß der materiellen Produktion in den Werken und Betrieben. Daher ist es wichtig, daß die betriebsgeschichtliche Forschung diesen Fragen besondere Aufmerksamkeit zuwendet und sie im engen Zusammenhang mit der technischen Entwicklung sieht. Dabei kann aber nicht allein der technische Entwicklungsstand innerhalb des Betriebes in Betracht gezogen werden; man muß auch Vergleiche im nationalen und eventuell auch im internationalen Rahmen anstellen, um einen realen Maßstab für den Stand der Produktivkräfte zu erhalten.
Als Quellen für diese Untersuchung kommen Statistische Jahrbücher und andere statistische Veröffentlichungen in Frage, aus denen wir Anzahl und Art der verwendeten Maschinen und Vorrichtungen entnehmen können. Darüber hinaus können auch technische Fachzeitschriften der betreffenden Industriezweige, technikhistorische Gesamtdarstellungen, Lehrbücher, aber auch Firmengeschichten und Werbeprospekte interessantes Material liefern.[1]
Haben wir uns einen Überblick über den allgemeinen Stand der Entwicklung in dem betreffenden Zeitraum verschafft, so müssen wir durch eine vergleichende Betrachtung die Position des eigenen Betriebes gegenüber dem allgemeinen Niveau bestimmen.
Dann kommt es darauf an, die Analyse des Standes der Qualifikation der Arbeitskräfte zu der technischen Entwicklung in Beziehung zu setzen und die Wechselwirkungen zwischen Qualifizierung und technischer Entwicklung näher zu untersuchen. Hierzu sei ein Beispiel aus der Geschichte des Mansfelder Kupferbergbaues angeführt.
„Die Methoden des Abbaus in den ersten 20 Jahren dieses Jahrhunderts im Mansfelder Kupferbergbau waren primitiv. Mit den alten, im Grunde genommen über Jahrhunderte unveränderten Werkzeugen gewann der Hauer in mühseliger und schwieriger Arbeit das Kupfererz. Keilhaue, Schlägel, Keile und Brechstange waren nach wie vor die Werkzeuge des Kumpels."[2] Diese

1 Vgl. in diesem Zusammenhang die Ausführungen von Karl Lärmer über technischen Fortschritt in diesem Band, S. 296f.

2 *Jonas, Wolfgang*, Das Leben der Mansfeld-Arbeiter, 1924–1945, Berlin 1957, S. 41/42.

rückständigen Produktionsmethoden stellten zu Beginn des 20. Jahrhunderts eine Besonderheit dar. Während alle Industriezweige in Deutschland bereits im 19. Jahrhundert die gewaltige Veränderung der Ablösung der Handarbeit durch die Maschinenarbeit erlebten, finden wir hier im Bergbau primitive handwerkliche Technik. Welche Auswirkungen hatte das nun auf die Qualifikation der Kumpel? „Die hierarchische Gruppierung der Arbeiter, die für das Handwerk so typisch ist, finden wir zum Beispiel in Mansfeld in ganz ausgeprägter Form. Es beginnt mit dem 14jährigen Jungen I, steigt mit zunehmendem Alter über Junge II, Junge III, Schlepper, Lehrhäuer, Häuer und Oberhäuer bis zum Drittelführer. Diese Kategorien, zumindest bis zum Häuer, sind an feste Altersstufen gebunden. Der jüngere ist dem älteren untergeordnet. Die mit der fortschreitenden Mechanisierung und Modernisierung des Produktionsapparates wachsende Rolle der ungelernten Arbeiter, die für den Kapitalismus so typisch ist, finden wir bis in die zwanziger Jahre hinein im Bergbau nicht."[3]
Dem handwerklichen technischen Niveau entsprach der handwerkliche Charakter der Ausbildung und Qualifizierung. Nicht die relativ schnell erlernbare Fähigkeit zur Bedienung von Maschinen war typisch, sondern vielmehr ein in langen Jahren mühsam erworbenes handwerkliches Geschick von ganz spezieller Eigenart. „Das ist kein einfaches Handwerk, das ist eine sehr komplizierte Arbeit, die ihren Meister verlangt. Der Kumpel muß ganz und gar mit dem Berg verwachsen sein. Seine Arbeit ist schon fast ein Kunstwerk."[4]
Diese begrenzte, speziell auf den Mansfelder Kupferbergbau zugeschnittene Qualifikation hatte andererseits zur Folge, daß die Kumpel hier ganz eng an den Betrieb, an die Mansfeld AG, gefesselt waren. Ihre Arbeitskraft hatte den speziellen „Mansfeld-Wert" und mußte in anderen Betrieben an Wert einbüßen. Das gestattete den Unternehmern eine wesentlich höhere Ausbeutung und eine stärkere Unterdrückung der Arbeiter. Hier wird auch das Problem der Stammarbeiter berührt, zu dem weiter unten noch Näheres gesagt wird.

QUALIFIZIERUNG UND GESELLSCHAFT

Am Beispiel der Mansfeld-Arbeiter sehen wir, daß die Qualifizierung und Ausbildung dem Stand der Technik im engeren Sinn, im Rahmen des Betriebes, entsprach. Sie entsprach jedoch nicht dem allgemeinen Stand der technischen Entwicklung; denn typisch für die betrachtete Zeit waren die weitgehende Mechanisierung der Produktionsprozesse, die Industrialisierung der Betriebe. Wie ist das zu erklären?
Wenn wir feststellen, daß die allgemeine technische Entwicklung der Qualifizierung und Ausbildung der menschlichen Produktivkraft feste Maßstäbe setzt und bestimmte Aufgaben stellt, so müssen wir bedenken, daß diese ob-

3 Ebenda, S. 45/46.
4 Ebenda, S. 42.

jektiven Anforderungen Modifizierungen unterworfen sind, die sich aus dem Charakter der Gesellschaftsordnung ergeben.
Jede Produktion ist zugleich eine gesellschaftliche Produktion. Das heißt, daß sich der Mensch, indem er produziert, in bestimmten, notwendigen Beziehungen zu den anderen Menschen befindet. Die menschliche Produktivkraft wirkt also innerhalb eines Produktionsverhältnisses, aus dem sich bestimmte Klassenverhältnisse ergeben. Diese üben unter anderem auch einen entscheidenden Einfluß auf die Entwicklung der Produktionserfahrungen, auf die Arbeitsfertigkeiten der Produktivkraft Mensch allgemein und auf die Qualifikation und den Ausbildungsstand der einzelnen Produzenten aus. So erhalten die Probleme der Qualifizierung und Ausbildung je nach dem Charakter der Produktionsverhältnisse und der Gesellschaftsordnung ein besonderes Gesicht. Im Beispiel der Mansfeld-Arbeiter zeigt sich der Charakter der kapitalistischen Produktionsweise. Der Profit der Unternehmer bestimmt das Gesetz des Handelns. Erst wenn die Mechanisierung eines Arbeitsganges profitabler als die Handarbeit ist, wird sie durchgeführt.
Wir können zum Beispiel heute feststellen, daß die Anzahl der jährlich ausgebildeten Wissenschaftler, speziell der Techniker und Ingenieure, im Verhältnis zur Gesamtbevölkerung in den Ländern des sozialistischen Lagers unvergleichlich höher ist als die der Absolventen von Fach- und Hochschulen in den imperialistischen Staaten. Selbst bürgerliche Äußerungen bestätigen diese Tatsache, wenn sie von den USA und von Westdeutschland in diesem Zusammenhang als von „unterentwickelten Ländern" sprechen. Hieran zeigt sich, daß die Anforderungen und Aufgaben, die die technische Entwicklung der Ausbildung und Qualifizierung der menschlichen Arbeitskraft stellt und die ohne Rücksicht auf die Gesellschaftsordnung in allen Industrieländern objektiv die gleichen sind, allein unter den Bedingungen der sozialistischen Produktionsverhältnisse weitgehend erfüllt werden können. Deshalb müssen wir uns, wenn wir für einen bestimmten Zeitabschnitt die Fragen der Ausbildung und Qualifizierung untersuchen wollen, stets die Frage vorlegen: Durch wen und für wen wird die Ausbildung bzw. Qualifizierung durchgeführt?
Aus dem Charakter der kapitalistischen Produktionsweise ergeben sich mannigfache Faktoren, die die von der technischen Entwicklung geforderte Qualifizierung und Ausbildung der Produzenten beeinflussen. Hierzu zählen zum Beispiel die zyklischen Wirtschaftskrisen, die gesetzmäßige Verelendung des Proletariats und anderer Bevölkerungsschichten, die ständige Arbeitslosigkeit usw. Am Beispiel des Betriebes muß der Einfluß derartiger kapitalistischer Erscheinungen untersucht werden. So verhinderte allein schon das Bildungsprivileg der herrschenden Klassen die umfassende Ausbildung vieler Talente und Fähigkeiten. Ja, es fand sogar eine massenhafte Dequalifizierung der Arbeitskraft statt. Als Beispiel sei darauf verwiesen, daß die Arbeitslosigkeit Facharbeiter zur Verrichtung unqualifizierter Arbeiten zwang. Wir müssen das betriebshistorische Quellenmaterial auf diese Erscheinungen hin prüfen. Die übermäßig lange Arbeitszeit und der an der Gesundheit zehrende Grad der

Ausbeutung sind zum Beispiel Ursachen dafür, daß der Arbeiter seine schöpferischen Fähigkeiten nicht anwenden und entfalten konnte. Wenn der Gewerbeaufsichtsbeamte für den preußischen Regierungsbezirk Magdeburg im Jahre 1921 berichtet, daß alle Volkshochschulen in diesem Bezirk bald wieder eingingen, weil die Arbeiter angeblich kein Interesse daran hatten[5], so muß man die Dinge im richtigen Zusammenhang sehen: Die harten Bedingungen der Nachkriegszeit, Existenzunsicherheiten, Teuerung usw. zwangen den Arbeiter, an anderes, Dringenderes zu denken als an seine Weiterbildung.

Die seit dem Beginn des Imperialismus immer mehr um sich greifende Militarisierung der kapitalistischen Wirtschaft hat ebenfalls deutliche Auswirkungen auf die Entwicklung der Produktionsfertigkeiten. Wie sich in der Zeit der Kriegsvorbereitung und während der Dauer des Krieges das Schwergewicht auf die Rüstungsproduktion verlagert, so findet eine stark einseitige Nachwuchsförderung und Spezialistenausbildung in den kriegswichtigen Berufen und Arbeitsprozessen statt. Der Auswirkung von Kriegsverpflichtung und Umschulung von Arbeitskräften müssen wir in diesem Zusammenhang unsere Aufmerksamkeit widmen. Hierzu sei das folgende Beispiel aus der Zeit nach dem ersten Weltkrieg angeführt. Demobilmachungsanordnungen verfügten die Ablösung kriegsverpflichteter weiblicher Arbeitskräfte durch männliche in den Fabriken. Ein Teil der Arbeiterinnen gingen zu früheren Tätigkeiten in der Konfektions- und Wäschenäherei zurück. „Dazu waren allerdings viele körperlich nicht mehr imstande; ihre Hand war der Näherei durch die schwere Fabrikarbeit entwöhnt worden; nur allmählich haben sich manche wieder angepaßt." Andere hätten sich durch Munitionsarbeit gesundheitliche Schäden (vor allem Frauenleiden) zugezogen und könnten deshalb ihre alte Tätigkeit nicht wieder aufnehmen. Durch Nachtbeschäftigung und durch die Arbeit in Sprengstoffabriken hätte ihr Augenlicht so gelitten, daß sie nach dem ärztlichen Ergebnis nicht eingestellt werden könnten.[6]

Wir sehen hier, wie der imperialistische Krieg den Qualifizierungsprozeß deformiert und die menschliche Produktivkraft vernichtet.

Auch die verhängnisvolle Erniedrigung und Unterdrückung der Frau im Kapitalismus ist kennzeichnend für die Hemmung der Qualifizierung und Ausbildung unter kapitalistischen Verhältnissen. Während die weibliche Arbeitskraft unter kapitalistischen Bedingungen mit am stärksten ausgebeutet und meist zu unqualifizierter Arbeit verurteilt war, wurden im Sozialismus neben der gesetzmäßigen Garantie der Gleichberechtigung der Frau auch alle Möglichkeiten geschaffen, die Befreiung der Frau durchzusetzen und zu verwirklichen. Daß diese Möglichkeiten bei uns allerdings nicht immer voll genutzt werden, zeigt das folgende Beispiel. Ilse Fischer, Technologin im Optikbetrieb des Volkseigenen Betriebes Carl Zeiss Jena, berichtet: „In unserem Betrieb arbeiten zu

5 Jahresberichte der Preußischen Gewerbeaufsichtsbeamten und Bergbehörden für das Jahr 1921 (im folgenden: Jahresberichte), Berlin 1922, S. 279.

6 Ebenda, S. 113.

35 Prozent Mädchen und Frauen ... Heute noch haben aber von rund 3000 Produktionsarbeiterinnen nur 760 den Facharbeiterbrief. Im Bereich Optik, zu dem ich als Technologin gehöre, arbeiten von 800 Frauen 600 nur als Angelernte ... Ich selbst habe Feinoptiker gelernt, im Abendstudium das Diplom als Industriemeister erworben und stehe jetzt im Fernstudium als Ingenieur. Das kostete und kostet viel Kraft ... Deshalb kann ich es ganz gut verstehen, daß viele Frauen Hemmungen haben, mit der Qualifizierung anzufangen ... Oft finden sie nicht die notwendige Hilfe, mit ihren Anliegen fertig zu werden ... Einige unserer Partei-, Gewerkschafts- und Betriebsfunktionäre müssen hier noch viel lernen, um das richtig zu verstehen."[7]
Die kapitalistischen Beschränkungen einer ungehinderten und allseitigen Entwicklung der menschlichen Fähigkeiten können nur durch den Kampf der Arbeiterklasse und ihrer Verbündeten für eine revolutionäre Umgestaltung der Produktionsverhältnisse beseitigt werden. In dem Maße, wie die Volksmassen durch ihren Kampf gegen die Ausbeuterklasse den Weg für eine ungehemmte Entwicklung der Produktivkräfte frei machen, schaffen sie die Bedingungen für die freie Entfaltung ihrer Schöpferkräfte. Deshalb müssen wir in den betriebsgeschichtlichen Darstellungen auch den engen Zusammenhang zwischen Klassenkampf und Qualifizierung verfolgen. In dem Bild, das wir von dem Abschnitt unserer Betriebsgeschichte nach 1945 zeichnen, wird sich das Ergebnis des Kampfes der Arbeiterklasse niederschlagen. Der krasse Gegensatz zu den Verhältnissen in der Epoche des Kapitalismus macht deutlich, daß die Vorzüge der sozialistischen Gesellschaftsordnung alle Möglichkeiten für die allseitige Entfaltung der Fähigkeiten der Produktivkraft Mensch bieten.

HERANBILDUNG JUNGER ARBEITSKRÄFTE

Wenn zum Beispiel die Heranbildung neuer Arbeitskräfte im Betrieb untersucht wird, so muß die Situation der Lernenden dargestellt werden. Welche Ausbildungsmöglichkeiten waren für den jungen Arbeiter vorhanden? Hierbei müssen wir auch das Niveau und die Bedingungen der schulischen Erziehung als Ausgangspunkt der Berufsbildung beachten. In der kapitalistischen Zeit verhinderte das Bildungsprivileg die freie, gleichberechtigte Entwicklung aller Menschen und diente letztlich der Sicherung des Nachwuchses an Ausbeutungsobjekten für die Fabriken. Aus den Akten des Betriebsarchivs, aus Berichten der Arbeiterveteranen oder aus Akten der Schulbehörde im Stadtarchiv können wir ermitteln, welchen Einfluß der Fabrikbesitzer bzw. die Konzernherren auf die Schule oder die Kinder der Betriebsarbeiter im eigenen Interesse ausübten. Von den Besitzern der Papierfabrik Kübler und Niethammer in

7 *Fischer, Ilse,* Die Melodie klingt auch für uns, in: Neues Deutschland v. 5. 12. 1963, Ausg. B, S. 3.

Kriebstein bei Waldheim zum Beispiel wurden vor dem ersten Weltkrieg ein Kindergarten und eine Schule errichtet. Arbeiter erhielten das Schulgeld und unter Umständen ein Konfirmationsgeschenk für ihre Kinder vom Fabrikanten. Natürlich bedeuteten derartige Einrichtungen eine gewisse Verbesserung der Ausbildung und eine Erleichterung für die Eltern. Wenn zum Beispiel die Frau eines Arbeiters ihre Kinder in dem Kindergarten der Fabrik unterbringen konnte, so war es ihr eher möglich, selbst in der Fabrik zu arbeiten und zum Unterhalt der Familie beizutragen. Dadurch erhielt der Fabrikant aber zugleich eine zusätzliche – und, da Frauenarbeit stets schlechter bezahlt wurde, billige – Arbeitskraft und erreichte eine noch stärkere Bindung der Arbeiter an die Fabrik. Wir müssen also erkennen, daß solche Einrichtungen zweckbestimmten Erwägungen der Kapitalisten entsprangen. Wie andere soziale Maßnahmen dienten sie der engeren Bindung der Belegschaft an den Betrieb und an die Interessen der Ausbeuter. Damit sollten praktisch die Vertuschung der Klassengegensätze und die Verschleierung der Ausbeutung gefördert und die heranwachsenden Kinder bereits an das Märchen vom „väterlichen und wohltätigen" Fabrikanten gewöhnt werden.
Wie ganz anders gestalten sich die Beziehungen zwischen Schule und Produktion unter sozialistischen Bedingungen. Bei Darstellungen aus der Zeit nach 1945 gehen wir von der Voraussetzung des sozialistischen Erziehungssystems aus. Ungehinderte und sorgfältig betreute Entwicklung aller Talente und Begabungen geben die Gewähr für eine gute Vorbereitung auf das Leben in der sozialistischen Gesellschaft. Durch den Unterrichtstag in der Produktion, durch den Elternbeirat, durch Patenschaften von Brigaden über Schulklassen usw. übt die Arbeiterklasse einen direkten Einfluß auf die Erziehung der Kinder aus. Es kommt hier darauf an, die Wechselwirkungen zwischen Betrieb und Schule im einzelnen in ihrer Entwicklung zu untersuchen und die Auswirkungen im Betrieb darzustellen.
Die hervorragenden Möglichkeiten, die unter sozialistischen Bedingungen für die Erziehung der Kinder und Jugendlichen bestehen, werden aber bei uns noch ungenügend ausgenutzt. Walter Ulbricht wies auf dem VI. Parteitag der Sozialistischen Einheitspartei Deutschlands darauf hin, als er sagte: „Die zur Zeit den Schülern in bezug auf die Grundlagen der modernen Wissenschaften und der Technik, insbesondere in der Mathematik und den Naturwissenschaften, vermittelten Kenntnisse reichen nicht mehr aus. Das Denk- und Urteilsvermögen der Schüler wird noch ungenügend entwickelt."[8]
Es kommt hier, wie überhaupt bei der Behandlung der Zeit nach 1945, darauf an, den Entwicklungsprozeß zu untersuchen und mit allen seinen Problemen darzustellen. Nur so nutzt die Betriebsgeschichte, und nur so werden die ungeheuer großen Leistungen sichtbar, die vollbracht wurden.
Eine wichtige Frage ist auch die Heranbildung des Arbeiternachwuchses innerhalb des Betriebes. Es gilt hier zu prüfen, wie und in welchem Maße

8 *Ulbricht, Walter,* Das Programm des Sozialismus und die geschichtliche Aufgabe der SED. Referat auf dem VI. Parteitag der SED, Berlin 1963, S. 187.

in der jeweils betrachteten Zeit den Lehrlingen und Anlernlingen die dem Stand der technischen Entwicklung entsprechenden Kenntnisse, Fähigkeiten und Fertigkeiten vermittelt wurden.
Für die sozialistische Epoche werden das Betriebsarchiv und Augenzeugenberichte genügend Möglichkeiten bieten, die Entwicklung der Lehrlingsausbildung im Betrieb, den Aufbau entsprechender Einrichtungen, die Situation der Betriebsberufsschule usw. gründlich zu untersuchen. Auch hierbei muß von den Voraussetzungen ausgegangen werden, die die Entwicklung neuer Produktionsverhältnisse in dieser Beziehung schufen. Staatliche Maßnahmen zum Schutz und zur Förderung der Jugend und zur Sicherung einer guten Ausbildung, die Rolle der Freien Deutschen Jugend und der Lernaktivs, die Lehrlingswettbewerbe, der Vergleich mit der Ausbildung in anderen Betrieben usw. liefern die nötigen Gesichtspunkte, um die Entwicklung der Lehrlingsausbildung im Zusammenhang mit dem gesamtgesellschaftlichen Geschehen darzustellen.
Darüber hinaus bedarf auch das Problem des ungelernten Nachwuchses einer Klärung. Hier sollte eine Analyse der Struktur des Arbeiternachwuchses, das zahlenmäßige Verhältnis von Anlernlingen und Facharbeiterlehrlingen darlegen und zeigen, welche außerbetrieblichen Ursachen und Erscheinungen den Veränderungen der Struktur zugrunde lagen.
Ganz andere Probleme werden uns begegnen, wenn wir die Ausbildung des Arbeiternachwuchses unter kapitalistischen Bedingungen untersuchen. Hier wäre unter anderem zu ermitteln, in welchem Alter die Arbeiter eingestellt wurden. Oft finden wir, daß Schulkinder in den Fabriken beschäftigt wurden. Diese Tatsache muß auch unter dem Gesichtspunkt der Ausbildung betrachtet werden. In den Werken der Klassiker des Marxismus-Leninismus, besonders im „Kapital" von Karl Marx, finden wir grundlegende Überlegungen zu diesem Fragenkomplex. Zur Einschätzung des Problems der Kinderarbeit im Zusammenhang mit Arbeitsgesetzgebung, Schulunterricht und Klasseninteresse der Bourgeoisie geben auch die Darstellungen von Jürgen Kuczynski in den verschiedenen Bänden seines Werkes „Die Geschichte der Lage der Arbeiter unter dem Kapitalismus" zahlreiche Hinweise. Besonders interessant ist in diesem Zusammenhang das Werk von Ruth Hoppe, Jürgen Kuczynski und Heinrich Waldmann, „Hardenbergs Umfrage über die Lage der Kinder in den Fabriken und andere Dokumente aus der Frühgeschichte der Lage der Arbeiter" (Berlin 1960).
Ferner ist die Stellung der Lehrlinge im System der kapitalistischen Ausbeutung zu behandeln. Zunächst ist die Frage zu klären, wann und warum der Kapitalist auf eine Lehrlingsausbildung mehr Wert zu legen beginnt. An sich ist es für den Kapitalismus typisch, daß mit zunehmender Mechanisierung des Produktionsprozesses die Rolle der ungelernten Arbeiter wächst. So finden wir im 19. und zu Beginn des 20. Jahrhunderts auch in der Industrie Lehrlinge nur in den Handwerksberufen. Nach dem ersten Weltkrieg, in der Zeit der Weimarer Republik, erreicht jedoch die Technik einen solchen Stand, daß Hand-

werkerlehrlinge und Ungelernte nicht mehr als Facharbeiternachwuchs ausreichen. Es beginnen Bestrebungen der Unternehmer, das Lehrlingswesen in der Industrie neu zu regeln. Die Entwicklung der Produktivkräfte schafft eine Situation, in der es den Kapitalisten nur dann gelingt, ihren Profit zu realisieren, wenn sie sich verstärkt um die gründliche Ausbildung einer genügenden Menge von Facharbeitern kümmern.

So richtete zum Beispiel der Verband der Metallindustriellen in Magdeburg gegen Ende des Jahres 1921 unter Leitung eines Lehrers der Maschinenbauschule in einem besonders für diesen Zweck geschaffenen Laboratorium eine psychotechnische Prüfungsstelle für Lehrlinge ein. Jeder Lehrling, der sich um eine Lehrstelle in einem der Betriebe bewarb, wurde dorthin überwiesen und auf berufliche Fähigkeiten, auf Anschauungsvermögen, Geschicklichkeit und technische Begabung geprüft. Dabei sollten zugleich charakterliche Eigenschaften wie Schüchternheit, Ordnung, Wetteifer, Vordrängen und anderes mehr festgestellt werden. Die Aufnahme in das Lehrverhältnis wurde von dieser Prüfung abhängig gemacht. Daß die Ausbildung der Lehrlinge allein dem eiskalten Interesse der kapitalistischen Unternehmer untergeordnet war, geht eindeutig aus der Angabe des Zwecks dieser Prüfung hervor: „Es soll dadurch erreicht werden, daß die Industrie von ungeeigneten Arbeitskräften entlastet und die Zahl der Facharbeiter, die später der Erwerbslosenunterstützung zur Last fallen, verringert wird."[9]

Das Bestreben nach verbesserter Facharbeiterausbildung wird naturgemäß in den größeren Betrieben und in denjenigen Industriezweigen, in denen eine komplizierte Maschinerie und eine weitentwickelte Technik höhere Anforderungen an die Qualifikation der Arbeiter stellte, am stärksten gewesen sein. Unter diesem Gesichtspunkt müssen wir die Einrichtung von Betriebsberufsschulen, Lehrwerkstätten, Lehrlingswohnheimen usw. sehen.

In der Papierfabrik von Günther in Greiz begann man zum Beispiel 1938 mit der systematischen Heranziehung von Industriefacharbeitern. Seit diesem Jahr wurden Papiermacher mit Anlernvertrag und Abschlußprüfung ausgebildet. Sie besuchten die städtische Berufsschule und erhielten zusätzliche theoretische Fachkenntnisse von Fachleuten vermittelt.[10] Die Anforderungen der technischen Entwicklung in der Papierherstellung hatten die Unternehmer zu dieser Maßnahme gezwungen. Erst 1945, in der Deutschen Demokratischen Republik, wurde der Beruf des Papiermachers zum Lehrberuf erklärt und die geordnete Ausbildung der Lehrlinge gesichert.

Wichtig für die betriebsgeschichtliche Darstellung ist auch die ins einzelne gehende Untersuchung der Lehrlingsausbildung im kapitalistischen Betrieb. Hier werden wir immer wieder sehen, wie sich aus dem Charakter der Gesellschaftsordnung Störungen und Hindernisse für eine geregelte Ausbildung ergeben.

9 Jahresberichte, a. a. O., S. 267/268.

10 *Die Greizer Papiermacher einst und jetzt*, zusammengest. v. einem Kollektiv des VEB Papierfabrik Greiz, Greiz 1958, S. 46.

Lehrlinge wurden zum Beispiel an die Stelle von Arbeitern gesetzt, um Lohnkosten zu sparen. Dabei war natürlich an keine ordnungsgemäße Ausbildung zu denken. In dem Bericht der Gewerbeaufsichtsbeamten in Berlin für 1921 heißt es: „So hatte ein Betrieb bei zwei Gehilfen 13 Lehrlinge, eine Werkstätte zur Massenherstellung von elektrischen Kleinmotoren bei 11 Gesellen, von denen die meisten eben ausgelernte junge Leute von 18 bis 20 Jahren waren, 18 Lehrlinge; ... ein Meister arbeitete bei der Herstellung von Werkzeugmaschinen mit 7 sich häufig selbst überlassenen Lehrlingen ohne Gesellen."[11]
Zeiten der kapitalistischen Wirtschaftskrise wirken sich auch negativ auf das Lehrlingswesen aus. Hier ein Auszug aus dem Bericht eines preußischen Gewerbeaufsichtsbeamten über den Regierungsbezirk Merseburg für 1930: „So haben z. B. in der Metallindustrie häufig Arbeitgeber von dem ihnen durch den Lehrvertrag zustehenden Rechte Gebrauch gemacht, den Lehrling nach den Betriebsmöglichkeiten zu beschäftigen oder ihn ohne Bezahlung der Erziehungsbeihilfe zu beurlauben, ohne daß daraus das Recht der einseitigen Auflösung des Lehrvertrages hergeleitet werden konnte."[12]
Die ordnungsgemäße Lehre war in beiden Fällen unterbrochen. Solche oder ähnliche Zustände charakterisieren ebenfalls die Lehrlingsausbildung im kapitalistischen Betrieb.

BETRIEB UND INTELLIGENZ

Wesentliche Fragen sind auch die Ausbildung der Intelligenz und die Beziehungen zwischen Betrieb einerseits und Hoch- oder Fachschule andererseits. An diesem Gegenstand können wir wieder die krassen Gegensätze zwischen sozialistischer und kapitalistischer Gesellschaftsordnung feststellen. Die Verbindungen zwischen Betrieb und Ausbildungsstätte im Staat der Arbeiter und Bauern sind von den Interessen des ganzen Volkes bestimmt und zielen auf die planmäßige Entwicklung der sozialistischen Wirtschaft und der fortgeschrittenen Wissenschaft ab. Hier sollten wir untersuchen, in welchem Maße der Betrieb die Möglichkeiten genutzt hat, die die sozialistischen Produktionsverhältnisse bieten, und welche Schwierigkeiten und Probleme es im Laufe der Entwicklung gab. Welche Erfahrungen wurden zum Beispiel bei der Delegierung geeigneter Kollegen zum Studium gemacht? Haben Praktika von Studenten im Betrieb stattgefunden, und welche Bedeutung hatten sie für das Bündnis zwischen Arbeiterklasse und Intelligenz? Wie hat der Betrieb auf Lehrprogramme an Fach- und Hochschulen Einfluß genommen? Welche Rolle spielt die Intelligenz des Betriebes bei der Durchsetzung der modernsten Wissenschaft in der Leitung und in der Produktion? Oft finden wir, daß junge

11 Jahresberichte, a. a. O., S. 117/118.
12 Jahresberichte der Preußischen Gewerbeaufsichtsbeamten und Bergbehörden für das Jahr 1930, Berlin 1931, S. 281.

Hochschulabsolventen mit Aufgaben betraut werden, die nicht die volle Anwendung und Entfaltung der erworbenen Kenntnisse und Fähigkeiten gewährleisten. Wie wurden solche Mängel beseitigt?

Diese und noch andere Gesichtspunkte sind bei der Darstellung der Wechselwirkungen zwischen Betrieb und Intelligenz im Abschnitt der Betriebsgeschichte für die Zeit nach 1945 zu berücksichtigen.

Für die kapitalistische Epoche bedarf die Frage einer Klärung, welche Beziehungen zwischen den Fabrikanten bzw. den Monopolherren und den Universitäten und Fachschulen bestanden. Gab es Stiftungen des Betriebes bzw. des Konzerns für Hoch- oder Fachschulen oder für Stipendien? Gab es Maßnahmen der Betriebsleitung, die den nötigen wissenschaftlichen Nachwuchs für den Betrieb und zugleich dessen Botmäßigkeit sichern sollten? Können wir die Stellung der Intelligenz im Betrieb vom Einfluß der Fabrik- und Monopolherren auf den Ausbildungsgang ableiten?

Es gab in kapitalistischen Betrieben sehr viele Ingenieure und Wissenschaftler, die eine Lehrtätigkeit an Hoch- oder Fachschulen ausübten. Der kapitalistische Unternehmer Hugo Junkers zum Beispiel war von 1897 bis 1912 Professor und Vorsteher des Maschinenbau-Laboratoriums an der Technischen Hochschule in Aachen und engagierte in dieser Zeit den Privatdozenten Folkerts von dort weg, um ihn in seiner Firma mit einer leitenden Stellung zu betrauen.[13]

In verschiedenen Industriezweigen gab es Fachschulen, die von den Unternehmerverbänden eingerichtet waren oder völlig unter ihrem Einfluß standen. Man sollte zu ermitteln suchen, welchen Einfluß die dort erhaltene Ausbildung auf das spätere Verhalten der Ingenieure im Betrieb ausübte. Die ehemaligen Absolventen der Altenburger Ingenieurschule der Papierindustrie zum Beispiel waren in einem besonderen Verein, der „Papiermacher-Tafelrunde Altenburg", zusammengefaßt, der eine eigene Zeitschrift, den „Altenburger Papierer", herausgab. Unter anderem wurden die Ingenieure auch auf diese Weise dem Unternehmerinteresse verpflichtet.

WEITERE QUALIFIZIERUNG UND STAMMARBEITER

Die Heranbildung neuer, junger Arbeitskräfte für den Produktionsprozeß ist die eine Seite der Ausbildung und Qualifizierung der menschlichen Arbeitskraft. Andererseits haben wir gesehen, daß der Mensch, indem er produziert, auch sich und seine Arbeitsfertigkeiten über den vorhandenen Stand hinaus weiterentwickelt und die Summe der Produktionserfahrungen ständig erhöht. Die Problematik dieser Seite der Qualifizierung und Ausbildung sollte ebenfalls in die betriebsgeschichtlichen Darstellungen einbezogen werden. Der Ausgangspunkt einer solchen Untersuchung wird die Erforschung der Struktur der

13 Vgl. *Radandt, Hans*, Hugo Junkers – ein Monopolkapitalist und korrespondierendes Mitglied der Preußischen Akademie der Wissenschaften, in: Jahrbuch für Wirtschaftsgeschichte 1960, T. 1, Berlin 1960, S. 72–83.

Arbeitskräfte hinsichtlich ihrer Qualifikation im Betrieb in dem betreffenden Untersuchungszeitraum sein. Wir müssen uns einen genauen Überblick über das Verhältnis ungelernter und angelernter Arbeiter zu Facharbeitern und zu Angehörigen der Intelligenz verschaffen. Diese Ausbildungsstruktur und ihre Wandlung im Laufe der Zeit zu analysieren, die wesentlichen Ursachen und Faktoren zu ermitteln ist eine sehr wichtige Arbeit, die viele Aufschlüsse über den Komplex Qualifizierung und Ausbildung geben wird.

Für die Zeit des Kapitalismus müssen wir zum Beispiel genau untersuchen, wie die fortschreitende Mechanisierung und Modernisierung des Produktionsapparates die Bedeutung der ungelernten Arbeiter erhöht, wann der Unternehmer mit dem Übergang von der extensiven zur intensiven Ausbeutung auf eine gewisse Qualifizierung des Arbeiters im kapitalistisch beschränkten Sinn Wert legen muß und welche außerbetrieblichen Einrichtungen und Maßnahmen ihn dabei unterstützen.

Diesem Interesse der Kapitalisten an einer begrenzten Hebung des Ausbildungsniveaus der Arbeiter entsprach zum Beispiel die Einrichtung der von der Bourgeoisie beeinflußten Arbeiterbildungsvereine der sechziger Jahre des vorigen Jahrhunderts. Sie sollten die Arbeiter für eine im Interesse der Unternehmer beschränkte allgemeine Bildung und fachliche Qualifizierung interessieren, hatten aber auch die Aufgabe, die Arbeiter von der Politik fernzuhalten.

Im Laufe der weiteren Entwicklung zwang der technische Fortschritt die Kapitalisten schließlich, immer mehr Hindernisse für eine Facharbeiterausbildung aus dem Wege zu räumen und zum Beispiel in der Zeit der Weimarer Republik auch die Regelung des Fabriklehrlingswesens in Angriff zu nehmen (siehe Ausführungen über Lehrlingsausbildung).

Viele dieser Schritte und Maßnahmen der kapitalistischen Unternehmer zur Verbesserung der Qualifizierung der Arbeiter stehen im engen Zusammenhang mit ihren Bemühungen, die Konkurrenzfähigkeit ihrer Erzeugnisse durch die Schaffung eines hochqualifizierten Facharbeiterstammes zu sichern. Dieses Ziel wurde mit verschiedenen Maßnahmen korrumpierenden Charakters verfolgt. Die Skala reichte von Jubiläumsgeschenken bis zur Aufrechterhaltung des Arbeitsverhältnisses in Krisenzeiten. Auch die sozialen Einrichtungen, wie Betriebswohnungen, Unterstützungskassen, Kindergärten usw. dienten unter anderem diesem Zweck. Andererseits wurde die Bildung einer Stammbelegschaft auch durch die unter Umständen ganz spezielle, nur auf die Art der Produktion des betreffenden Betriebes gerichtete Qualifikation der Arbeiter gefördert, wie es das bereits erwähnte Beispiel der Mansfeld Kumpel zeigt.

QUALIFIZIERUNG – FÜR WEN?

Wie bereits gezeigt wurde, ist die Entfaltung der schöpferischen Fähigkeiten der einzelnen Produzenten und damit auch die Förderung ihrer Qualifizierung und Ausbildung im Kapitalismus nicht ohne Hemmnisse möglich. Infolge der

Ausbeutung, infolge des Widerspruchs zwischen der gesellschaftlichen Produktion und der privaten Aneignung kommen die Ergebnisse einer höheren Arbeitsfertigkeit und eines größeren Schatzes an Produktionserfahrung im Kapitalismus den Eigentümern der Produktionsmittel, der herrschenden Klasse, zugute. Wir finden in der Geschichte jedes Betriebes Beispiele dafür, wie es die Unternehmer verstanden, sich die technischen Erfindungen und Verbesserungen von Arbeitern und Technikern ohne angemessene Entgelte nutzbar zu machen.

Ein grundsätzlich anderes Bild bieten dagegen die Wechselwirkungen zwischen technischer Entwicklung und Qualifizierung in der Deutschen Demokratischen Republik, seit das Privateigentum an Produktionsmitteln beseitigt wurde und sich sozialistisches Eigentum an Produktionsmitteln und sozialistische Produktionsverhältnisse entwickelten. Jeder Fortschritt der Produktivkräfte kommt in vollem Umfang dem ganzen Volk zugute. Voraussetzung ist allerdings, daß die Möglichkeiten, die die sozialistischen Produktionsverhältnisse bieten, voll genutzt werden. So ist beispielsweise nicht zu erwarten, daß ein Facharbeiter Interesse an der Entwicklung seiner Arbeitsfertigkeiten, an der Qualifizierung zum Meister hat, wenn er in seiner bisherigen Tätigkeit mehr als der Meister verdient. Zwar erleichtert ein ganzes System von staatlichen und betrieblichen Maßnahmen die Qualifizierung. Was nützt es jedoch, wenn Fehler bei der Anwendung des Prinzips der materiellen Interessiertheit den Drang zur Weiterbildung hemmen? Diese Fragen spielen tagtäglich eine Rolle im Betrieb, bei der Sicherung der Planerfüllung, im Kampf um die Verwirklichung der Beschlüsse von Partei und Regierung, die die Hebung des fachlichen Niveaus der Werktätigen betreffen, usw.

Auch die Rolle der Gewerkschaften bei der Qualifizierung ist zu untersuchen. Welche Erfolge wurden zum Beispiel bei den Bemühungen erzielt, ausnahmslos jeden Betriebsangehörigen in die Atmosphäre des Lernens und der Qualifizierung einzubeziehen? In welchem Maße ist die Bewegung verbreitet, wonach sich jeder ungelernte zum angelernten Arbeiter, jeder angelernte Arbeiter zum Facharbeiter, jeder Facharbeiter zum Techniker usw. entwickelt? Wie ist bei Produktionsumstellungen das Problem der Fachkräfte bewältigt worden? Welche Auswirkungen hatte die Tätigkeit der Volkshochschule, der Kammer der Technik, der Gesellschaft zur Verbreitung wissenschaftlicher Kenntnisse und anderer Organisationen und Einrichtungen auf den fachlichen Stand der Kollegen des Betriebes? Ebenso ist das Ergebnis von Kontakten mit anderen Betrieben, das Wirken der Vereinigung Volkseigener Betriebe, der Industriezweigleitungen und anderer übergeordneter Stellen zu untersuchen. Die Faktoren außerhalb des Betriebes, die die Ausbreitung von Neuerermethoden beeinflußten, sollten ebenso wie die Vermittlung von im Betrieb gemachten Erfahrungen an die Kollegen anderer Betriebe Gegenstand der Darstellung sein.

Wir wissen, daß wissenschaftliche Erkenntnisse im steigenden Maße Bedeutung für die Durchführung der Produktionsaufgaben gewinnen. Daher müssen wir

auch der Herausbildung von Verbindungen zu Forschungsinstituten und wissenschaftlichen Einrichtungen unserer Republik Aufmerksamkeit zuwenden und einerseits deren Einfluß auf die Qualifizierung der Kollegen im Betrieb, andererseits die Auswirkung der Beschäftigung mit Produktionsproblemen in diesen Instituten untersuchen.
Wenn wir die Geschichte des Betriebes verfolgen, werden wir noch eine Vielzahl von Wechselwirkungen zwischen technischer Entwicklung und Qualifizierung entdecken. Hier konnten nur einige Beispiele angeführt werden.

QUELLEN

Material und Unterlagen für die Behandlung der hier geschilderten Problematik werden zunächst einmal aus dem Bestand der Betriebsarchive zu beziehen sein. Für die kapitalistische Zeit sind zum Beispiel Personalakten, Korrespondenz über Einstellungen und Entlassungen, Briefwechsel mit Schulbehörden und anderen außerbetrieblichen Bildungseinrichtungen, Aufstellungen der Lohnbüros, Unterlagen über die sogenannten sozialen Einrichtungen, über Stiftungen und andere Geld- und Sachzuwendungen der Unternehmer usw. zu sichten. Oft finden wir auch Manuskripte von Reden oder Äußerungen der Fabrikanten oder ihrer Beauftragten an die Arbeiter, aus denen Schlüsse auf den Stand und die Entwicklung der Qualifizierung in einem bestimmten Zeitraum zu ziehen sind. Hier muß allerdings berücksichtigt werden, wer spricht. Aus allen diesen Äußerungen werden stets die demagogischen Bemühungen der Kapitalisten deutlich, die Arbeiterklasse irrezuführen und vom Kampf um ihre Rechte abzuhalten. Das gleiche trifft auch für alle Veröffentlichungen im Unternehmerinteresse zu, die wir in der lokalen und allgemeinen bürgerlichen Presse, in Festschriften der Firma und anderen Publikationen über den Betrieb finden. Wir sollten auch zu ermitteln suchen, welche Funktionen die Unternehmer oder ihre Beauftragten in öffentlichen Ämtern und Einrichtungen, wie zum Beispiel Stadtverordnetenversammlungen, Beiräten von Schulen und Universitäten oder auch in örtlichen und überlokalen Vereinen und Gesellschaften ausübten. Aus dem Wirken in diesen Institutionen, das wir aus den Akten, Protokollen oder Berichten in den betreffenden Stadt-, Landes- oder Zentralarchiven ersehen können, können wir Klarheit über die Beziehungen zwischen Betrieb und Umwelt auch in bezug auf die Qualifizierung und Ausbildung gewinnen.
Weiteres Material zu den hier behandelten Problemen bergen oft auch die Akten und Unterlagen der Schulbehörden und anderer örtlicher Bildungseinrichtungen sowie Jahresberichte der Industrie- und Handelskammern und der Fabrik- und Gewerbeinspektoren in den städtischen und staatlichen Archiven.
Diese Quellen, die im Unternehmerinteresse entstanden sind, müssen wir kritisch einschätzen. Das erleichtern uns die Kenntnisse, die wir aus Artikeln

über den Betrieb in den Zentral- und Bezirksorganen, in den Zeitschriften, Betriebszeitungen und Flugblättern der Kommunistischen Partei Deutschlands der Sozialdemokratischen Partei Deutschlands und der Gewerkschaften gewinnen. Ebenso sollten wir, soweit es möglich ist, Erlebnisberichte von Arbeitern und ihrer Angehörigen für unsere Untersuchungen heranziehen. Auch schriftliche Unterlagen und Dokumente, die noch im Besitz von Arbeiterveteranen oder ihren Angehörigen sind, können große Bedeutung für unsere betriebsgeschichtlichen Darstellungen haben.

Außer der klassischen marxistischen Literatur empfiehlt es sich folgende Veröffentlichungen heranzuziehen:

die Werke der Reihe *Geschichte der Fabriken und Werke*, Verlag Tribüne, Berlin,

das *Jahrbuch für Wirtschaftsgeschichte*, herausgegeben von der Arbeitsstelle für Wirtschaftsgeschichte der Deutschen Akademie der Wissenschaften zu Berlin, Akademie-Verlag Berlin,

Kuczynski, Jürgen, Die Geschichte der Lage der Arbeiter unter dem Kapitalismus, Teil 1: Die Geschichte der Lage der Arbeiter in Deutschland von 1789 bis zur Gegenwart, Akademie-Verlag, Berlin, bisher sind erschienen: Bd 1, 2, 3, 7a, 7b, 8, 9, 10, 11, 12, 13, 14, 15, 16, 18.

Auch für die Zeit nach 1945 sind es vor allem die Bestände der Betriebsarchive, die gesichtet und benutzt werden müssen. Hier liefern zum Beispiel die Protokolle von Sitzungen der Werkleitung, der Partei- und Gewerkschaftsleitungen, von Produktionsberatungen und anderen Versammlungen wichtiges Material für die Einschätzung von Qualifizierung und Ausbildung im Betrieb. Ferner sind die Akten über die Errichtung der Betriebsakademie und anderer Ausbildungseinrichtungen und über Vortragstätigkeit, Brigadetagebücher, Wettbewerbsunterlagen, Qualifizierungspläne und -verträge, Begründungen von Prämienvorschlägen, Frauen- und Jugendförderungspläne heranzuziehen. Außerdem enthalten auch Betriebs- und Tageszeitungen wertvolles Material. Wir müssen auch die Dokumente und Beschlüsse der Sozialistischen Einheitspartei Deutschlands, des Freien Deutschen Gewerkschaftsbundes, der Freien Deutschen Jugend und anderer Massenorganisationen gründlich auswerten und die Gesetze und Verordnungen der Regierung der Deutschen Demokratischen Republik zu Ausbildungsfragen eingehend studieren. Zum Vergleich sollten wir außerdem bereits erschienene betriebsgeschichtliche Darstellungen des eigenen Betriebes oder anderer Betriebe auswerten.

Löhne und Lohnpolitik

VON HEINZPETER THÜMMLER

Es gibt eine Reihe wichtiger Faktoren bei der Erforschung der Lage der Arbeiter im Kapitalismus, die alle in engem Zusammenhang miteinander stehen. Das umfassendste Bild über die Lage der Arbeiter wird man dann erhalten, wenn man möglichst viele Faktoren berücksichtigt. Besonders wichtig ist der kapitalistische Arbeitslohn. Er ermöglicht es, in Verbindung mit relativ wenig anderen Momenten, wie zum Beispiel der Arbeitszeit und den Lebenshaltungskosten, eine weitgehend reale Vorstellung von der Lage der Arbeiter zu bekommen.

ALLE BETRIEBSHISTORIKER SOLLTEN DEN WERT DER LOHNANALYSEN NUTZEN

Betrachten wir die Betriebsgeschichten, die von unseren Betrieben heraus gegeben wurden, so stellen wir fest, daß die große Aussagekraft von Lohnuntersuchungen noch wenig genutzt wurde. Es kommt nicht darauf an, in einer Betriebsgeschichte eine politökonomische Abhandlung über das Wesen des Arbeitslohnes, den Wert der Ware Arbeitskraft usw. zu verfassen. Das sind heutzutage Grundkenntnisse, die die Schulen vermitteln. Worauf kommt es an? Es kommt darauf an, dem Leser zu zeigen, wie sich die ökonomischen Gesetzmäßigkeiten des Kapitalismus in der Praxis des eigenen Betriebes durchsetzten. Deshalb müssen solche Fragen beantwortet werden: Wie entwickelte sich der Preis der Ware Arbeitskraft im eigenen Betrieb? Welche Kämpfe waren notwendig, um den Arbeitslohn gegen Angriffe des Unternehmers zu halten oder um ihn zu erhöhen? In welchem Verhältnis entwickelte sich der Arbeitslohn im eigenen Betrieb zu dem in anderen Unternehmen, Industriezweigen usf.?

Solche Fragen können durch präzise zahlenmäßige Aufstellungen beantwortet werden, die nicht zuletzt auch deshalb überzeugen, weil sie aus der Geschichte des eigenen Betriebes erzählen.

Natürlich wird in den bisher in der DDR veröffentlichten Betriebsgeschichten, die bis in die Zeit vor 1945 zurückgehen, oft über die Löhne im Kapitalismus geschrieben. Doch gewinnt man allgemein den Eindruck, daß diesem wichtigen Faktor zu wenig Wert beigemessen wird. Nicht selten ist die Darstellung auf die Nominallöhne beschränkt. In einer Schrift des VEB Zittauer Kunstseiden- und Baumwollweberei heißt es zum Beispiel: „Auch in der Oberlausitz verdienten die Weber um 1820 an einem Stück Kittay (Kattunleinewand – H. T.) mit einer Länge von 68 Metern 7 Taler. Die Manufakturherren bauten diesen Lohn Stück für Stück ab, so daß sie (die Weber – H. T.) 1826 noch 1 Taler 16 Groschen verdienten. Angebot und Nachfrage sowie Gewinnsucht bestimmten die Lohnsätze."[1]

Scheinbar wird in diesen drei Sätzen sehr viel ausgesagt. Aber welcher Arbeiter kann sich vorstellen, was man 1820 für einen Taler kaufen konnte? Doch gerade darauf kommt es an! Da in der Schrift keine weitere Erklärung erfolgt, müßten Privatstudien betrieben werden, um Aufschluß über die Lage der Oberlausitzer Weber zu bekommen. Hier tauchen eine ganze Reihe Fragen auf: In welcher Zeit wurden die 68 Meter Kittay produziert? Wie hoch war der Nominallohn pro Woche, Tag oder Stunde? Wie hoch waren damals die Lebenshaltungskosten, das heißt, was konnte sich ein Arbeiter für seinen Lohn kaufen? Oder anders ausgedrückt: Wie hoch war der Reallohn? Wie ist der erhebliche Rückgang des Lohnes von 1820 bis 1826 zu erklären? Man fragt sich: Wurden 1826 die 68 Meter Kittay noch in gleicher Zeit produziert wie 1820? Erhöhte sich in dieser Zeit die Arbeitsproduktivität durch technische Neuerungen, durch gestiegene Arbeitshetze? Verlängerte sich die Arbeitszeit während dieser Zeit? Wie entwickelten sich die Löhne anderer Arbeitergruppen in Deutschland? Aussagen über die Löhne überzeugen erst, wenn diese Fragen bei den Untersuchungen berücksichtigt werden.

In der Betriebsgeschichte des VEB Feinstmaschinenbau Dresden wird der Wochenverdienst eines Arbeiters den selbst errechneten Lebenshaltungskosten gegenübergestellt.[2] Eine Darstellung der Entwicklung der Löhne und Lebenshaltungskosten, ein Vergleich der Löhne des Betriebes mit den Löhnen der Arbeiter in anderen Unternehmen, Industriezweigen oder sogar mit den Durchschnittslöhnen aller deutschen Industriearbeiter würde das Bild sehr viel deutlicher machen. Das gleiche gilt für einen Vergleich der selbstberechneten Lebenshaltungskosten mit den durchschnittlichen Lebenshaltungskosten in Deutschland und für die Berechnung des Reallohnes.

In unseren Betriebsgeschichten sollten immer die Arbeiter mit Erlebnisberichten zu Wort kommen. Die Angaben in diesen Berichten müssen jedoch überprüft werden. Besonders wichtig ist das bei Feststellungen über die Lohnhöhe. Zahlenangaben, die die Arbeiter aus der Erinnerung machen, über die sie keine schriftlichen Unterlagen besitzen, sollte man möglichst durch Archiv-

1 *Unser Betrieb einst und jetzt,* VEB Zittauer Kunstseiden- und Baumwollweberei, Festschrift zum zehnjährigen Bestehen der volkseigenen Betriebe, o. O., o. J., S. 10.

2 *Wie war es gestern – wie ist es heute?* Zur Geschichte des VEB Feinstmaschinenbau Dresden, Dresden 1958, S. 25f.

material ergänzen und dabei auf genaue Zeitangaben achten. Sie verlieren an Wert, wenn die Arbeiter nur aus der „guten alten Zeit" berichten, wie es in der Betriebsgeschichte des VEB Braunkohlenwerk Berzdorf der Fall ist. Sucht man nähere Zeitbestimmungen zu den Lohnangaben in den Erlebnisberichten der genannten Betriebsgeschichte, dann könnte man auf die Zeit nach 1918 kommen, denn von dieser wird kurz vorher gesprochen. Allerdings widerspricht dem, daß einer der Kollegen in bezug auf die Arbeitszeit speziell über die Zeit um 1890 berichtet.[3] Diese Art der Darstellung kann auch für eine Betriebsgeschichte nicht genügen, weil sie zu allgemein ist. Gerade in dem zuletzt erwähnten Beispiel wären genauere Angaben notwendig gewesen, da an anderer Stelle nichts mehr über die Löhne der Kumpel des Betriebes geschrieben wird.

DIE DREI EBENEN DER LOHNUNTERSUCHUNGEN

Die wenigen Beispiele, die wir herausgegriffen haben, sollen zeigen, in welcher Weise bisher die Löhne in den meisten Schriften, die unsere Betriebe zu ihrer Geschichte herausgaben, behandelt werden. Sie unterstreichen die Notwendigkeit, einige Hinweise für die Verarbeitung von Materialien zur Lohnentwicklung im Kapitalismus und für ihre Darstellung zu geben.
Die erste Aufgabe bei der Untersuchung der Arbeitslöhne sollte sein, ihre *Entwicklung* aufzuzeigen. Gelingt es, eine fortlaufende Reihe aufzustellen, so ist die Grundlage für weitere Darstellungen gegeben.
Wie schon erwähnt, ist es ratsam, die Entwicklung der Löhne eines Betriebes nicht isoliert zu betrachten. Jede Gegenüberstellung mit anderen Löhnen, vor allem aber auch die Berechnung des Reallohnes, bedeutet schon das Eindringen in größere Zusammenhänge. In diesem Sinne wären drei Ebenen für unsere Lohnuntersuchungen zu nennen: die innerbetriebliche, die nationale und die internationale. Alle drei stehen in wechselseitigem Zusammenhang.
Ausgangspunkt für eine Lohnuntersuchung ist der Nominallohn. Das ist die Geldsumme, die der Arbeiter vom Kapitalisten als Lohn erhält. Obwohl der Nominallohn über das Lohnniveau nur geringe Auskunft gibt – denn unter anderem können bei gleichbleibendem Nominallohn die Preise der Lebensmittel steigen, was ein Sinken des wirklichen Lohnes bedeutet – kann er die Lage der Arbeiter eines Betriebes beschränkt widerspiegeln.
Gehen wir von der innerbetrieblichen Ebene aus. Hier gilt es, die Unterschiede und Zusammenhänge zwischen der Lohnentwicklung der verschiedenen Arbeitergruppen aufzuzeigen. Das wird erreicht, indem man die Entwicklung der Nominallöhne bestimmter Arbeitergruppen gegenüberstellt, denn die Nominallöhne bestimmter Facharbeitergruppen oder der Facharbeiter, der

3 *Wolf, Gottfried / Berndt, Herbert / Schröter, Norbert,* Im Wandel der Zeit, Zur Geschichte des Braunkohlenwerkes Berzdorf a. d. E., o. O., o. J., S. 25.

angelernten und der ungelernten Arbeiter bzw. der Männer, Frauen und Jugendlichen können sich sehr unterschiedlich bewegen. Mit Hilfe des durchschnittlichen Nominallohnes aller Arbeiter eines Betriebes kann die Lohnentwicklung mit der Gehaltsentwicklung der Angestellten, der kleinen, mittleren und führenden Angestellten, verglichen werden. Und wenn Angaben über die Profite der Unternehmer existieren, kann eine Tabelle, die auf der einen Seite die Entwicklung des durchschnittlichen Nominallohnes und auf der anderen Seite die Entwicklung der Profite ausweist, den Prozeß der relativen Verelendung der Arbeiter zahlenmäßig widerspiegeln. Anhand einer Lohntabelle kann man auch die sich in den Löhnen niederschlagenden Auswirkungen gestiegener Arbeitshetze, verlängerter Arbeitszeit und neuer Technik verfolgen. Genauso lassen sich der erfolgreiche Kampf der Arbeiter, die Streikaktivität, aber auch Folgen von Wirtschaftskrisen, von Kurzarbeit und Arbeitslosigkeit aus der dargestellten Lohnentwicklung innerhalb eines kapitalistischen Unternehmens ablesen. In diesen Fällen kommt es darauf an, daß man neben den Lohnzahlen auch die allgemeine Geschichte des Betriebes verfolgt und mit der Lohnentwicklung in Verbindung bringt. Schließlich sollte man doch versuchen, die Ursachen bestimmter Lohnbewegungen aufzudecken.

Aufschlußreich ist eine Gegenüberstellung der Nominallöhne verschiedener Arbeitergruppen der Kreideindustrie, die heute in einem Betrieb, dem VEB Vereinigte Kreidewerke Rügen, zusammengefaßt ist. Bei der Untersuchung der Lage der Arbeiter in der kapitalistischen Kreideindustrie Rügens konnte man feststellen, daß die zwei Hauptgruppen der Arbeiter, die es in einer Kreideschlämmerei gab, unterschiedlichen Zeitlohn bekamen. Die Löhne für die außerhalb Saßnitz' beschäftigten Arbeiter waren niedriger als die der in Saßnitz arbeitenden. Aus der folgenden Tabelle geht das eindeutig hervor:

Die Entwicklung des Stundenlohnes in der Kreideindustrie

(1900 = 100)[4]

Zeit	für Saßnitz Schlämmerei-vollarbeiter		„Handwerker“		für Rügen-Land Schlämmerei-vollarbeiter		„Handwerker“	
	Mark	Index	Mark	Index	Mark	Index	Mark	Index
1900	0,20	100	0,20	100	0,20	100	0,20	100
ab Mai 1924	0,47	235	0,50	250	0,40	200	0,40	200
ab Okt. 1924	0,52	260	0,55	275	0,45	225	0,45	225
ab Feb. 1925	0,59	295	0,62	310	0,52	260	0,52	260
ab Mai 1925	0,67	335	0,70	350	0,60	300	0,63	315
1926 usw.	0,67	335	0,70	350	0,63	315	0,66	330

4 Vgl. *Thümmler, Heinzpeter,* Zur Lage der Arbeiter in der Kreideindustrie Rügens in der Zeit des Kapitalismus, wirtsch.-wiss. Diss. Berlin 1961, S. 72 (MS). Die Tabelle ist gekürzt wiedergegeben.

Die vorstehende Tabelle zeigt neben den durchschnittlichen Stundenlohnsätzen, die in Mark gefaßt sind, Indizes. Indexzahlen sind für den Statistiker ein wichtiges Mittel, um eine Bewegungsreihe darzustellen.[5] Tabellen, die eine Lohnbewegung zeigen, brauchen nicht unbedingt Geldwerte auszuweisen. Indexziffern allein genügen auch, außerdem sind sie leicht verständlich.

Natürlich kommt es bei der Aufstellung einer Entwicklungsreihe, wie der obigen, nicht nur darauf an, die Unterschiede herauszustellen und zu beweisen. Man sollte versuchen, die unterschiedlichen Lohnbewegungen zu begründen. In unserem Beispiel gibt es folgende Gründe für die festgestellten Unterschiede:

1. Der unterschiedliche Stundenlohn der Arbeiter in und außerhalb von Saßnitz entstand nach 1918 als Ausgleich sowohl für höhere Lebenshaltungskosten im größeren Ort Saßnitz als auch für bestimmte tarifliche Vorteile, die die Arbeiter in ländlichen Gebieten durch Ackerland, Deputat und ähnliches hatten.
2. Der Unterschied zwischen den Löhnen der Schlämmereivollarbeiter und der „Handwerker" – das waren die Böttcher, Tischler usw. – geht bis in das 19. Jahrhundert zurück. Von Anfang an erhielten die Schlämmereiarbeiter überwiegend Akkordlohn und nur für einige kleine Arbeitsgänge Stundenlohn, während die Handwerker nur Stundenlohn bekamen. Letzterer war höher, weil diese Handwerker gelernte Arbeitskräfte, Gesellen, waren und weil wohl auch ein Ausgleich zu dem höheren Akkordlohn der Schlämmereiarbeiter geschaffen werden sollte. Die Unterschiede waren im 19. Jahrhundert größer. Sie verringerten sich in dem Maße, wie die „Handwerker" mehr und mehr nur angelernte Kräfte wurden und zum andern auch bei ihnen die Akkordarbeit zu überwiegen begann. In der Zeit, die unsere Tabelle zeigt, sind die Unterschiede zwischen den Stundenlöhnen der „Handwerker" und Schlämmereivollarbeiter in erster Linie Ausdruck des noch vorhandenen Qualifikationsunterschiedes dieser Arbeitergruppen.

5 Man setzt die erste, die letzte oder eine Zahl, die außerhalb der Reihe liegt, oder auch die Durchschnittszahl gleich 100 und berechnet danach die Indizes der anderen Zahlen. Am einfachen Beispiel sieht das so aus:

erstes Jahr:	500000,	Index = 100
zweites Jahr:	600000,	Index = 120
drittes Jahr:	800000,	Index = 160

Will man die Berechnung formelmäßig wiedergeben, dann ergibt sich folgende Gleichung:

$$\text{Index} = \frac{\text{Wert des Berechnungsjahres}}{\text{Wert des Beziehungsjahres}} \times 100$$

In unserem Beispiel heißt das für das dritte Jahr:

$$\text{Index} = \frac{800000}{500000} \times 100$$

$$\text{Index} = 1{,}6 \times 100$$

$$\text{Index} = 160$$

Die Bewegung der Nominallöhne zu erfassen ist relativ einfach. Der Betriebshistoriker stützt sich dabei vor allem auf Archivmaterialien oder auch auf authentische Erlebnisberichte und Unterlagen der Arbeiter. Um jedoch anhand der Löhne ein umfassenderes Bild der Lage der Arbeiter des Betriebes vermitteln zu können, muß eine Reallohnberechnung vorgenommen werden. Der Arbeiter verwendet seinen Nominallohn dazu, sich Lebensmittel, Gebrauchsgegenstände usw. zu kaufen. Das sind die Mittel, die er benötigt, um seine Arbeitskraft zu reproduzieren, seine Familie zu ernähren, zu kleiden usw. Der Reallohn ist also der in Existenzmitteln des Arbeiters ausgedrückte Lohn. Den Reallohn berechnet man, indem der Nominallohn des Arbeiters ins Verhältnis zu den Preisen für die Existenzmittel (Lebenshaltungskosten) gesetzt wird. Formelmäßig ergibt das die Gleichung:
Nominallohn: Lebenshaltungskosten = Reallohn
oder anders geschrieben:

$$\frac{\text{Nominallohn}}{\text{Lebenshaltungskosten}} = \text{Reallohn}$$

Zur anschaulicheren Darstellung ist es jedoch zweckmäßig, den Reallohn – ganz gleich, ob er direkt aus den Geldsummen des Nominallohnes und der Lebenshaltungskosten oder aus den entsprechenden Indizes berechnet wird – in Prozentzahlen auszuweisen. Das heißt, wir müssen den Quotienten von Nominallohn und Lebenshaltungskosten, $\frac{\text{Nominallohn}}{\text{Lebenshaltungskosten}}$, mit 100 multiplizieren.
Die endgültige Formel für unsere Berechnung heißt jetzt:

$$\frac{\text{Nominallohn}}{\text{Lebenshaltungskosten}} \times 100 = \text{Reallohn.}$$

Erst durch die Berechnung des Reallohnes wird klar, in welchem Maße der Arbeiter seine Bedürfnisse befriedigen kann, das heißt, was er sich für seinen Lohn in den verschiedenen Zeiten kaufen kann. Es wäre zu viel, wollte man den Löhnen eines Unternehmens auch eigens berechnete Lebenshaltungskosten gegenüberstellen. Vielmehr ist es zweckmäßig, mit Vorbehalt den von bürgerlichen Statistikern berechneten Lebenshaltungskostenindex, berechnet für eine fünfköpfige Familie, wie er in den Statistischen Jahrbüchern für das Deutsche Reich ausgewiesen wird, oder die Indizes aus der Fachliteratur zu benutzen.
Folgende Tabelle zeigt, wie unterschiedlich sich Nominal- und Reallohn entwickeln können (1924 = 100).[6]

6 Vgl. *Thümmler, Heinzpeter*, a. a. O., S. 85. Für diese Tabelle wurde der Index der Nominallöhne nach Angaben in den Lohnbüchern und der Index der Lebenshaltungskosten nach den Angaben in den Statistischen Jahrbüchern für das Deutsche Reich errechnet. Danach wurde der Index der Reallöhne nach unserer Formel berechnet:

$$\frac{\text{Index der Nominallöhne}}{\text{Index der Lebenshaltungskosten}} \times 100 = \text{Index des Reallohnes}$$

Für 1925 ergibt sich zum Beispiel: $\frac{157}{110} \times 100 = 142{,}7.$

Jahr	Reichsindex für die Lebenshaltungskosten	Index der Nominallöhne in der Kreideindustrie	Index der Reallöhne in der Kreideindustrie
1924	100	100	100
1925	110	157	143
1926	111	171	155
1927	116	185	160
1928	119	200	168
1929	121	202	167
1930	116	196	169
1931	107	168	158
1932	95	124	142

Obwohl die *Nominallöhne* 1929 ihren Höchststand erreichten, konnten sie nicht die gestiegenen Lebenshaltungskosten ausgleichen, die in diesem Jahr ebenfalls den höchsten Stand erreichten. Deshalb stellen wir für 1929 niedrigere *Reallöhne* gegenüber 1928 und 1930 fest!

Bei der Ausweisung des Reallohnes ist es oft unerläßlich, auf Faktoren wie Arbeitszeit und Arbeitsintensität einzugehen. Gestiegene Arbeitsintensität kann eine Erhöhung des Reallohns faktisch aufheben und zur bloßen Fassade machen, hinter der sich eine weitere Verelendung verbirgt. Das ist der Fall, wenn die Arbeitsintensität den Punkt erreicht hat, wo der Kalorienbedarf des Arbeiters nicht mehr durch den zusätzlichen Lohn gedeckt werden kann. Der Arbeiter benötigt dann zur Reproduktion seiner Arbeitskraft mehr Konsumtionsmittel, als er für den durch die gesteigerte Arbeitsintensität zusätzlich erhaltenen Lohn kaufen kann. Ähnliches tritt ein, wenn der Arbeitstag über ein bestimmtes Maß hinaus verlängert wird. Ein Beispiel, das gleich beide Fälle verdeutlicht, bietet wiederum die Rügener Kreideindustrie. Hier brachte die Saisonarbeit jeweils in den Hochsommermonaten ein Ansteigen der Löhne. Da aber die Arbeitsintensität gleichfalls zunahm und auch die tägliche Arbeitszeit auf zehn, zwölf und mehr Stunden anstieg, kann der Reallohn für diese Zeit nur unter Vorbehalt mit dem der Frühjahrs- und Herbstmonate verglichen werden. Der mit der Intensität und der täglichen Arbeitszeit unter bestimmten Bedingungen übermäßig zunehmende Kräfteverschleiß ist zwar schwer zu berechnen, doch auf jeden Fall immer als ein gewichtiger Faktor zu berücksichtigen.

Ebenso sollte man, um ein reales Bild von den Lohnverhältnissen zu bekommen, überprüfen, ob die Arbeiter nicht Lohn in Form von Naturalien erhielten. Sollte das der Fall sein, sind diese wertmäßig bei der Reallohnberechnung dem Nominallohn zuzuschlagen. Das gleiche trifft zum Beispiel für mietfreie Werkwohnungen zu. Es ist selbstverständlich, daß die Unternehmer in ihrer Lohnpolitik immer da, wo sie Naturalien, Werkwohnungen und ähnliches zur Verfügung stellten, die Geldlöhne entsprechend niedrig hielten. Ja, gerade diese Art der Bezahlung half ihnen, die Löhne auf niedrigstem Niveau zu halten, denn durch Werkwohnungen, Garten- oder Ackerland und Deputate hatten sie Zwangsmittel in der Hand, die über das gewöhnliche Maß hinausgingen. Ist es nicht möglich, diese Art „Bezahlung" in den Reallöhnen selbst zu erfassen, so muß das entsprechend erklärt werden. Die Rügener Kreidekapitalisten hatten Werkwohnungen und Ackerland für ihre Arbeiter, für die sie keine oder nur geringe Miete bzw. Pacht verlangten. Sie bezweckten damit, die Arbeiter zu unterdrücken – unter anderem auch in Lohnfragen – und sie an das Unternehmen zu fesseln. Die Kreidearbeiter waren Saisonarbeiter und wurden jeweils im Winter entlassen. Werkwohnung und Ackerland brachten die Arbeiter immer wieder zum gleichen Unternehmer zurück! Das Beispiel zeigt, in welcher Weise die Unternehmer das Werkwohnungssystem und ähnliches handhabten. Bei Lohnuntersuchungen wäre es deshalb nützlich, diese Art der „Entlohnung" nicht nur zu erwähnen, sondern auch ihre Auswirkung auf die Lage der Arbeiter zu schildern, könnte es doch hier oder da noch Menschen geben, die die Unternehmer wegen ihrer Werkwohnungen preisen!

Um ein relativ vollständiges Bild von der Lage der Arbeiter eines kapitalistischen Unternehmens zu erhalten, muß man bestrebt sein, das gesamte Einkommen des Arbeiters bzw. der Arbeiterfamilie zu erfassen. Oft hatten die Arbeiter neben den „Leistungen" des industriellen Unternehmers weitere Einnahmen. Gerade bei Unternehmen, deren Arbeiterschaft teilweise aus der ländlichen Umgegend stammte, sind Nebeneinnahmen des Arbeiters bzw. der Arbeiterfamilie zu untersuchen. Die Lage dieser Arbeiter unterschied sich durch die weiten Anmarschwege zur Arbeitsstelle, den Bildungsstand, die Berufsausbildung, die Doppelberufe und ähnliches erheblich von der des Durchschnitts der Industriearbeiter. Nebeneinnahmen der Arbeiter ermöglichten dem Unternehmer, niedrigste Löhne zu zahlen. Niedrige Löhne wiederum waren häufig Ursache für die Nebeneinnahmen. Viele Arbeiterfamilien waren geradezu gezwungen, sich neben der Arbeit in der Fabrik weitere Einnahmen zu verschaffen. Die Zahl der Arbeiter, die nach ihrer Fabrikarbeit zusätzliche Arbeiten bei Privatleuten oder kleinen Geschäftsleuten als Maler, Maurer, Kellner, Schlosser usw. verrichteten, war nicht unbeträchtlich. Eine zusätzliche Einnahmequelle für die Arbeiterfamilien war auch das Vermieten von Zimmern und Schlafstellen. Selbstverständlich gehörten hierher auch die Pacht und Bearbeitung von Ackerland durch die Arbeiterfamilie wie auch das Halten von Kleinvieh, um Kartoffeln, Gemüse und Fleisch als zusätzliche Nahrungsmittel zu erhalten.

Einkünfte dieser Art müssen beachtet werden, sie gehen aber nicht in die Berechnung des Reallohnes ein, zum Unterschied zu den Teilen des regulären Arbeitslohnes, die in Naturalform gezahlt wurden, wie wir weiter oben zeigten, die natürlich in die Berechnung des Reallohnes eingehen. Alle Einkünfte, die der Arbeiter und seine Familie neben dem Arbeitslohn erhalten, ergeben zusammen mit dem Lohn das Bruttoeinkommen der Familie. Werden alle Steuern, Abgaben etc. vom Bruttoeinkommen abgezogen, erhält man das Nettoeinkommen. Setzt man das Nettoeinkommen mit einer bestimmten Warenmenge ins Verhältnis, ergibt das das Realeinkommen. Der Reallohn kann hier nur ein Teil – wenn auch der wichtigste – des Realeinkommens einer Arbeiterfamilie sein.

Die nebenberufliche Tätigkeit der Arbeiter auf dem Lande bedeutete fast immer Mitarbeit der Familie, Abend- und Sonntagsarbeit in eigener Wirtschaft oder bei Fremden. Zu dem Kreis dieser Arbeiter gehören die Wander- und Saisonarbeiter, wie wir sie im Kapitalismus unter anderem in den Industriezweigen des Bau- und Ziegelgewerbes, in den Steinbrüchen, in der Kreideindustrie Rügens und natürlich in der Landwirtschaft finden. Die Arbeitslöhne dieser Arbeiter waren Saisonlöhne, und als solche müssen sie gekennzeichnet und erklärt werden. Die Höhe dieser Löhne, die Schwankungen in der Zeit der Saison, die Unterschiede von Zeit- und Akkordlöhnen, die durchschnittlichen Jahreslöhne – auch bei nicht ganzjähriger Arbeit – spiegeln die Lage der Arbeiter wider.

Bei Beachtung dieser Problematik ist es nicht ausgeschlossen, daß durch intensive Forschung in bestimmten Betriebsgeschichten ein Teil der Arbeiter als Halbproletarier ausgewiesen und damit deren Lage gesondert charakterisiert werden muß. Dadurch wird eine Differenzierung vorgenommen, die gesetzmäßig innerhalb der Landbevölkerung im Kapitalismus existiert und auf die jede Geschichte eines VEG oder einer LPG, die die Zeit vor der Bodenreform behandelt, eingehen muß. Unter Halbproletariern verstehen wir diejenigen, die ihren Lebensunterhalt zum Teil durch Lohnarbeit und zum Teil durch Bewirtschaftung von eigenem oder gepachtetem Boden erwerben, der nur teilweise den Lebensunterhalt der Familie garantiert. Wo ein bestimmter saisonmäßiger Arbeitsprozeß nicht von vornherein auf die genannte Problematik hinweist, empfiehlt sich ein aufmerksames Studium der Lohnunterlagen, die Schwankungen der Beschäftigtenzahlen zeigen. Lohnuntersuchungen allein geben also nur unzureichend Einblick in das Einkommen dieser Arbeiter und ihrer Familien, und es sind oft ergänzende Untersuchungen über die Nebeneinkommen erforderlich.

Nicht immer ist es bei Lohnuntersuchungen möglich oder auch erforderlich, die Lohnbewegung Jahr für Jahr über einen längeren Zeitraum nachzuweisen. Ausgehend von der zyklischen Wirtschaftsentwicklung im Kapitalismus, die in jeder, einen längeren Zeitraum erfassenden Tabelle zum Ausdruck kommen sollte, kann man die Durchschnittslöhne eines Zyklus jeweils zusammenfassen und in einer Tabelle wie der folgenden ausweisen:

Häuerreallohn[7]

Wirtschaftszyklen	Häuerreallohn (1913 = 100)
1894–1902	105
1903–1909	96
1909–1914	95
1914–1918	86
1924–1932	96

7 *Jonas Wolfgang*, Das Leben der Mansfeld-Arbeiter, Berlin 1957, S. 133.

Mit der Berechnung des Reallohnes, aber auch mit der Untersuchung der Nebeneinnahmen, sind wir schon über die betriebliche Ebene der Lohnuntersuchung hinausgegangen. Weitere Zusammenhänge, die über den engen Rahmen des Unternehmens hinausgehen und die zum besseren Verständnis der Lohnentwicklung innerhalb des kapitalistischen Unternehmens beitragen, sollte man ebenfalls untersuchen. Zum Beispiel können die Löhne in anderen, eventuell verwandten Unternehmen und Industriezweigen angegeben und den innerbetrieblichen Löhnen gegenübergestellt werden. Ohne Schwierigkeiten kann man auch die Lohnentwicklung innerhalb des Unternehmens an der durchschnittlichen Lohnentwicklung aller deutschen Industriearbeiter messen. Das folgende Beispiel zeigt dies wiederum für die Rügener Kreideindustrie, und zwar werden die Bruttogeldlöhne (Tariflöhne) mit der annähernd verwandten Bauindustrie und der gesamten deutschen Industrie verglichen.

Durchschnittliche Bruttogeldlöhne 1924 bis 1932
(1900 = 100)[8]

Jahr	Kreideindustrie (Tariflöhne)	Bauindustrie	Deutsche Industrie insgesamt
1924	149	134	135
1925	184	192	169
1926	191	210	182
1927	208	219	190
1928	228	236	205
1929	232	254	215
1930	217	257	218
1931	217	241	206
1932	179	184	177

Ein erster Blick auf diese Tabelle zeigt die unterschiedliche Entwicklung der drei Reihen. So fällt auf, daß die Löhne der Bauindustrie von 1924 bis 1930 die günstigste Entwicklung zeigen – nach 1930 aber auch den stärksten Rückgang aufweisen. Die Löhne der Kreideindustrie hatten bis 1929 ein höheres Niveau als die der deutschen Industrie, stagnierten zwar 1930/31, fielen dann insgesamt aber doch mehr als die der deutschen Industrie, mit der sie 1932 annähernd gleich standen.
Besonders bemerkenswert in dieser Tabelle ist das Jahr 1930. In diesem Jahr steigen die Löhne in der Bauindustrie und die durchschnittlichen Löhne der deutschen Industrie noch, während sie in der Kreideindustrie bereits sinken. Der Grund dafür liegt im Tarifvertragssystem. Die Tarifverträge, die zum Beispiel kurz vor der Krise abgeschlossen wurden, brachten höhere Löhne bis weit in das Jahr 1930 hinein; das zeigt die Tabelle für die Bauindustrie und die deutsche Industrie insgesamt. In der Kreideindustrie wurden die Tarifverträge

8 *Thümmler, Heinzpeter*, a. a. O., S. 82, u. *Kuczynski, Jürgen*, Die Geschichte der Lage der Arbeiter in Deutschland von 1789 bis in die Gegenwart, Bd 1, T. 2, 1871–1932, Berlin 1954, S. 242.

jährlich zu Beginn des Jahres bzw. der Saison abgeschlossen. Das heißt, der saisonmäßige Produktionsprozeß für 1930 begann gleich auf Grundlage eines Tarifvertrages, der schon in der Krise abgeschlossen wurde, woraus sich das sofortige Sinken der Löhne ergibt.[9] Dieses Beispiel zeigt, daß sich bestimmte Lohnbewegungen nur erklären lassen, wenn man über den Rahmen des eigenen Betriebes und Industriezweiges hinausgeht und sich mit den Lohnverhältnissen anderer Zweige beschäftigt.

Nur wenn man versucht, die Lohnentwicklung innerhalb des eigenen Betriebes und Industriezweiges mit anderen Entwicklungsreihen im nationalen Rahmen zu vergleichen, wird man eine bestimmte Lohnbewegung relativ genau erklären können, denn in diesem jetzt größeren Zusammenhang fallen andere Faktoren ins Gewicht, die die durchschnittliche Lohnentwicklung überhaupt und auch die im eigenen Unternehmen beeinflussen. Zu nennen sind hier unter anderem der Konkurrenzkampf der Industriezweige, die Krisensituationen, die Lage auf dem Arbeits- und Absatzmarkt, die Stärke der Arbeiterbewegung, die Maßnahmen des kapitalistischen Staates oder des Unternehmerverbandes auf lohnpolitischem Gebiet, Auswirkungen der Monopolbildung.

Keineswegs wird von einer Betriebsgeschichte verlangt, daß sie einen allumfassenden Überblick gibt. Eine Betriebsgeschichte muß jedoch auf die Zusammenhänge der Geschichte des Betriebes mit der des ganzen Landes eingehen, und das bedeutet für unsere Lohnuntersuchungen, die Zusammenhänge zwischen den Löhnen des Betriebes und denen anderer Betriebe bzw. den Durchschnittslöhnen aller Industriezweige überhaupt zu sehen. In welcher Weise das im einzelnen geschieht, kann von Fall zu Fall verschieden sein. Nehmen wir als Beispiel die zuletzt erläuterte Tabelle. Es dient der Sache nicht, wenn aus speziellen Gesamtdarstellungen abgeschrieben wird, um wieviel Prozent der Reallohn aller deutschen Arbeiter sank, ohne daß dabei auf die Situation des eigenen Bereiches eingegangen wird. Es gibt leider Beispiele dafür, daß in der Praxis unserer Betriebsgeschichtsschreibung diese Methode noch üblich ist.

Die Geschichte eines Betriebes ist nicht aus dem nationalen Rahmen zu lösen. Sie steht in wechselseitigem Zusammenhang mit der internationalen Situation. Für die Arbeitslöhne eines kapitalistischen Unternehmens ergibt sich daraus, daß sie in ihrer Bewegung nicht unabhängig von der nationalen Bewegung der Löhne sind und als Teil der nationalen Löhne wiederum auch internationalen Zusammenhängen unterliegen. Eine verschärfte internationale Situation kann zur forcierten Rüstung führen, deren Kosten den Werktätigen aufgebürdet werden, so daß sich Lohn- oder Verbrauchssteuern oder beide erhöhen. Bei gleichbleibenden Tariflöhnen können also die Nettolöhne bzw. Reallöhne auf Grund internationaler Ereignisse sinken. In keiner Betriebsgeschichte werden wohl die internationalen Zusammenhänge absolut vernachlässigt, leben wir doch in einem Jahrhundert, das schon zwei Weltkriege sah. Wie weit speziell bei Lohnuntersuchungen internationale Zusammenhänge aufgedeckt werden

9 Vgl. dazu auch *Kuczynski, Jürgen*, a. a. O., S. 242f.

müssen, ist verschieden. Es dürfte wahrscheinlich bei großen Monopolen notwendiger sein als bei kleineren Betrieben. Zum Beispiel ist es möglich, daß Unternehmen im Ausland Zweigbetriebe hatten, in denen ausländische Arbeiter ausgebeutet wurden. Für die Lage dieser Arbeiter wären Lohnzahlen sehr aufschlußreich.
Es kann sich auch ergeben, daß man auf die Lage der Arbeiter in einem ausländischen Monopolunternehmen, das international mit dem eigenen konkurrierte, eingeht und hierbei Lohnzahlen verwendet. Natürlich sind diese Löhne nicht unbedingt zum Vergleich mit den nationalen Löhnen geeignet, da die Arbeiter in den verschiedenen Ländern auch verschiedene Lebensbedürfnisse haben. Meines Erachtens ist es aber zum Beispiel interessant, die Frage zu klären, wie in einer Periode harten Konkurrenzkampfes zwischen dem eigenen und einem ausländischen Monopol sich dieser Kampf auf die Lage der Arbeiter in diesen Monopolen auswirkte – zum Beispiel in bezug auf die Lohnentwicklung. Überhaupt sind immer die lohnpolitischen Maßnahmen des Staates im Zusammenhang mit der allgemeinen politischen Situation sowohl innerhalb des Landes wie auch auf internationaler Ebene zu verstehen.

LÖHNE – STAAT – ARBEITERBEWEGUNG

Die Lohnpolitik des kapitalistischen Staates ist besonders in Krisenjahren darauf gerichtet, die Arbeitslöhne zu senken. Am deutlichsten bringen das die Notverordnungen zur Zeit der Weltwirtschaftskrise zum Ausdruck. Im Betrieb selbst wurde die staatliche durch die Lohnpolitik des Kapitalisten durchgesetzt, die nicht selten auf Absprachen mit anderen Unternehmern beruhte. Die Arbeiterbewegung war im Betrieb wie im großen Rahmen des ganzen Landes das Gegengewicht gegen die zunehmende Ausbeutung, die sich hinter dieser „Lohnpolitik" verbarg. Den raffiniertesten Lohnformen und Ausbeutungsmethoden mußten die Arbeiter immer wieder entgegentreten und ihre Forderungen auf Lohnerhöhung zum Ausgleich für gestiegene Preise durchsetzen. Offen traten diese Kämpfe in den Streiks zutage. Weniger sichtbar, aber nicht minder hart verliefen sie in direkten Verhandlungen mit den Unternehmern und vor dem Schlichtungsausschuß.
Das sogenannte Schlichtungswesen zeigt in besonderer Form, wie der kapitalistische Staat auf die Lohnentwicklung in den zwanziger Jahren unseres Jahrhunderts Einfluß nahm. Das staatliche Schlichtungswesen, das sich in seiner Wirkungsweise besonders auf Verordnungen des Jahres 1923 stützte und das in unmittelbarem Zusammenhang mit den seit 1918 für allgemein verbindlich erklärten Tarifverträgen stand, ermöglichte es dem Staat, durch Verbindlichkeitserklärungen die Löhne festzusetzen.
Die Schlichtungsverordnungen schufen einheitliche Schlichtungsstellen, die auf Antrag einer Tarifvertragspartei oder von Amts wegen in Aktion traten. Die Schlichtungsbehörden hatten das Recht, beim Abschluß von Tarifverträgen

oder bei Betriebsvereinbarungen mitzuwirken. Kam eine Einigung der Parteien nicht zustande und wurde diese Einigung auch nicht in Verhandlungen vor der Schlichtungsbehörde erzielt, konnte diese Behörde einen Vorschlag für den Abschluß einer Gesamtvereinbarung (Schiedsspruch) unterbreiten. Wurde der Schiedsspruch von einer Partei nicht angenommen, hatte der Reichsarbeitsminister die Möglichkeit, ihn für verbindlich zu erklären.
Die Lohnentwicklung sollte man im Betrieb wie im nationalen Rahmen gerade in ihrer Verknüpfung mit dem Klassenkampf darstellen. Viele unserer jungen Arbeiter können sich kaum vorstellen, wie scharf diese Auseinandersetzungen geführt wurden.
In diesem Zusammenhang sollte der Kampf der Arbeiterparteien und der Gewerkschaften um höhere Löhne analysiert werden. Die Entwicklung des Arbeitslohnes erfolgt nicht im Selbstlauf. Hinter ihr verbergen sich unerbittlicher Klassenkampf, unerbittliche Auseinandersetzungen, die oft um Pfennige und um Zehntelpfennige gehen, ein Kampf, dem Friedrich Engels auch die Bezeichnung „Feilschen" gab: „Jederzeit (große Depressionen ausgenommen) gibt es in jedem Erwerbszweig einen gewissen Spielraum, innerhalb dessen die Lohnhöhe durch die Ergebnisse des Kampfes zwischen den beiden miteinander kämpfenden Parteien verändert werden kann. Die Löhne werden in jedem Fall durch Feilschen festgesetzt, und beim Feilschen hat der, welcher am längsten und wirksamsten Widerstand leistet, die größte Aussicht, mehr zu erhalten, als ihm zusteht. Wenn der einzelne Arbeiter mit dem Kapitalisten handelseins zu werden versucht, wird er leicht geschlagen und muß sich ihm auf Gnade und Ungnade ergeben; wenn aber die Arbeiter eines ganzen Gewerbes eine mächtige Organisation bilden, unter sich einen Fonds sammeln, um imstande zu sein, den Unternehmern nötigenfalls die Stirn zu bieten, und sich dadurch in die Lage versetzen, als eine Macht mit den Unternehmern zu verhandeln, dann, und nur dann, haben die Arbeiter Aussicht, wenigstens das bißchen zu erhalten, das bei der ökonomischen Struktur der gegenwärtigen Gesellschaft als ein gerechter Tagelohn für ein gerechtes Tagewerk bezeichnet werden kann."[10]

QUELLEN FÜR UNSERE LOHNUNTERSUCHUNGEN

Unsere Beispiele und Vorschläge über Lohnuntersuchungen sind keine Vorschriften. Zweck der vorangegangenen Betrachtungen sollte sein, Anregungen zu geben, wie die betriebshistorischen Untersuchungen der kapitalistischen Arbeitslöhne erfolgen sollten.
Entscheidend für solche Untersuchungen sind immer die Quellen.[11] In erster Linie kommt es dabei auf die im Betrieb vorhandenen an. In den meisten

10 *Marx/Engels*, Werke, Bd 19, Berlin 1962, S. 252f.

11 Alle verwendeten Materialien aus Akten oder Literatur müssen, um den wissenschaftlichen Wert einer Betriebsgeschichte nicht herabzusetzen, in genauen Quellennachweisen erscheinen.

Betriebsarchiven gibt es Material über die Arbeitslöhne. Dieses Material hat jedoch sehr oft den Nachteil, schwer erschließbar zu sein; das mag erklären, warum sich die Lohnbewegungen so wenig in den Betriebsgeschichten niederschlagen. Aufgeschlüsselte Durchschnittszahlen oder gar Indizes sind bestimmt selten in den Archiven zu finden und wenn, dann stammen sie aus kapitalistischer Zeit und sind mit Vorsicht zu verwenden.

Was gibt es nun für Quellenmaterial zur Lohnentwicklung in einem Betrieb? Das sind zunächst alle Unterlagen, die etwas über Löhne aussagen: die Lohnbücher, Karteikarten, Lohnzettel, Versicherungskarten und ähnliches, das sind aber auch Abteilungsabrechnungen, Bankauszüge usw. Dazu gehören ferner Unterlagen, die sich noch in den Händen von Arbeitern befinden können: alte Lohnzettel, auch Haushaltsbücher, Arbeitsverträge und dergleichen. Selbst Briefe können als Zeitdokumente noch Lohnzahlen enthalten. Erlebnisberichte, die nur aus dem Gedächtnis Lohn- und Zeitangaben enthalten, ohne anderweitig eine Bestätigung zu finden, sind indessen keine geeignete Quelle zur Lohnentwicklung im Kapitalismus.

Gibt es im Archiv Lohnbücher, Karteikarten oder ähnliches, so besteht die Möglichkeit, die Löhne aller Arbeiter zu addieren, um zum Beispiel den Gesamtwochenlohn zu erhalten. Andererseits sind die Lohngelder meistens gruppen- oder seitenweise in den betreffenden Unterlagen addiert und die Summen sind nur durch die Anzahl der Arbeiter zu dividieren, um eine Durchschnittszahl zu erhalten. Das Auswerten der Lohnunterlagen ist etwas mühselig, doch keineswegs schwierig. Durch systematisch durchgeführte Untersuchungen können wir für die verschiedensten Arbeitergruppen sowie für alle Arbeiter eines Unternehmens drei wichtige Reihen erhalten: den durchschnittlichen Bruttolohn, den durchschnittlichen Nettolohn (das ist der Bruttolohn abzüglich der Steuern, Versicherungen, Beiträge usw., der Abgaben, die vom Betrieb abgeführt werden) und die Arbeitszeit.

Bei wöchentlichen Lohnzahlungen sind das Durchschnittswochenlöhne und die durchschnittliche Arbeitszeit pro Woche. Will man diese Zahlen innerhalb eines Jahres betrachten, zum Beispiel um Saisonschwankungen zu verdeutlichen, kann man bei der tabellarischen Aufstellung die durchschnittlichen Wochenlöhne einzeln aufführen oder auch die durchschnittlichen Monatslöhne errechnen. Bei Darstellungen über weitere Zeiträume ist es zweckmäßig, den Jahresdurchschnitt oder auch den Durchschnitt eines Wirtschaftszyklus zu berechnen.

Neben den genannten Lohnunterlagen geben auch die Tarifverträge Aufschluß über die Lohnentwicklung in einem Unternehmen. Ohne Frage sind sie besonders dann wichtig, wenn keine anderen Materialien zur Verfügung stehen. Die tariflichen Löhne können in diesem Fall als wertvolle Grundlage dienen, um die Lohnbewegung über längere Zeiträume auszudrücken. Sie sind dann, eventuell unter Berücksichtigung der tatsächlichen Arbeitszeit, annähernd als Bruttolöhne anzusehen. Ist es möglich, Brutto- und Tariflohnentwicklung darzustellen, so zeigt ihr Vergleich, wie sich der tatsächliche Lohn von dem tariflichen Lohn unterschied. Übrigens sind die Tarifverträge, die für größere Industriezweige abgeschlossen wurden, meistens in der Gewerkschaftsliteratur (erhältlich zum Beispiel in der Zentralbibliothek der Gewerkschaften in Berlin) zu finden.

Wenn das Material des Betriebsarchivs gesichtet ist, läßt sich bei Quellenmangel in den zuständigen staatlichen Archiven, vor allem im Stadtarchiv und im Landeshauptarchiv, eventuell weiteres Material finden. Es lagern beispielsweise im Landeshauptarchiv Magdeburg unter anderem Akten über Maßregeln der Polizei bei den Lohnkämpfen der Arbeiter, über Maßregeln gegen den Kontraktbruch ländlicher Arbeiter, über Lohnkämpfe der Arbeiter (alle im Bestand Oberpräsidium/Polizeisachen), über Arbeitszeitregelungen, über den Achtstundentag, über Tarifverträge, über Lohnabbaumaßnahmen der Unternehmer (alle im Bestand Oberpräsidium/Handel und Gewerbe), über den Achtstundentag der Zuckerfabrikarbeiter, über Tagelohnsätze für Bauhandwerker (alle im Bestand Landratsamt Magdeburg).

Jedes Kollektiv, das an einer Betriebsgeschichte schreibt, sollte sich mit diesen Archivquellen auseinandersetzen. Oft genügt schon eine schriftliche Anfrage an das Archiv, um Gewißheit über eventuell vorhandenes Material zu bekommen.

Das Kollektiv sollte sich auch die Frage stellen, ob nicht andere Betriebsarchive Material zur Geschichte des eigenen Betriebes besitzen könnten. Hier ist vor allem an Betriebe gedacht, die dem gleichen Industriezweig angehören und in deren Archiven sich möglicherweise Angaben über Lohnabkommen für den ganzen Industriezweig finden. Es kann dort Unterlagen über tarifliche Festlegungen, über Lohnabmachungen der Unternehmer oder Zusammenstellungen der Unternehmer über die Löhne in den Konkurrenzunternehmen und anderes geben. Auch in Betrieben, die ehemals dem gleichen Konzern, der gleichen Monopolverbindung angehörten oder den gleichen Besitzer hatten, können Lohnunterlagen liegen.

Außer den Archivmaterialien muß die entsprechende Fachliteratur benutzt werden. Es geht hier nicht nur um grundlegende politökonomische Werke, sondern neben allgemeinen Statistiken, wie der Statistik des Deutschen Reichs und dem Statistischen Jahrbuch des Deutschen Reichs, um spezielle Literatur zur Lohnentwicklung und zu den Lebenshaltungskosten. Für jeden Industriezweig gibt es in den großen wissenschaftlichen Bibliotheken Literatur. Diese Bibliotheken geben auch schriftlich Auskunft und liefern die Literatur in Fernleihe.

Das grundlegendste Werk über die Lage der Arbeiter ist „Die Geschichte der Lage der Arbeiter" von Jürgen Kuczynski. Die Bände von Jürgen Kuczynski geben Einblick in den vielseitigen Prozeß der absoluten und relativen Verelendung der Arbeiterklasse im Kapitalismus. Kuczynski faßte Hunderte Einzelangaben über die Löhne der Arbeiter zusammen und berechnete Lohnindizes für die hauptsächlichsten Industriezweige Deutschlands. Da es bis zum Anfang des 20. Jahrhundert keine offiziellen Lebenshaltungskostenindizes gab,

stellte Jürgen Kuczynski Lebenshaltungskostenindizes nach eigenen Berechnungen auf.
Die von Jürgen Kuczynski auf der Grundlage umfangreichen Materials durchgeführten wissenschaftlichen Untersuchungen unterstützen den Betriebshistoriker in dem Bemühen, die nationalen und internationalen Zusammenhänge der Lohnentwicklung darzustellen. Das Studium dieser Werke liefert wertvolle Anhaltspunkte für die Methodik der Lohnuntersuchungen und für die Lohntheorie.

Sozialpolitik

VON LOTTE ZUMPE

Wie jedes andere Gebiet der gesellschaftlichen Beziehungen ist auch die Sozialpolitik ein sehr komplizierter Forschungsgegenstand. Möglicherweise ist das der Grund, weshalb in den Betriebsgeschichten – soweit sie vorliegen – nur sehr wenig darüber gesagt wird und das Wenige zudem in der Regel aus Aufzählungen oder einfachen Angaben über vorhandene bzw. vorhanden gewesene soziale Einrichtungen, soziale Maßnahmen usw. besteht. Die richtige Einordnung in die gesellschaftlichen Beziehungen im Betrieb, in die Zusammenhänge mit der engeren und weiteren Umwelt des Betriebes, vor allem aber – wenn es die Zeit vor 1945 betrifft – die Einordnung in das System der kapitalistischen Ausbeutung fehlt dabei so gut wie völlig, oder aber, was der Sache fast noch abträglicher ist, sie wird in einer so vereinfachten Weise vorgenommen, daß es, gemessen an der Kompliziertheit des Gegenstandes, eine nicht mehr zulässige Vereinfachung ist. Das eine wie das andere ist weder eine glückliche Lösung der gestellten Aufgabe, noch überzeugt es den Leser. Den ganzen Komplex der Sozialpolitik gar nicht erst in die Betriebsgeschichte aufzunehmen ist dagegen ebenso falsch wie unbefriedigend. Die Fragestellung konzentriert sich also für den, der Betriebsgeschichte schreiben will, auf das *Was* – was sollte erfaßt werden – und dann ganz besonders auf das *Wie* – wie soll das Wesentliche sichtbar gemacht werden –, und in engem Zusammenhang mit der zweiten Frage ergibt sich die dritte: *Wo* findet man Material und Literatur als Grundlage oder Hilfsmittel für die Darstellung?

1. BEREICHE DER BETRIEBLICHEN SOZIALPOLITIK

Beginnen wir zunächst mit der ersten Frage: Was sollte erfaßt werden?
Die folgende Aufzählung umfaßt die wichtigsten Komplexe bzw. Faktoren und gleichzeitig Gesichtspunkte, nach denen das Material gesammelt werden kann. Das Ganze soll anregen und Hinweise geben; in den einzelnen Betrieben können sich durchaus noch spezielle Gesichtspunkte ergeben, und andererseits bedeutet diese Zusammenfassung nicht, daß *alles* in einer Betriebsgeschichte behandelt werden muß. Hier ist die Aktenlage des Betriebsarchivs ausschlag-

gebend, aber auch die Bedeutung, die die einzelnen Komplexe im Betrieb hatten und haben. Hierüber ist später noch einiges zu sagen. Erfaßt werden sollte nach Möglichkeit folgendes:

1. die Arbeitszeitentwicklung
   a) unterschiedliche Länge der Arbeitszeit in den einzelnen Betriebsbereichen für Arbeiter und Angestellte, für Männer, Frauen und Jugendliche,
   b) Umfang der Überstunden- und Kurzarbeit,
   c) Länge des bezahlten Urlaubs;
2. die Unfall- und Gesundheitsverhältnisse und ihre Entwicklung,
   a) die Unfälle nach Häufigkeit und Schwere,
      aa) nach einzelnen Betriebsabteilungen,
      bb) nach Berufen,
      cc) nach Alter und Geschlecht,
      dd) nach Tages- oder Schichtzeiten,
      ee) nach der Dauer der Betriebszugehörigkeit;
   b) die Berufserkrankungen nach Häufigkeit und Schwere, insgesamt und nach Betriebsabteilungen,
      aa) Häufigkeit und Dauer der Erkrankungen,
      bb) vorherrschende Krankheiten,
      cc) Unterschiede nach Betriebsabteilungen bzw. auch Arbeitsplätzen;
3. Arbeitsschutz- und sanitäre Maßnahmen,
   a) in den einzelnen Betriebsabteilungen,
   b) an den Maschinen,
   c) innerhalb und außerhalb der Betriebsräume;
4. die soziale Sicherheit der Arbeiter und Angestellten,
   a) staatliche Sozialversicherungen,
   b) betriebseigene Sozialversicherungen;
5. soziale und kulturelle Einrichtungen,
   a) innerhalb des Betriebes,
   b) außerhalb des Betriebes.

Beachtet werden sollte dabei die Beeinflussung der genannten Komplexe durch folgende außerbetriebliche Faktoren:

1. Gesetze und Verordnungen
   a) für die Arbeitszeit,
   b) für den Arbeits- und Unfallschutz,
   c) für die soziale Sicherstellung,
   d) für das Mitspracherecht der Arbeiter im Betrieb;
2. die Wirksamkeit zuständiger Aufsichts- und Entscheidungsinstanzen,
   a) die Gewerbeaufsicht,
   b) die Berufsgenossenschaft,
   c) der Schlichtungsausschuß;
3. Bedingungen, unter denen der Betrieb arbeitet,
   a) Konkurrenzkampf,

b) soziale und Arbeitsbedingungen der benachbarten Industrie, des Industriezweiges usw.;

4. die örtliche Lage des Betriebes
   a) Stadt- oder Landbezirk,
   b) industriereicher oder industriearmer Bezirk,
   c) Arbeitsmarktlage;

5. die Klassenkampfsituation,
   a) Einwirkungen von seiten der Gewerkschaften,
   b) Einwirkungen von seiten der Unternehmerverbände.

Bei der Überlegung, was in die Betriebsgeschichte aufgenommen werden soll, ist – wie bereits gesagt – außer der Aktenlage die Bedeutung zu beachten, die bestimmte Maßnahmen, Einrichtungen etc. im Betrieb hatten oder noch haben. Um es an einem Beispiel zu erläutern, sei hier auf die Legendenbildung verwiesen, die man in ehemaligen Konzern-, aber auch in mittleren und Kleinbetrieben zuweilen findet. Meist geht es dabei um bestimmte Einrichtungen, wie etwa jährliche Gratifikationen, Unterstützungskassen oder Siedlungsbauten, auch um die finanzielle Beteiligung an örtlichen sozialen oder kulturellen Einrichtungen usw. In mittleren und Kleinbetrieben ist es dagegen oft die Person des Unternehmers, die im Mittelpunkt steht, es geht dann um seine „soziale" Einstellung, seine „menschlichen" Beziehungen zu den Arbeitern und Angestellten, angefangen von der „guten Zigarre" für den Meister bis zur „väterlich besorgten" Nachfrage bei den Arbeitern nach dem Befinden der Familie. Da Legenden in der Regel daraus entstehen, daß Tatsachen einseitig übertrieben und aus jeglichem Zusammenhang gerissen werden, woraus man dann Schlüsse auf das Ganze zieht, kommt es in solchen Fällen darauf an, alle Möglichkeiten zu nutzen, um Klarheit zu schaffen; das kann man aber nur mit konkretem Material über die tatsächlichen Verhältnisse, über die Zusammenhänge. Damit wird schon die zweite der genannten drei Fragen berührt, und es wird in folgendem an Beispielen gezeigt werden, wie man gewissermaßen hinter die Kulissen leuchten muß, um ein einigermaßen vollständiges Bild zu bekommen.

2. FRAGEN UND PROBLEME, DIE SICH BEI DER DARSTELLUNG ERGEBEN

Bei der Suche nach den Gründen für sozialpolitische Maßnahmen muß man sich im klaren darüber sein, daß sie nicht nur innerhalb, sondern zum großen Teil auch außerhalb des Betriebes liegen können; oft sind betriebliche und außerbetriebliche Gründe eng miteinander verflochten.

a) Die Erfassung der Arbeitszeitentwicklung

Beginnen wir mit einigen Fragen, die sich bei der Erfassung der Arbeitszeitentwicklung ergeben. Hier ist es wichtig zu wissen, daß es bis zur Einführung des Achtstundentages nach der Novemberrevolution für Arbeiter keine *allgemeine gesetzliche* Regelung der Arbeitszeit gab; die Festlegung hing von Faktoren ab, die man für diese Zeit besonders ergründen und untersuchen muß (innerbetriebliche Gründe, Konkurrenzbedingungen, Arbeitsmarktlage usw. usf.). Die ersten Arbeitszeitbeschränkungen wurden in Preußen mit dem „Regulativ über die Beschäftigung jugendlicher Arbeiter in Fabriken" 1839 erlassen, das für Kinder unter 9 Jahren die Fabrikarbeit verbot und für Jugendliche bis 16 Jahren die Arbeitszeit auf 10 Stunden begrenzte und Nacht- sowie Sonn- und Feiertagsarbeit untersagte. 1891 wurde die Höchstarbeitszeit für Frauen auf 11 und 1908 auf 10 Stunden festgesetzt.[1] Alle diese Regelungen hatten ihre Auswirkung in der Praxis; aber die Unternehmer haben ihrerseits immer wieder Mittel und Wege gesucht und gefunden, sie zu durchbrechen. In diesem Zusammenhang wäre es sehr aufschlußreich herauszufinden, welches Verhältnis zwischen der Gewerbeaufsicht, die über die Einhaltung solcher Vorschriften zu wachen hatte, und dem Unternehmer, den Direktoren usw. bestand. Aus Gewerkschaftsmaterialien, aber auch aus den Berichten alter Arbeiter geht immer wieder hervor, daß Kontrollbesuche der Aufsichtsbeamten angesagt wurden, wodurch es möglich war, unvorschriftsmäßige Dinge vorübergehend zu beseitigen. Auf diese, aber auch auf andere Weise konnten Gesetze und Verordnungen zur Verbesserung der Arbeitsverhältnisse zum Teil recht unwirksam gemacht werden. Die Ausnahmegesetze vom August 1914 machten sehr bald alle Beschränkungen hinfällig. Es ist bezeichnend für die Haltung der rechten SPD- und Gewerkschaftsführer, daß die von der Arbeiterklasse erkämpfte erste allgemeine Arbeitszeitregelung, der Achtstundentag, nur in einer Notverordnung (Demobilmachungsverordnung) verankert wurde und deshalb auch mit deren Ablauf im November 1923 ihre rechtliche Basis verlor. W. Jonas zeigt in seinem Buch „Das Leben der Mansfeld-Arbeiter" sehr anschaulich, wie die Direktion der Mansfeld-AG die Gelegenheit sofort nutzte und gegen den Willen der Betriebsvertretung der Arbeiter die Vorkriegsarbeitszeit wieder einführte.[2] In einem vertraulichen Bericht der Mansfeld-Direktion heißt es: „Mit der im Verlaufe der letzten Novemberhälfte dann überraschend aus Zeitungsnachrichten bekannt gewordenen Nichtverlängerung

1 Gesetz betreffend Abänderung der Gewerbeordnung (Arbeiterschutzgesetz- v. 1. Juni 1891, RG Bl., S. 261. Gesetz betreffend Abänderung der Gewerbe) ordnung v. 28. Dezember 1908, RGBl., S. 667.
Im Zusammenhang mit Arbeitsschutzverordnungen hat es für besonders gesundheitsgefährdende Tätigkeiten für Frauen und Jugendliche – in Bergwerken zum Teil auch für Männer – schon vor den neunziger Jahren Arbeitss zeitbeschränkungen gegeben.

2 *Jonas, Wolfgang,* Das Leben der Mansfeld-Arbeiter, Berlin 1957, S. 32ff.

der Demobilmachungsvorschriften über den 17. November hinaus und dem hieraus folgendem automatischen Außerkrafttreten der Arbeitszeitverordnungen fiel der gesetzliche Zwang des schematischen Achtstundentages. Damit wurde auch die Frage der Arbeitszeitverlängerung aufgerollt und mußte im Einklang mit dem Vorgehen der Nachbarreviere geregelt werden. Sie wurde auf der allgemeinen Grundlage der Vorkriegsverhältnisse, unter Berücksichtigung der als zweckmäßig und notwendig erkannten Änderungen, gelöst und als Zeitpunkt der Einführung der 27. Dezember gewählt, nachdem eine Besprechung mit den Arbeitnehmerorganisationen, wie zu erwarten, erfolglos geblieben war. Eine entsprechende, kurz und bündig abgefaßte Bekanntmachung an die Belegschaften, die die Kündigungsfrist voll wahrte und die Voraussetzungen für ein stillschweigendes Einverständnis auf Arbeitnehmerseite bei Nichtkündigung schuf, wurde am 12. Dezember erlassen." Gleichzeitig mit der Verlängerung der Arbeitszeit führte die Mansfeld-AG eine umfangreiche Kündigungsaktion durch, und so heißt es im gleichen Bericht weiter: „Auch die weitere Durchführung des Personal-Abbauprogramms ging nunmehr im Laufe des Monats Januar trotz der mit jeder derartigen großen Umstellung verbundenen Schwierigkeiten reibungslos nach Plan vonstatten, obwohl ungeachtet der Verlängerung der Arbeitszeit eine anteilmäßige Erhöhung der schon unter dem Satz der Nachbarreviere stehenden Löhne nicht bewilligt, eine vorläufige, in keinem anderen Revier auch nur annähernd erreichte Lohnstaffelung durchgesetzt und bis Ende Januar bereits über 2200 Mann, gleich 22 Prozent, der Gesamtbelegschaft der Tagesbetriebe entlassen waren, die nur zur knappen Hälfte im Bergbau untergebracht werden konnten. Der Abbau, insbesondere der Angestelltenschaft mit längeren Kündigungsfristen, ist noch im Fluß.
Bis zum 31. März werden über 300 Angestellte, gleich 17 Prozent, entlassen sein ...
Das vorläufige Gesamtergebnis der Umstellung auf die Vorkriegsarbeitszeit, das noch vor wenigen Wochen ohne produktionsstörende Wirtschaftskämpfe undenkbar gewesen wäre und das hier im Gegensatz zu anderen Revieren ohne Störung erreicht worden ist, kann als befriedigend bezeichnet werden."[3]
In diesem Beispiel tauchen gleich eine Reihe Fragen auf, die beachtet werden sollten, weil sie, teils durchgehend, teils besonders seit den zwanziger Jahren, in allen Betrieben eine bestimmte Rolle spielen: der Drang der Unternehmer nach Arbeitszeitverlängerung, auch in Form von Überstunden, gleichzeitig einsetzende Rationalisierungsmaßnahmen, die zum Abbau von Arbeitskräften führen, Lohndruck durch die zunehmende Arbeitslosigkeit (auch die sehr bald sehr rasch zunehmende Kurzarbeit sollte man im Zusammenhang mit der Arbeitszeitverlängerung genau beachten) und die örtliche Lage des Betriebes. Aus dem Bericht geht sehr deutlich hervor, daß es der Mansfeld-AG besser als

3 Stadtarchiv Leipzig, Akten betreffend Mansfeld-AG, Bd 2, Beiheft 4, V. 1924 zu Kap. 52, Nr 2, S. 160. – Vgl. auch *Jonas, Wolfgang*, a. a. O., S. 35–37.

den „Nachbarrevieren" gelang, ihre Interessen gegen den Willen der Arbeiter durchzusetzen. Die Nachbarreviere sind die mitteldeutschen, vor allem die halleschen Bergbaureviere, die alle weit genug entfernt waren, so daß die Mansfeld-AG im Eislebener Bezirk der dominierende Betrieb war und deshalb ihre Arbeiter ohne allzugroßes Risiko vor die Wahl stellen konnte: entweder Annahme der Bedingungen oder arbeitslos werden. Hinzu kommt, neben einer Reihe weiterer Faktoren, daß die Mansfeld-AG eine große Anzahl werkseigener Wohnungen unterhielt, die den abwandernden Arbeitern sofort gekündigt wurden, und die Familien so sehr bald auf der Straße lagen.
Die weitere Arbeitszeitgesetzgebung ab 1923 anerkannte zwar den Achtstundentag als Grundsatz, ließ aber so viele Möglichkeiten der Überschreitung offen, daß die Unternehmer, soweit sie nicht von den Arbeitern gehindert wurden, ihre Interessen durchaus „legal" durchsetzen konnten. Ein bürgerlicher Sozialpolitiker stellt hierzu fest: „So hat die Arbeitszeitverordnung vom 21. Dezember 1923, die nur eine vorläufige Regelung sein sollte, eine langfristige Entwicklung zu überlangen Arbeitszeiten eingeleitet, und der Grundsatz des Achtstundentages wurde gegen alle Gebote des Arbeitsschutzes auch dann noch unbeachtet gelassen, als der eigentliche Anlaß der Verordnung – die Produktivitätssteigerung – längst hinfällig geworden war."[4]

b) Arbeitszeit und Arbeitsintensität

Nun muß man aber sehen, daß neben der genannten Entwicklungslinie noch eine zweite verläuft, die den Trend der Arbeitszeitentwicklung bestimmt: die Arbeitszeitverkürzung. Zwei Faktoren sind es, die hier eine wesentliche Rolle spielen: der Kampf der Arbeiterklasse und die ständig steigende Arbeitsintensität. Schon in der zweiten Hälfte des vorigen Jahrhunderts, als der Übergang von der extensiven zur intensiven Produktion und Ausbeutung auf breiter Basis einsetzte, können wir zum Beispiel von einem Gewerbebeamten folgende Feststellung hören: „Übrigens bin ich versucht, den aus längerer Tagesarbeit entspringenden Gewinn, abgesehen von Akkordarbeiten, für sehr problematisch zu halten. Bei 13stündiger Arbeit wird entschieden weniger intensiv gearbeitet, als bei 9- und 10stündiger, welche Ansicht auch in den aufgeklärten diesseitigen Kreisen mehr und mehr Platz greift."[5] In einem anderen Bericht heißt es: „Die gesetzliche Bestimmung, nach welcher jugendliche Arbeiter von 14–16 Jahren nur 10 Stunden täglich in Fabriken beschäftigt werden dürfen, hat in einigen Etablissements, welche diese Kategorie von Arbeitern nicht wohl entbehren können, zur Folge gehabt, daß die Arbeitszeit überhaupt für alle Arbeiter auf 12 Stunden inklusive 2 Stunden Pause herabgesetzt wor-

4 *Syrup-Neuloh*, Hundert Jahre staatliche Sozialpolitik, Stuttgart 1957, S. 280.
5 Deutsches Zentralarchiv, Abt. Merseburg, Rep. 120 BB VII, Fach 1, Nr 16, Bd 3, Bl. 150r. – Aus einem Bericht des Gewerberats der Provinz Brandenburg an den Oberpräsidenten v. 1. Oktober 1881.

den ist, und hat sich gezeigt, daß dadurch die Leistungsfähigkeit sämtlicher Arbeiter gesteigert worden ist und mehr denn zuvor produziert worden ist."[6] Arbeitsintensität und Arbeitszeit sind zwei einander bedingende Größen. Da aber die Arbeitsintensität außerdem von der Mechanisierung und der Organisation der Produktion und ihres Ablaufs bestimmt wird, kann man ohne weiteres folgende Faustregel für die Untersuchung dieses Komplexes aufstellen: zunehmende Mechanisierung und Rationalisierung der Produktion = steigende Arbeitsintensität = Zwang zur Verkürzung der Arbeitszeit – Faustregel insofern, als es sich hier nicht um eine lineare Entwicklungslinie handelt. Es gibt viele Faktoren, die diesen Prozeß fördern oder hemmen, innere und äußere Faktoren; aber wer die Arbeitszeitentwicklung seines Betriebes untersucht, wird feststellen, daß über längere Zeiträume hinweg die tägliche oder wöchentliche Arbeitszeit trotz vorhandener „Rückfälle" kürzer geworden ist. Am deutlichsten wird diese Entwicklung, wenn man die Durchschnittswerte der Krisenzyklen berechnet.[7]

c) *Arbeitsintensität, Unfälle, Krankenstand und statistische Erfassung*

Bei der Untersuchung der Arbeitszeitentwicklung geht es nicht nur schlechthin um ihre Darstellung. Die genaue Ermittlung ist außerdem notwendig, um die Entwicklung der Arbeitsintensität untersuchen zu können. Dieser Prozeß ist statistisch nicht direkt erfaßbar; man kann ihn nur an der Entwicklung verschiedener Faktoren verfolgen. Dazu gehört neben der Arbeitszeitentwicklung und den Produktivitätszahlen die Entwicklung der Unfall- und Gesundheitsverhältnisse im Betrieb. Steigende Unfall- und Krankenziffern bei gleichzeitig steigender Produktivität und abnehmender Länge des Arbeitstages lassen durchaus den Schluß zu, daß die Arbeitsintensität gestiegen ist. Aber es muß nicht so sein: Unfälle und Krankenziffern können zunehmen, weil die Zahl der Arbeiter gewachsen ist; die Produktivität kann steigen, weil mechanisiert und rationalisiert wurde. Man kann aber auch umgekehrt bei gleichbleibendem Unfall- und Krankenstand, ja sogar bei einer rückläufigen Entwicklung fest-

6 Jahresberichte der Fabriken-Inspektoren für das Jahr 1875, Berlin 1876, S. 91. — Aus dem Bericht des Fabrikinspektors für Schlesien über das Jahr 1875.

7 Um die Entwicklungslinie besonders deutlich sichtbar zu machen, ist es vorteilhaft, mehrere Jahre zusammenzunehmen und Durchschnittswerte zu berechnen (das gilt für alle statistischen Erhebungen). Im Interesse einer möglichst exakten Ermittlung sollte man nicht Jahrzehnte oder ähnlich willkürlich festgelegte Zeiteinheiten wählen, sondern, entsprechend dem wirtschaftlichen Ablauf, die Krisenzyklen zugrunde legen, weil dann in *jeder* Zeiteinheit die jeweils besonderen Verhältnisse von Konjunktur, Krise und Depression erfaßt sind. – Vgl. dazu *Kuczynski, Jürgen*, Die Geschichte der Lage der Arbeiter in Deutschland von 1879 bis zur Gegenwart, Bd 1 u. 2, Berlin 1954.

stellen, daß die Arbeitsintensität gestiegen ist, weil die Entwicklung beider Faktoren auf Grund von Arbeits- und Unfallschutzmaßnahmen hätte günstiger verlaufen müssen. Aus den wenigen Hinweisen wird schon deutlich, daß diese Untersuchung nicht ganz so einfach ist, wie es auf den ersten Blick aussehen mag. Man kann vielleicht folgendes sagen: Der Schwierigkeitsgrad dieser Untersuchung nimmt mit der Größe der Betriebe bzw. der Betriebseinheit zu. Deshalb ist zu empfehlen, mit Abteilungen oder Arbeitsplätzen anzufangen, weil man hier die einzelnen Faktoren, die bei der Ermittlung der Arbeitsintensität eine Rolle spielen, genauer erfassen kann, und zwar sowohl ihre Existenz als auch ihre Veränderungen im Laufe der Zeit. Den Komplex Arbeitsintensität genau untersuchen zu wollen wäre – zumindest für einen großen Betrieb – ein Unterfangen, das den Rahmen einer Betriebsgeschichte sprengen würde. Nützlich und anschaulich ist es, die Entwicklung der genannten Faktoren über einen möglichst langen Zeitraum hinweg zu erfassen; denn dadurch werden bei aller Vorsicht doch Aussagen über die Entwicklung der Arbeitsintensität möglich. Plastischer und einleuchtender für den Leser aber wird es, wenn man außerdem, vielleicht in einer Abteilung oder an einigen Arbeitsplätzen, für einen gewissen Zeitraum möglichst genaue Untersuchungen anstellt.

Wie bereits gesagt, kann man die Unfall- und Krankheitsverhältnisse nicht einfach nur mit absoluten Zahlen erfassen. Der wechselnde Umfang der Belegschaft, aber auch die unterschiedliche Länge des Arbeitstages machen Vergleiche unmöglich. Hier ist deshalb eine statistische Verarbeitung der Zahlen notwendig, wobei es nun verschiedene Möglichkeiten gibt. Man kann die Anzahl der Unfälle auf die Anzahl der Arbeiter umrechnen, dabei würde man die Arbeitszeit unberücksichtigt lassen; genauer ist es, wenn man die Arbeitsschichten oder sogar die Arbeitsstunden zugrunde legt. Die Entscheidung wird natürlich weitgehend von der Materiallage bestimmt. In der staatlichen Unfallversicherungsstatistik[8], die zum Vergleich und zur Einschätzung der betrieblichen Unfallrate unbedingt herangezogen werden sollte, findet man die Unfälle auf 1000 Versicherte (Arbeiter) und ab 1900 etwa zudem auf 1000 Vollarbeiter[9] berechnet. Die Methode ist einfach; je nachdem, ob man die Rate der

8 Seit 1885 gibt es in Deutschland eine laufende, nach Industriezweigen spezifizierte Unfallstatistik, die vom Reichsversicherungsamt ab 1887 jährlich in den „Amtlichen Nachrichten des Reichsversicherungsamts" unter dem Titel „Rechnungsergebnisse des Reichsversicherungsamtes für die Unfallversicherung" veröffentlicht wurde. – Vgl. auch *Zumpe, Lotte*, Zur Geschichte der Unfallverhältnisse in der deutschen Industrie von 1885–1932, wirtsch.-wiss. Diss., Berlin 1961.

9 Ein Vollarbeiter ist eine statistische Größe, ihr liegen dreihundert Arbeitsschichten zugrunde (Gesamtzahl der im Jahr im Betrieb verfahrenen Arbeitsschichten geteilt durch dreihundert ergibt die Zahl der Vollarbeiter). Eine Berechnung der Unfallrate auf tausend Vollarbeiter ist eine Berechnung auf 300000 Arbeitstage. Dadurch werden Ungenauigkeiten durch Saison- oder

Unfallhäufigkeit, die der schweren oder tödlichen Unfälle berechnen will, setzt man die entsprechende absolute Zahl ein und rechnet nach folgender Formel:

$$\frac{\textit{Zahl der Unfälle pro Jahr} \times 1000}{\text{Zahl der Arbeiter (Jahresdurchschnitt)}}$$

oder

Zahl der Vollarbeiter

Nehmen wir folgendes Beispiel an:
Ein chemischer Betrieb beschäftigte 1928 im Durchschnitt 5860 Arbeiter und 300 Angestellte. Die Zahl der Unfälle betrug insgesamt 620, davon waren 90 Unfälle als schwer (die Arbeitsunfähigkeit der Verletzten dauerte länger als 13 Wochen) zu bezeichnen, und 4 waren tödlich verlaufen. Auf die Angestellten entfielen davon insgesamt 4 Unfälle, wovon einer den Tod des Verletzten verursachte. In einer Tabelle zusammengefaßt, sähe es folgendermaßen aus:

Die Unfallzahlen im Jahre 1928

	Arbeiter	Angestellte	insgesamt
Beschäftigungsdurchschnitt	5860	300	6160
Zahl der Unfälle insgesamt	616	4	620
Zahl der schweren Unfälle	90	–	90
Zahl der tödlichen Unfälle	3	1	4

Nach der genannten Formel auf 1000 Beschäftigte umgerechnet, erhält man Verhältniszahlen, die gleichzeitig den Vergleich mit den Unfallverhältnissen der chemischen und – wenn man will – der gesamten Industrie ermöglichen, was mit den absoluten Zahlen nicht geht. Die Tabelle sieht also nun so aus[10]:

Die Unfallraten des Betriebes, der chemischen Industrie und der gesamten Industrie für 1928 (‰)

	Arbeiter	Angestellte	insges.	chem. Ind.	ges. Ind.
Unfallhäufigkeit	105,1	13,3	100,6	99,5	92,6
schwere Unfälle	15,3	–	14,6	5,7	5,7
tödliche Unfälle	0,50	3,33	0,65	0,50	0,48

Der Vergleich mit der außerbetrieblichen Sphäre zeigt, daß die Unfallverhältnisse des Betriebes schlecht sind. Die innerbetrieblichen Unfallraten werfen einige statistische Fragen auf, die man beachten soll. Es ist immer genauer, die Unfallraten der Arbeiter und Angestellten gesondert zu berechnen; das gilt ganz besonders für Betriebe, die einen hohen Angestelltenanteil haben, da

Kurzarbeit, Arbeitsausfall und ähnliches eliminiert, aber unberücksichtigt bleiben die Länge des Arbeitstages und die Überstundenarbeit.

10 Die Unfallraten für die chemische und die gesamte Industrie sind entnommen: *Zumpe, Lotte*, a. a. O., Kapitel VIII.

letztere durchweg unvergleichlich geringeren Gefahren ausgesetzt sind. Aus dem gleichen Grunde ist es auch aufschlußreich, wenn man besonders gefährdete Tätigkeiten (Berufe oder Arbeitsplätze) einmal speziell berechnet. In solchen Verhältnisberechnungen spielt natürlich auch der Zufall eine gewisse Rolle. Im Beispiel sind wir davon ausgegangen, daß ein Angestellter einen tödlichen Unfall erlitt. Das kommt vor, aber doch relativ selten. Die gleiche Problematik taucht in kleinen Betrieben auf. Hier sollte man deshalb beachten, daß die errechnete Rate ausnahmsweise hoch ist und endgültige Schlußfolgerungen nur im Vergleich mit anderen Jahren gezogen werden können.
Aufschlußreich ist auch eine Ermittlung der Unfallsursache, das heißt eine Untersuchung, an welchen Maschinen, bei welchen Verrichtungen, in welchen Betriebsabteilungen sich die Unfälle ereigneten. Hierbei kann man Gefahrenschwerpunkte ermitteln und bei einem Vergleich über längere Zeit hinweg feststellen, ob sich etwas ändert. Es gibt in allen Betrieben Punkte, Abteilungen usw., wo der Unternehmer sehr daran interessiert ist, Unfälle zu vermeiden. In den Schächten der Mansfeld-AG zum Beispiel wurden die Schutzvorschriften einfach unterschiedlich beachtet. Dort, wo Unfälle den Produktionsablauf stören oder sogar unterbrechen konnten, wo großer finanzieller Schaden entstand (z. B. bei der Förderung!), nahm man es mit Schutzvorschriften und Sicherungsmaßnahmen sehr genau, vor Streb aber begünstigte man die Nichtbeachtung der Schutzbestimmungen, nur damit der Abbau schneller voranging. Auf einen Unfall mehr oder weniger kam es dort gar nicht an.
Für die Erfassung der Berufskrankheiten gilt im wesentlichen das, was für Unfälle gesagt wurde. Wichtig ist zu wissen, daß 1925 erstmalig die seit 1885 bestehende Unfallversicherung durch eine entsprechende Verordnung auf elf Berufskrankheiten ausgedehnt wurde. (Die Liste mußte im Laufe der Zeit ständig erweitert werden.) Bis dahin wurden die Betroffenen von der Krankenkasse und bei anhaltender Arbeitsunfähigkeit von der Invalidenversicherung betreut. Die nun einsetzende Entschädigungspflicht veranlaßte die Unternehmer in der Regel erstmalig, wirksame Schutzmaßnahmen zur Verhütung und Bekämpfung der versicherten Krankheiten einzuführen. Es wäre allerdings falsch, diese Feststellung zu generalisieren. Zwei Beispiele sollen die hier vorhandene Problematik deutlichmachen.
Im Mansfelder Bergbau hatten besonders in den zwanziger Jahren die Staublungenerkrankungen rapide zugenommen, so daß man in Fachkreisen schon von der „Mansfelder Staublunge" zu sprechen begann. „Aus der Zeit vor 1929 finden wir im Archiv der Mansfeld-AG kaum ein Aktenstück, eine Notiz, einen Brief oder ein Protokoll einer Besprechung, in dem die Silikose erwähnt wird. Und das zu einer Zeit, da in anderen staubgefährdeten Industrien die Silikoseforschung stark entwickelt wird, in einer Zeit, da in Mansfeld die Staubentwicklung durch die Mechanisierung und die Erhöhung der Arbeitsintensität gewaltig zunimmt und die Anzahl der an Staublunge Erkrankten anwächst ... Aber schlagartig, ab 1929, finden wir Stapel von Aktenordnern gefüllt mit Sitzungsprotokollen, Briefwechsel und Aktennotizen zur Silikosefrage. Und

warum? Etwa aus Sorge um die Arbeiter? Durchaus nicht. Am 11. Februar 1929 wurde durch die zweite Verordnung über die Ausdehnung der Unfallversicherung auf Berufskrankheiten die schwere Staublungenerkrankung für melde- und entschädigungspflichtig erklärt. Das ist der Grund. Durch diese Verordnung nimmt die Staublungenerkrankung Einfluß auf den Profit. Dann hört sie auf, nur Gegenstand platonisch-medizinischer Betrachtungen zu sein, dann wird sie zu einem heftig diskutierten Gegenstand in der Direktion."[11]

Im völligen Gegensatz zum Verhalten der Mansfeld-AG steht offenbar das der AG für Anilinfabrikation (später IG Farben AG.), die bereits 1908 für ihre Wolfener Werke einen Fabrikarzt berief und eine Werkspoliklinik einrichtete. Sehr bald folgten dann die Errichtung eines Wöchnerinnenheimes und der Bau eines sehr modern eingerichteten Krankenhauses. Das alles geschah ohne gesetzlichen oder anderen Zwang. Es ist nicht anzunehmen, daß hier reine Menschenliebe den Anstoß gab; natürlich geschah das im Interesse des Betriebes, im Interesse des Profits. Die speziellen Gründe wird man sicher finden, wenn man die Vorstandssitzungsprotokolle oder andere Akten ähnlich zentraler Provenienz durchsieht. Aber es gibt auch so einige Hinweise, und man kann Erwägungen anstellen, die höchstwahrscheinlich den Kern der Sache treffen oder aber ihm zumindest sehr nahekommen. Etwa 1900 war in Wolfen die Farbenfabrik gegründet worden, 1908 beschäftigte sie etwa 850 Menschen. Das Dorf Wolfen zählte zu dieser Zeit cirka 1800 Einwohner; die ärztliche Versorgung erfolgte durch einen Arzt aus der Umgebung. Kranke oder Verletzte mußten nach Bitterfeld oder noch weiter weg ins Krankenhaus gebracht werden. Natürlich war das ein völlig unbefriedigender Zustand. In der chemischen Industrie war die Anzahl der bekannten, aber auch die der neu auftretenden Berufserkrankungen immer besonders hoch. „Weil aber in der damals noch jungen chemischen Industrie, die sich schon zur Großindustrie entwickelt hatte, die Wirkung der hergestellten Produkte auf den menschlichen Organismus noch nicht genügend bekannt war, hatte der neu einzustellende Fabrikarzt neben seiner ärztlichen Tätigkeit besonders die Wirkung der verschiedenen chemischen Stoffe auf die mit ihrer Herstellung beschäftigten Belegschaft zu beobachten und die nötigen gewerbehygienischen Maßnahmen zu treffen."[12]

Für die Arbeiter bestanden hier also besondere Gefahrenquellen. Die Neigung, in den „Giftbuden" zu arbeiten, war offenbar nicht allzu groß, was man aus der in der chemischen Industrie relativ hohen Fluktuation schließen kann. Andererseits gab es bei der raschen Entwicklung dieser Industrie einen großen Bedarf an Arbeitskräften. Jedoch im Gegensatz zu Eisleben, wo die Mansfeld-AG *der* Betrieb und *die* Arbeitsmöglichkeit für das ganze Gebiet war, lag Wolfen – zunächst überhaupt nur ein ganz kleines Dorf – im mitteldeutschen Braunkohlen- und Industrierevier, wodurch die Arbeitsmarktlage ganz anders war

11 Mansfeld-Archiv, Akte Nr 89/1. – Zit. nach *Jonas, Wolfgang*, a. a. O., S. 214/215.

12 *40 Jahre Werkspoliklinik Wolfen 1908–1948*, Filmfabrik Agfa Wolfen, Farbenfabrik Wolfen, Wolfen 1948, S. 14/15.

als im Eislebener Gebiet. Die AG für Anilinfabrikation mußte für ihre Wolfener Werke (1910 wurde die Agfa-Filmfabrik gegründet) im eigenen Interesse einiges tun, um die Arbeiter zu halten und weitere heranzuziehen. Dazu gehörte eine bessere ärztliche Versorgung, dazu gehörte vor allem die Erforschung und Bekämpfung der besonderen Gefahren im Betrieb, um sie auf ein allgemein übliches Maß zu reduzieren, und dazu gehörten noch eine Reihe weiterer sozialer Einrichtungen, auf die noch näher eingegangen wird. Die Bevölkerungsbewegung in Wolfen zeigt sehr deutlich, wie die Gemeinde mit den Farben- und Filmwerken wuchs: von rund 1300 Einwohnern um 1900 auf fast 12000 im Jahre 1950.[13] Damit sind wir schon mitten in den Fragen, die sich aus den Gesundheitsverhältnissen, aus den Arbeitsschutzmaßnahmen und anderen sozialen und kulturellen Einrichtungen in gleicher Weise ergeben.

d) Profitinteressen und soziale Maßnahmen

Zuweilen hört man die Meinung, Kapitalisten seien unter keinen Umständen bereit, soziale Maßnahmen, welcher Art auch immer, zugunsten der Arbeiter einzuführen, wenn sie nicht durch diese selbst dazu gezwungen würden. Das ist richtig und auch nicht richtig. Der Kapitalismus braucht nicht nur soziale Maßnahmen schlechthin, er braucht objektiv eine staatliche Sozialpolitik. Sie ist im Interesse der Erhaltung der kapitalistischen Gesellschaftsordnung das unerläßliche Gegenmittel gegen die ständige Verschärfung ihres Grundwiderspruchs. Deshalb liegt sie natürlich im Klasseninteresse der Bourgeoisie. Aber schon allein die Konkurrenzbedingungen komplizieren diesen Prozeß außerordentlich. Man kann sagen, daß auf der staatlichen Ebene der Kampf der Arbeiterklasse und damit also die Gefährdung des „sozialen Friedens" der stärkste Anstoß für die Weiterentwicklung der Sozialpolitik ist, wobei natürlich die Arbeiterklasse als Objekt der Ausbeutung andere Ansichten über das *notwendige* Ausmaß der Sozialpolitik hat als die Kapitalisten. Wo immer die Arbeiter die Kapitalisten zwingen, über das Mindestmaß hinauszugehen, werden diese deshalb auf dem Sprung sein, um bei der ersten Gelegenheit das „Zuviel" wieder zurückzunehmen, Die Handhabung des Achtstundentages nach 1923 ist ein bezeichnendes Beispiel dafür.

Auf der betrieblichen Ebene liegen die Verhältnisse im Prinzip genauso; in der Praxis gibt es aber doch einige Unterschiede. Der einzelne Kapitalist sieht natürlich sehr viel klarer, was in seinem Interesse liegt, als die ganze Klasse. Wir haben das an einigen Beispielen schon gesehen. Konkurrenzbedingungen, Arbeitsmarktlage, besondere Produktionsbedingungen, das Interesse an einer Stammbelegschaft usw. usf. können ihn sehr wohl ohne Druck der Arbeiterklasse zu bestimmten sozialen Maßnahmen veranlassen. In Westdeutschland, aber auch in den anderen hochentwickelten kapitalistischen Ländern können

13 *400 Jahre Wolfen*, hg. v. Rat der Gemeinde Wolfen, Wolfen 1950, S. 14.

wir diese Entwicklung vielfältig beobachten. Diese Fragen müssen in jedem Betrieb gesondert untersucht werden; Voraussetzung ist nur, daß man sich über die Existenz solcher Zusammenhänge klar ist.
In den Akten der Wolfener Werke findet man eine Dreiteilung der sozialen Einrichtungen, die im Zusammenhang mit der aufgeworfenen Frage sehr interessant ist. Es wurden unterschieden: 1. gesetzlich und behördlich vorgeschriebene Einrichtungen (Kranken-, Invaliden- und Unfallversicherungsbeiträge des Betriebes), 2. betriebsnotwendige Einrichtungen (Kasino, Kantine, Bäder, Wohnungswesen, Poliklinik, Krankenhaus u. ä.) und 3. gänzlich freiwillige Einrichtungen (Unterstützungskassen, Darlehnsfonds, Arbeiterpensionsfonds usw., kulturelle und sportliche Einrichtungen). Welche Relationen zwischen diesen drei Kategorien bestanden, machen folgende Zahlen deutlich: 1924 wurden für die erste RM 789000.–, für die zweite RM 1636000.– und für die dritte RM 890000.– aufgewendet; diese Beträge machten zusammen siebzehn Prozent der Lohn- und Gehaltssumme aus.[14]

e) *Klassenkampf und Sozialpolitik*

Anfang der zwanziger Jahre kann man einen deutlichen Einschnitt in der Sozialpolitik feststellen. Die Existenz des ersten sozialistischen Staates und die revolutionären Kämpfe der deutschen Arbeiterklasse hatten auch hier wesentliche Auswirkungen.
Für die Werke der AG für Anilinfabrikation wurde 1919 eine Zentral-Sozialabteilung gegründet, die 1920 in allen Werken als Unterabteilungen Sozialbüros erhielt. Im Jahresbericht für 1920 heißt es, die zunehmende Bedeutung der sozialen Fragen habe zu einem wachsenden Umfang der Arbeit der Zentral-Sozialabteilung geführt. „Infolgedessen machten sich mehr als zuvor Besprechungen über soziale Angelegenheiten im Vorstand notwendig, um die Einheitlichkeit des Vorgehens in diesen Fragen für alle vier Werke zu gewährleisten, zumal selbstverständlich die Arbeiter- und Angestelltenverhältnisse in Berlin und Wolfen wesentliche Verschiedenheiten, denen Rechnung getragen werden mußte, aufweisen. Insbesondere wurden zahlreiche Besprechungen erforderlich, um eine einheitliche Auslegung und Handhabung des im Frühjahr erlassenen Betriebsrätegesetzes innerhalb unserer Werke zu gewährleisten."[15] Die Leiter der Sozialbüros waren akademisch gebildete Leute. Man ließ es sich etwas kosten, um die „soziale Frage" richtig ins Interessensystem der Agfa einordnen zu können. Man brauchte geübte Leute, um

14 Betriebsarchiv der Filmfabrik Wolfen (weiterhin AFW), Akte: AG für Anilinfabrikation, Protokolle der Vorstandssitzungen v. 21. April 1925 bis 30. September 1926, Protokoll v. 7. Juli 1925, S. 6.
15 AGFA Jahresbericht 1920, S. 91.

die Maschen im Netz der vielfältigen sozialen Verordnungen und Gesetze dieser Zeit zu finden, durch die man schlüpfen konnte, nicht auf primitive, brutale Art, nein, mit Vorsicht und Geschicklichkeit. Aus dem Jahre 1921 wird berichtet: „Die Errichtung von werkseigenen Wohnungen konnte jedoch nicht im entferntesten dem vorhandenen Wohnungsmangel abhelfen, zumal immer dringender in Wolfen sich die Notwendigkeit herausstellte, Beamte und Arbeiter von auswärts hinzuzuziehen."[16] Da die Wohnungsgesetzgebung den Gemeinden das Verfügungsrecht über allen vorhandenen Wohnraum zusprach und nur die ausgesprochenen Dienstwohnungen ausnahm, ging die Agfa dazu über, gegen die Einräumung von langfristigen Mietrechten Zuschüsse zum Wohnungsbau der Gemeinden zu geben, außerdem stellte sie einen Darlehnsfonds von 2 Millionen RM weitgehend für den Erwerb von Eigenheimen zur Verfügung.[17] Im gleichen Jahr wurde eine Schrebergartenanlage geschaffen, Tennisplätze, ein Sportplatz und ein Schwimmbad wurden gebaut, Erholungsheime gekauft usw.[18] Wolfen wurde attraktiv gemacht.

1925 wurde in einer Vorstandssitzung festgestellt: „Da es sich gezeigt hat, daß eine Anzahl Arbeiter und Arbeiterinnen bald, nachdem sie längere Zeit in Tambach zur Erholung gewesen waren, aus unseren Diensten ausgeschieden sind, soll der Auswahl der nach Tambach zu Entsendenden noch größere Aufmerksamkeit als bisher gewidmet werden."[19] Die sozialen Einrichtungen wurden durchaus zur Korrumpierung der Arbeitskräfte benutzt. Im Jahresbericht 1926 lesen wir: „Seitens der Arbeitervertretung wurde die Forderung aufgestellt, bei jeder einzelnen Strafe, die verhängt wird, mitzuwirken. Diese grundsätzliche Frage wurde dann in einem einzelnen Fall vor dem Gewerbegericht Bitterfeld ausgetragen, das sich den Standpunkt der Arbeitervertretung zu eigen machte. Nachdem also dadurch der Arbeitervertretung das Recht der Mitwirkung bei Verhängung von Einzelstrafen zuerkannt war, entschloß sich die Werkleitung in Übereinstimmung mit dem Arbeitgeberverband, Strafen überhaupt nicht mehr zu verhängen, da eine derartige Mitbestimmung praktisch nicht durchführbar sei."[20]

Die Beispiele sollen zeigen, mit welcher wohlüberlegten Taktik auf sozialem Gebiet gearbeitet wurde. Man wußte, wo man gab, und hatte seine Gründe; man wußte aber auch sehr genau, wo man unerbittlich blieb, auch wenn es nur um eine Kleinigkeit ging und das Risiko vielleicht minimal war. Das Mitspracherecht der Arbeiter wurde kategorisch abgelehnt und da, wo das Gesetz es verlangte, mit allen Mitteln unterbunden.

16 Ebenda, 1921, S. 145.
17 Ebenda, S. 145/146.
18 Ebenda, S. 177/178.
19 AFW, a. a. O., Protokoll der Vorstandssitzung v. 11. August 1925, S. 7.
20 AGFA Jahresbericht 1926, S. 211.

f) Soziale Maßnahmen unter sozialistischen Bedingungen

Es war unmöglich, in diesen kurzen Ausführungen auf jede soziale Einrichtung, jedes soziale Gesetz usw. einzugehen; es kam darauf an, die wichtigsten Momente herauszugreifen, die bei der Darstellung der betrieblichen sozialen Verhältnisse zu beachten sind. Daß in erster Linie Probleme behandelt wurden, die sich aus der kapitalistischen Gesellschaftsordnung ergeben, liegt in der Natur der Sache. Ausbeutung und soziale Maßnahmen stehen zunächst in absolutem Gegensatz zueinander; das führt zu Schwierigkeiten, und die Gefahr einer vereinfachten Darstellung, die immer unglaubwürdig wirkt, ist deshalb für die Zeit am größten.

Aus diesem Grunde mußte vor allem gezeigt werden, daß neben dem Kampf der Arbeiterklasse auch die Profitinteressen selbst notwendigerweise soziale Maßnahmen erzwingen. Für die Zeit nach 1945 ist die Sache natürlich grundsätzlich anders. Soziale Maßnahmen – umfassender gesagt: soziale Sicherheit und soziale Lebensbedingungen – sind ein Grundbestandteil unserer Gesellschaftsordnung, und alle Anstrengungen sind letztlich auf ihre Verbesserung und Vervollkommnung gerichtet. Insofern ist ihre Darstellung in der Betriebsgeschichte für diese Zeit leichter. Soweit es trotzdem noch Probleme gibt, ergeben sie sich nicht mehr aus grundsätzlichen Widersprüchen, sondern aus den Voraussetzungen und Entwicklungsbedingungen, unter denen wir unsere Betriebe aus- und aufbauen. Kapitalistische Rudimente – um nur einen Faktor zu nennen – in der materiellen Basis spielen hier ebenso eine Rolle wie Überbleibsel der gleichen Art im Denken und Handeln der Menschen. Wenn aber für die Zeit des Kapitalismus die Gefahr der Vereinfachung darin besteht, jede Bereitschaft zu sozialen Maßnahmen seitens der Unternehmer zu verneinen, so besteht für unsere Zeit diese Gefahr darin, *jede* soziale Einrichtung *nur* aus unseren sozialistischen Produktionsverhältnissen herzuleiten. Ein solches Verfahren wirft bei Vergleichen mit entsprechenden Betrieben in kapitalistischen Ländern zwangsläufig Fragen auf, die dann so vereinfacht nicht mehr überzeugend beantwortet werden können. Es gibt bestimmte produktionsnotwendige, soziale Einrichtungen, die *zunächst* unabhängig von der Gesellschaftsordnung erforderlich sind. Um Störungen im Produktionsablauf, Minderungen der Qualität und ähnliches zu vermeiden, braucht man zum Beispiel bestimmte Arbeits- und Gesundheitsschutzeinrichtungen, um eine qualifizierte Stammbelegschaft zu erhalten, muß man – das ist nur ein Erfordernis – für gute Wohnmöglichkeiten der Arbeiter sorgen, usw. usf. Aber – und deshalb wurde die Betonung auf *zunächst* gelegt – wenn alle diese produktionsnotwendigen Sozialmaßnahmen unter kapitalistischen Bedingungen den Profit erhöhen, so erhöhen sie unter sozialistischen Verhältnissen das gesellschaftliche Einkommen, was dann in vielfältigster Form allen zugute kommt.

Dies sollten nur einige Hinweise dafür sein, daß die Darstellung für die Zeit nach 1945 zwar leichter ist, aber nicht weniger differenziert sein darf, wenn unsere Betriebsgeschichten ihren Zweck erfüllen sollen.

3. QUELLEN UND LITERATURHINWEISE

Es wurde bereits verschiedentlich auf wichtige Aktenbestände und Veröffentlichungen hingewiesen. Zur Erleichterung der Arbeit soll hier noch einmal eine kleine Zusammenfassung gegeben werden:
Neben den speziellen Akten für die einzelnen Komplexe, wie Arbeitszeit, Unfälle, Unterstützungsfonds und anderes, sind die Akten der Betriebsleitung, der Direktion, des Vorstandes oder wie immer die entscheidende Instanz heißt von wesentlicher Bedeutung. Hier findet man in der Regel die Überlegungen, die von den Unternehmern zu den einzelnen Fragen angestellt wurden. Für die Darstellung der Zusammenhänge und Hintergründe kann deshalb auf das Studium dieser Bestände keinesfalls verzichtet werden. Es ist außerdem sehr nützlich, im zuständigen Stadt- oder Landesarchiv einmal nachzuforschen, ob dort Vorgänge über den Betrieb oder damit zusammenhängende Fragen vorhanden sind. Soweit noch Akten von der zuständigen Gewerbeaufsicht da sind, sollte man sich diese unbedingt ansehen.
Um die Problematik, aber auch den allgemeinen Stand eines bestimmten Sachgebietes kennenzulernen, ist es notwendig, auch Literatur zu lesen. Zunächst muß hier auf die Betriebsbibliotheken verwiesen werden, wo oft einschlägige Literatur zu finden ist. Darüber hinaus stehen Stadt- und staatliche Bibliotheken zur Verfügung. Für das hier behandelte Sachgebiet sollte unbedingt die „Geschichte der Lage der Arbeiter in Deutschland" von Jürgen Kuczynski herangezogen werden; ein ausführliches Sachregister ermöglicht in diesen Bänden eine schnelle Orientierung zu bestimmten Fragen. Auch die Reihe „Geschichte der Fabriken und Werke", die seit 1957 im Verlag Tribüne, Berlin, erscheint, sollte nachgesehen werden (das mehrfach zitierte Buch von Wolfgang Jonas gehört dazu), weil hier eine ganze Reihe von Problemen der Betriebsgeschichte schon behandelt worden sind. Die Jahresberichte der Gewerbeaufsicht, die seit 1874 erschienen sind und die über allgemeine und spezielle Fragen der Arbeitsbedingungen in den Betrieben berichten, können ebenfalls ein wertvolles Hilfsmittel sein. Für den statistischen Teil, vor allem für die Ermittlung von Vergleichszahlen, können das Statistische Jahrbuch oder noch besser die Sozialversicherungsstatistik – veröffentlicht in den Amtlichen Nachrichten des Reichsversicherungsamts – und die Krankenkassenstatistik gute Dienste leisten. Im übrigen kann man sich in jeder öffentlichen Bibliothek zu allen Fragen sachdienliche Literatur zusammenstellen und vorlegen lassen.

Gewalt und Ökonomie

von Dietrich Eichholtz

Das Ausbeutungsverhältnis zwischen Kapitalisten und Arbeitern ist ein ökonomisches Verhältnis, nämlich ein Verhältnis zwischen denen, die über alle wichtigen Produktionsmittel verfügen, und denen, die nur ihre Arbeitskraft besitzen. Zur Produktion vereinigen sich Kapital und Arbeitskraft, das heißt, die Arbeiter sind gezwungen, ihre Arbeitskraft dem Kapital anzubieten und zu verkaufen, damit sie sich ihren Lebensunterhalt verdienen und nicht verhungern.

So hat der ökonomische Mechanismus in jedem kapitalistischen Betrieb seit fünfzig, hundert Jahren und länger funktioniert, und so funktioniert er heute noch in den kapitalistischen Ländern. Solange die kapitalistische Ordnung besteht, werden die Arbeiter auf diese Weise unter dem *ökonomischen Zwang* stehen, sich vom Kapital ausbeuten zu lassen.

Anscheinend reicht aber dieser ökonomische Zwang unter den heutigen Verhältnissen nicht mehr dazu aus, die ökonomische Herrschaft des Kapitals, vor allem des Monopolkapitals, aufrechtzuerhalten. Seit Beginn dieses Jahrhunderts, besonders seit dem ersten Weltkrieg, mischt sich der Staat im Interesse des Kapitals gewaltsam in das Ausbeutungsverhältnis ein, verändert er unmittelbar – in den Betrieben – das Produktionsverhältnis; er diktiert immer umfassender durch eine Fülle von Gesetzen und Verordnungen, mit Hilfe seines riesig aufgeblähten Zwangsapparates (Polizei, Militär, Justiz, Gefängnisse, Konzentrationslager) die Arbeits- und Lebensbedingungen für die Arbeiterklasse und auch für andere werktätige Schichten. Auf eine ungeheuerliche und besonders volksfeindliche Art geschah dies in der faschistischen Zeit.

Es handelt sich hierbei um eine neue, allgemeine Erscheinung im Verfallsstadium des Kapitalismus. Sehr wichtig und sehr verdienstvoll ist das Forschen der Betriebshistoriker nach den Formen, die diese Erscheinung in den Betrieben zeigte. Wie zeigt es sich in der Geschichte unserer Betriebe, daß die außerökonomischen Zwangsmittel des Kapitals, besonders der staatliche Gewaltapparat, im Imperialismus und in der Zeit der allgemeinen Krise des Kapitalismus eine immer größere Rolle spielten? Wenn in den Betriebsgeschichten diese Frage gründlich und richtig beantwortet wird, so wird das der Geschichtswissenschaft und der marxistisch-leninistischen Theorie ein gutes Stück voranhelfen.

DIE NEUARTIGE ROLLE DER GEWALT IM STAATSMONOPOLISTISCHEN KAPITALISMUS

Unter staatsmonopolistischem Kapitalismus verstehen wir das Verwachsen, das Verschmelzen von Monopolen und Staat, wobei die Staatsmacht und die Macht der Monopole zu einem einzigen Unterdrückungs- und Ausbeutungsmechanismus zusammengefügt werden. Anders kann die Monopolherrschaft, wie die Geschichte zeigt, nicht mehr fortbestehen.[1] Am staatsmonopolistischen Kapitalismus als der modernen, seit dem ersten Weltkrieg ausgebildeten Form des Imperialismus zeigt sich jene neue Erscheinung, daß staatliche Reglementierung und staatliche Gewalt in das unmittelbare Ausbeutungsverhältnis, in die Betriebe eindringen und dieses Verhältnis im Sinne und im Auftrag der Monopole „regulieren".

Jürgen Kuczynski nennt den Zwang und die Gewaltmaßnahmen, mit denen der imperialistische Staat die Arbeitskraft für die Monopole reguliert, „staatsmonopolistischen außerökonomischen Zwang".[2] Was ist darunter zu verstehen? Spiegelt dieser Begriff die erwähnte neue Erscheinung im heutigen Imperialismus und staatsmonopolistischen Kapitalismus richtig wider?

Der Begriff „außerökonomischer Zwang" stammt von Marx. Marx gebrauchte ihn, als er die feudale Arbeitsrente untersuchte. Wir müssen prüfen, ob wir berechtigt sind, diesen Begriff unter so gänzlich anderen Verhältnissen „aufzufrischen". Sind die Verhältnisse, unter denen der Arbeiter im heutigen Kapitalismus ausgebeutet wird, denjenigen ähnlich oder auch nur vergleichbar, unter denen der Feudalbauer Abarbeit leistete auf den Feldern und auf dem Hof des Herrn? Gibt es hier einen wesentlichen Zusammenhang, der es rechtfertigt oder erforderlich macht, den gleichen, fest umrissenen marxistischen Begriff zu verwenden?

Nach Marx wird eine ganze Gesellschaftsordnung, nämlich die feudale Fronwirtschaft, durch den außerökonomischen Zwang gekennzeichnet. „Der unmittelbare Produzent befindet sich hier der Voraussetzung nach (gemeint ist die Voraussetzung zum Produzieren – D. E.) im Besitz seiner eignen Produktionsmittel, der zur Verwirklichung seiner Arbeit und zur Erzeugung seiner Subsistenzmittel notwendigen gegenständlichen Arbeitsbedingungen; er betreibt seinen Ackerbau wie die damit verknüpfte ländlich-häusliche Industrie selbständig ... Unter diesen Bedingungen kann ihnen (den Bauern – D. E.)

1 Ausführungen über den staatsmonopolistischen Kapitalismus in diesem Band, S. 390ff.

2 *Kuczynski, Jürgen,* Die Geschichte der Lage der Arbeiter unter dem Kapitalismus, T. 1, Bd 14: Zur Frühgeschichte des deutschen Monopolkapitals und des staatsmonopolistischen Kapitalismus, Berlin 1962, S. 207.

die Mehrarbeit für den nominellen Grundeigentümer nur durch außerökonomischen Zwang abgepreßt werden, welche Form dieser auch immer annehme."[3] Unter diesen Bedingungen muß „das Eigentumsverhältnis zugleich als unmittelbares Herrschafts- und Knechtschaftsverhältnis auftreten ..., der unmittelbare Produzent also als Unfreier ..."[4]

Eben dasselbe versteht Lenin unter außerökonomischem Zwang. Er nennt als eine Bedingung der Fronwirtschaft „die persönliche Abhängigkeit des Bauern vom Gutsherrn. Hätte der Gutsherr nicht unmittelbare Gewalt über die Person des Bauern, so könnte er einen Menschen mit Land und eigener Wirtschaft nicht zwingen, für ihn zu arbeiten. Notwendig ist daher ein ‚außerökonomischer Zwang', wie sich Marx bei der Charakterisierung dieses Wirtschaftsregimes ausdrückt ... Formen und Grade dieses Zwanges können die mannigfaltigsten sein, von der Leibeigenschaft bis zur ständischen Rechtsbeschränkung des Bauern."[5]

Das sind die beiden wichtigsten Äußerungen der Klassiker des Marxismus-Leninismus über den außerökonomischen Zwang. Wir führen sie an, damit wir uns durch historischen Vergleich klarer darüber werden, was mit der Arbeitskraft unter den Bedingungen des staatsmonopolistischen Kapitalismus geschieht. Diese Bedingungen sind wohl doch hinreichend verschieden von den bei Marx und Lenin geschilderten, so daß wir den Begriff des außerökonomischen Zwanges nur mit großen Vorbehalten verwenden sollten.

Weniger wichtig ist dabei der Unterschied in der Form und in den Mitteln, mit denen der „außerökonomische Zwang" ausgeübt wird. Im Feudalismus war das außerökonomische Abhängigkeitsverhältnis in die Form eines Rechtsverhältnisses zwischen dem einzelnen Feudalherrn und den abhängigen Bauern gegossen (Leibeigenen-, Erbuntertanenverhältnis und ähnliches). War auch die allgemeine Rechtssituation durch höhere, politische Gewalt, durch die Staatsgewalt gesichert, so exekutierte der feudale Herr doch selbst, mit eigenen Kräften, sein Ausbeuterrecht gegenüber dem Bauern, der nicht fronen wollte. Die Monopole indessen bedienen sich unmittelbar des staatlichen Gewaltapparats.

Der formale Unterschied führt uns zu dem viel wichtigeren *Wesensunterschied*: Der ökonomische Zwang zur Arbeit und die „Disziplin des Hungers" bleiben das Wesentliche und Entscheidende an der Organisation der Ausbeutung der Lohnarbeiter durch das Kapital, weil und solange die herrschende Kapitalistenklasse, besonders die Monopolbourgeoisie, im Besitz der gegenständlichen Produktionsbedingungen bleibt. Gewaltmaßnahmen ebenso wie Demagogie, Zuckerbrot wie Peitsche, sind *politische* Zutaten zum kapitalistischen Ausbeutungsprozeß, aber nicht seine inneren, seine Hauptbestandteile. Sie bilden innerhalb der Produktionsverhältnisse, die auch im staatsmono-

3 *Marx, Karl*, Das Kapital, Bd 3, Berlin 1949, S. 841.

4 Ebenda.

5 *Lenin, W. I.*, Werke, Bd 3, Berlin 1956, S. 186f.

polistischen Kapitalismus kapitalistisch bleiben, kein derart konstitutives, unabdingbares Element, wie es der außerökonomische Zwang im Feudalismus war, wo die Ausbeutung sonst überhaupt nicht denkbar gewesen wäre. Der außerökonomische Zwang war dort ein der Basis der Gesellschaftsordnung innewohnendes Prinzip – übrigens auch in der Periode, in der diese Ordnung historisch fortschrittlich war.

Wohl spielen Reaktion und Gewalt überhaupt im Imperialismus eine ganz grundlegende Rolle, viel stärker als in der vorangegangenen Zeit. Aber das bedeutet nicht, daß die kapitalistische Ausbeutung jetzt durch den außerökonomischen Zwang reguliert wird und daß dieser den Mechanismus des ökonomischen Zwanges ablöst oder auch nur in den Hintergrund treten läßt. Auch im Feudalismus selbst ist nicht etwa jede Gewaltanwendung der herrschenden Klasse gegen die Unterdrückten, ist nicht jede Zwangsmaßnahme außerökonomischer Zwang. Der Begriff des außerökonomischen Zwanges hat nur dann Sinn und Inhalt, wenn er auf die unmittelbare Durchsetzung *ökonomischer* Prozesse bezogen wird. Er bezieht sich auf den Ausbeutungsprozeß als ökonomischen Prozeß, auf das „Abpressen von Mehrarbeit"; er stellt in diesem Zusammenhang das begriffliche Pendant zum ökonomischen Zwang dar („Disziplin des Stocks" und „Disziplin des Hungers").

Unter staatsmonopolistischen Verhältnissen dringen Gewalt und Zwang sogar in das Produktionsverhältnis, in den eigentlichen Ausbeutungsprozeß ein. Der Staat mischt sich gewaltsam in den unmittelbaren Prozeß des Abpressens von Mehrarbeit ein. Aber auch dies bedeutet nicht, daß sich ein besonderes, neues Produktionsverhältnis herausgebildet hätte – eines, für das der außerökonomische Zwang charakteristisch wäre. Die Eingriffe des staatsmonopolistischen Zwangsapparates zur „Regulierung" der Arbeitskraft, zur Reglementierung des Ausbeutungsverhältnisses, sind heute ebenso wie dieser selbst zwar notwendig, unabdingbar für den Bestand der Monopolherrschaft, nicht aber überhaupt für die Existenz der kapitalistischen Produktionsverhältnisse und der kapitalistischen Ordnung. Sie sind – in Anlehnung an Worte Lenins – nur ein „Überbau", eine „Spitze" über dem kapitalistischen Fundament.

Gerade hieraus ergibt sich für den Kampf der Arbeiterklasse heute eine außerordentlich wichtige, doppelte Schlußfolgerung. Einerseits kann der Volkskampf um Frieden und Demokratie den staatsmonopolistischen Zwangsapparat zerbrechen und beseitigen, ohne sofort den gesamten Bau der kapitalistischen Ordnung einreißen zu müssen; andererseits darf der Kampf der Arbeiterklasse mit der Entmachtung der Monopole und dem Sturz der staatsmonopolistischen Gewalt nicht sein Ende finden, sondern es gilt, in den nächsten Etappen dieses Kampfes die kapitalistische Grundlage der Gesellschaft zu beseitigen und damit die Ausbeutung überhaupt aufzuheben.

Wir stellen also am Ende dieser theoretischen Überlegungen fest, daß der Begriff „staatsmonopolistischer außerökonomischer Zwang" unbefriedigend ist, weil er nur eine ungenaue Analogie herstellt und nicht exakt erklärt, was hier an historischen Veränderungen wirklich vor sich gegangen ist und vor sich geht. Darum verwenden wir im folgenden den allgemeineren Begriff der *Gewalt* – soweit er eine gesellschaftliche Erscheinung und als solche eine „ökonomische Potenz" (Engels) bezeichnet – und gehen von der Untersuchung der konkreten historischen Formen aus, die sie im Verlauf der Klassenkämpfe annimmt. Wir beschränken uns bei dieser Thematik auf die Behandlung der Gewaltpolitik der *herrschenden Klasse*, besonders der Monopole und des imperialistischen Staates.

ZUR GESCHICHTE DER GEWALT IN DER KAPITALISTISCHEN ÖKONOMIE

Friedrich Engels erklärte zur historischen Rolle der Gewaltanwendung, „daß die Gewalt nur das Mittel, der ökonomische Vorteil dagegen der Zweck ist".[6] Das gilt auch für den Kapitalismus. Das Kapital bedient sich öffentlicher Gewalt gegen die Arbeiter als eines Mittels im Klassenkampf, im Kampf um die Sicherung und Steigerung der Ausbeutung.

In der Zeit der sogenannten ursprünglichen Akkumulation, der Geburtsperiode der kapitalistischen Produktionsweise, war, wie Marx nachwies, die Gewalt die Geburtshelferin der Geschichte. Das Kapital kam zur Welt, „von Kopf bis Zeh, aus allen Poren, blut- und schmutztriefend".[7] Die gewaltsame Expropriation der bisher feudal abhängigen Bauern und Handwerker mit Hilfe von „Recht und Gesetz" und von grausamer staatlicher Exekutivgewalt „ist in die Annalen der Menschheit eingeschrieben mit Zügen von Blut und Feuer".[8]

Als das Kapital seine Herrschaft fest an die Stelle der Feudalherrschaft gesetzt hatte, konnte es alle seine Anstrengungen auf die Mehrwertproduktion konzentrieren. Die kapitalistische Produktionsweise trat in ihre Blütezeit; die Produktivkräfte der Gesellschaft entwickelten sich schnell. Mit ihnen wuchsen Umfang und Grad der Ausbeutung des Proletariats durch das Kapital, verfeinerten sich zugleich auch ihre Methoden.

Der Staat mit seinen Repressivorganen und seiner Gesetzgebung hatte den allgemeinen „Rechtsschutz" für die Kapitalistenklasse zu besorgen, Steuern und Zölle profitgerecht festzusetzen, Polizei und Militär bei größeren Streiks und Unruhen bereitzustellen und vor allem die Partei der revolutionären Arbeiterbewegung zu unterdrücken.

In dieser Zeit trat die öffentliche Gewalt *im Innern der Betriebe* aber noch nicht hervor. Es war die Zeit, in der die Kapitalherrschaft am festesten war. Die Herren des Kapitals fühlten sich in ihren Betrieben als Herren im eigenen Hause. Sie hielten sich für stark genug, alles, was im Betrieb vor sich ging, selbst in der Hand zu haben und zu kontrollieren, Löhne und Arbeitsbedin-

6 *Engels, Friedrich*, Herrn Eugen Dührings Umwälzung der Wissenschaft, Berlin 1948, S. 195.

7 *Marx, Karl*, a. a. O., Bd 1, Berlin 1949, S. 801.

8 Ebenda, S. 753.

gungen festzusetzen und nach Belieben Arbeiter zu bestrafen, auszusperren und zu entlassen. Sie arbeiteten mit Massenaussperrungen, Geldstrafen, Verrufserklärungen, Schwarzen Listen; sie erließen willkürlich Arbeitsordnungen. Sie waren ihre eigenen „absoluten Gesetzgeber" (Engels) im Betrieb.

Die öffentliche Gewalt wurde von der Bourgeoisie noch nicht zu gesetzlichen Eingriffen und Gewaltakten in das kapitalistische Ausbeutungsverhältnis im Betrieb benötigt; sie drang in der Regel nicht bis in das unmittelbare Produktionsverhältnis vor. Noch funktionierte zuverlässig der kapitalistische Automatismus des ökonomischen Zwanges, unter dem der Lohnarbeiter stand.

Im Imperialismus, besonders mit dem Ausbruch der allgemeinen Krise des Kapitalismus im ersten Weltkrieg, änderte sich die Situation gründlich. Die Monopolherren drängten nach Reaktion und Gewalt – auch in ihren Betrieben. Der ins Riesenhafte ausgedehnten Produktion in Großbetrieben entsprach der Grad der Ausbeutung; der Ausbeutung entsprach der wachsende Kampf der Arbeiter gegen die Ausbeutung. Die Monopole stießen auf den organisierten Widerstand immer gewaltigerer Armeen des Proletariats und anderer werktätiger Schichten. Ohne staatliche Zwangsgesetzgebung und Reglementierung können die Monopolisten ihre Herrschaft über die Arbeiter und Angestellten in ihren Betrieben überhaupt nicht mehr aufrechterhalten.

Wichtige Veränderungen in den Herrschaftsmethoden des Monopolkapitals datieren in Deutschland besonders vom ersten Weltkrieg und von der Novemberrevolution her. Der erste Weltkrieg war ein scharfer Einschnitt auch in bezug auf das unmittelbare Verhältnis zwischen Ausbeutern und Ausgebeuteten im Betrieb. Der Arbeiter stand jetzt unter Kriegsrecht. Staatliche Behörden und Unternehmer exekutierten dieses Recht gemeinsam. Der Arbeiter mußte im Betrieb alle Unternehmerbedingungen akzeptieren. Der Arbeitstag wurde verlängert. Wenn sich der Arbeiter in den Betrieben zur Wehr setzte, wurde er vom Unternehmer „freigestellt" für den Schützengraben; die Militärbehörden wurden verständigt, und der unbotmäßige Lohnsklave wurde an die Front geschickt. „Wer nicht so wollte, wie die Herren Beamten, ob Oberhüttenvogt oder Obersteiger, ganz gleich, der wurde eben nicht reklamiert, und der Mann wurde seiner Familie entrissen und ist nicht wiedergekommen", berichtet ein Mansfelder Kumpel aus dieser Zeit.[9] Wer nicht, ohne zu mucken, in der Kriegswirtschaft für die Profite der Monopole sorgte, der mußte es an der Front tun, unter Gefahr seines Lebens – eine andere Wahl gab es nicht.

Die Zwangsjacke, in die man den Arbeiter gesteckt hatte, erhielt 1916 die endgültige staatliche Sanktion und paragraphenmäßige Festlegung in dem „Gesetz über den vaterländischen Hilfsdienst". Dieses Gesetz zwang jeden männlichen Deutschen zwischen 17 und 60 Jahren zur Arbeit für den Krieg. Niemand

9 Erlebnisberichte aus dem Mansfeld-Kombinat „Wilhelm Pieck", Eisleben, Manuskript bei der Deutschen Akademie der Wissenschaften zu Berlin, Institut für Geschichte.

durfte mehr ohne Genehmigung („Abkehrschein") seine Arbeitsstelle aufgeben oder wechseln. Streitfälle zwischen Arbeitern und Unternehmern, zum Beispiel in Lohnfragen, mußten vor die bürgerlichen Gewerbegerichte gebracht werden, die zum Schiedsrichter, zum „Schlichter", bestimmt wurden. Nach dem Gesetz konnte also jeder mit polizeilicher, gerichtlicher oder auch militärischer Gewalt zu einer bestimmten Arbeit unter Bedingungen gezwungen werden, die das Kapital diktierte.[10]

Es ist klar, daß sich die Lage der Arbeiterklasse durch die staatsmonopolistische Arbeitsdienstpflicht mit all ihren Begleiterscheinungen katastrophal verschlechterte. Das Monopolkapital erhielt dafür die Quittung in den großen, heldenhaften Streiks der Jahre 1917 und 1918 und schließlich in den revolutionären Erhebungen des Jahres 1918.

In den Tagen der Novemberrevolution sahen sogar solche Scharfmacher wie Kirdorf, Stinnes, Krupp, Thyssen, Siemens und Borsig keine andere Möglichkeit, die kapitalistische Ordnung und ihre eigene Herrschaft zu retten, als sich mit den rechten Gewerkschaftsführern zusammenzusetzen. Sie machten ihnen einige Zugeständnisse dafür, daß sie der Revolution in den Rücken fielen.

Von nun an gab es zwei Taktiken in der Politik der Monopole der Arbeiterklasse gegenüber. Die eine hielt sich an die alten, rabiaten Methoden, die andere war eine neue, raffiniertere, auf lange Sicht gesehen gefährlichere Linie. Die Vertreter der einen Linie verfochten die alte Herrenrassen- und Herrenmenschen-Politik gegenüber den Arbeitern, unterstützten die reaktionärsten Vereine und Parteien (Kapp-Putsch) und wollten in den Betrieben weiterhin mit der Reitpeitsche regieren. Die anderen trugen der neuen politischen und Klassensituation stärker Rechnung. Sie verhandelten mit SPD- und Gewerkschaftsführern, überließen ihnen sogar die Regierung und benutzten gegen die Arbeiter lieber den Polizeiknüppel dieser sozialdemokratischen Regierung. Sie bezahlten in der Weimarer Republik nicht nur die Nazis und die alten reaktionären großbürgerlichen Parteien, sondern auch die SPD (zum Beispiel Robert Bosch, Flick, IG Farben).

DIE DIKTATUR DER MONOPOLE IN DEN BETRIEBEN WÄHREND DER FASCHISTISCHEN ZEIT

Zwischen diesen beiden Gruppen des Monopolkapitals gab es zwar nicht wenig Streitigkeiten, ja oft heftige Kämpfe um die Methoden, aber im Prinzip waren sie sich einig. Typisch für diese Einigkeit im Grundsätzlichen war die faschistische Zeit. Hier konnten alle demokratischen Formen und Scheinformen

10 Siehe Reichsgesetzblatt 1916, S. 1333ff.: Gesetz über den vaterländischen Hilfsdienst v. 5. Dez. 1916; s. auch Reichsgesetzblatt 1917, S. 85ff. (Ausführungsbestimmungen v. 30. Jan. 1917).

beiseite gelassen werden, und die nackte, brutale Gewalt der Gestapo herrschte in den Betrieben wie überall.
Schon in der Weimarer Zeit, besonders in der großen Weltwirtschaftskrise von 1929 bis 1932, bauten die Monopole mit Zwangsschlichtungs- und Notverordnungspolitik die bürgerliche Demokratie ab und machten dem Faschismus die Bahn frei, die zu seiner zwölfjährigen blutigen Herrschaft führte.
Der faschistische Terror zerschlug die Arbeiterorganisationen, und ehe ein Jahr unter dem Hitler-Regime vergangen war, hatten sich die Monopole wieder das unumschränkte Herrenrecht in den Betrieben verschafft – diesmal „kraft Gesetzes". Das „Gesetz zur Ordnung der nationalen Arbeit" vom 20. Januar 1934 war ein wahres Arbeiterversklavungsgesetz. An seiner Vorbereitung hatte Carl Goerdeler – Vertrauensmann von Krupp, Robert Bosch von der Deutschen Bank und erbitterter Feind der Arbeiterklasse und der Demokratie – maßgeblichen Anteil. Die Konzernherren verwirklichten mit diesem Gesetz ihr altes Ausbeuterideal, den „Herr-im-Hause"-Standpunkt, in nie gekannter Vollendung. Die Nazis wandten, wie sie es schon vor 1933 den Finanzmagnaten versprochen hatten, ihr berüchtigtes „Führerprinzip" konsequent auf die Wirtschaft an. Sie degradierten die Arbeiter zu „Soldaten" der sogenannten Armee der Wirtschaft, die ihren „Offizieren", nämlich den Ausbeutern, bedingungslosen Gehorsam schuldig sein sollten.

§ 1 des Gesetzes lautete:

„Im Betriebe arbeiten der Unternehmer als Führer des Betriebes, die Angestellten und Arbeiter als Gefolgschaft gemeinsam zur Förderung der Betriebszwecke und zum gemeinen Nutzen von Volk und Staat."

In § 2 hieß es weiter:

„Der Führer des Betriebes entscheidet der Gefolgschaft gegenüber in allen betrieblichen Angelegenheiten . . ."
In der Anwendung des faschistischen Führerprinzips auf das Klassenverhältnis zwischen Ausbeuter und Ausgebeuteten trat das Wesen dieses Prinzips besonders deutlich hervor. Es handelte sich um die ideologische Verbrämung des Klassenanspruchs der Finanzoligarchie auf absolute Herrschaft über die Massen des werktätigen Volkes. Die rechten sozialdemokratischen Führer erlebten das vollständige Fiasko ihrer Theorie von den gleichberechtigten „Sozialpartnern". Ein „Gesetzesakt" der herrschenden Monopolclique, der in Wirklichkeit ein brutaler Gewaltakt war, fegte diese Theorie wie einen Fetzen Papier beiseite.
Das „Gesetz zur Ordnung der nationalen Arbeit" beseitigte auch die Betriebsräte, eine Errungenschaft der Arbeiter aus der Zeit der Novemberrevolution. Zwar wagten es die Nazis noch nicht, jegliche Arbeitervertretung in den Betrieben zu beseitigen bzw. durch DAF-Bonzen und -Bönzchen zu ersetzen. Man versuchte, den Schein zu wahren, indem man die sogenannten Vertrauensräte, den Schatten einer Arbeitervertretung, einführte. In § 5 des Gesetzes hieß es:

„Dem Führer des Betriebes . . . treten aus der Gefolgschaft Vertrauensmänner beratend zur Seite. Sie bilden mit ihm und unter seiner Leitung den Vertrauensrat des Betriebes."

Ein Vertrauensrat unter der Leitung des Unternehmers! Auf diese großartige Idee einer „Arbeitervertretung" waren nicht einmal der „Reichstreuen-Verein" und andere gelbe Gewerkschaften der Kaiserzeit gekommen.

Selbst der Nazijargon des Gesetztextes konnte nicht darüber hinwegtäuschen, daß es sich bei den übrigen Mitgliedern des Vertrauensrates um die Vertrauensleute des Unternehmers und nicht etwa der Arbeiter handelte. Der „Führer" und nicht die „Gefolgschaft" bestimmte nämlich, wer Vertrauensmann wurde; so stand in § 9:

„Der Führer des Betriebes stellt im Einvernehmen mit dem Obmann der Nationalsozialistischen Betriebszellen-Organisation im März jeden Jahres eine Liste der Vertrauensmänner und deren Stellvertreter auf. Die Gefolgschaft hat zu der Liste alsbald durch geheime Abstimmung Stellung zu nehmen.

. . . billigt . . . die Gefolgschaft die Liste nicht, so kann der Treuhänder der Arbeit Vertrauensmänner und Stellvertreter in der erforderlichen Anzahl berufen."[11]

Der „Treuhänder der Arbeit" war ein Nazibeamter und unterstand dem Reichsarbeitsminister. Man bestellte zu diesem Amt natürlich Faschisten, vor allem Leute, die bisher bei den großen Konzernen Fachleute für Arbeiter- und Sozialbetrug waren (Syndizi der Arbeitgeberverbände).

Die „Treuhänder der Arbeit" hatten großen Einfluß auf die gesamte sozialpolitische Entwicklung in den Betrieben. Sie konnten, ohne die Arbeiter zu fragen, die Bedingungen für den Abschluß von Betriebsordnungen, von Tarif- und Arbeitsverträgen festsetzen und unterstützten die Unternehmer gegen die Arbeiter. So kontrollierten sie zum Beispiel die Einhaltung des allgemeinen Lohnstopps, den die Nazis im Auftrag der Monopole eingeführt hatten.

Das „Gesetz zur Ordnung der nationalen Arbeit" „ordnete" die Verhältnisse in den Betrieben so gründlich, daß die Monopole sich bis 1945 mit der absoluten Befehlsgewalt vollauf zufrieden gaben, die sie damit erreicht hatten.

Zu der *Dreieinigkeit der staatsmonopolistischen Sklaverei im Betrieb* gehörte außer dem faschistischen Terror und dem „Führerprinzip" nun nur noch eins: Der Arbeiter mußte an den Betrieb gefesselt werden, damit seine Ausbeutung auch wirklich absolut ungestört vor sich ging. Solche Beschränkungen der Freizügigkeit der Arbeitskraft, das heißt vor allem des Rechts auf Kündigung und freie Wahl des Arbeitsplatzes, setzten denn auch schon 1934 ein („Gesetz zur Regelung des Arbeitseinsatzes" vom 15. Mai), und sie wurden in dem Maße verschärft, wie der Mangel an Arbeitern, besonders an Facharbeitern, für die Kriegsrüstung der Nazis zunahm. Während des Krieges ging die sklavenähnliche Fesselung des Arbeiters an den Betrieb so weit, daß unterbeschäftigte

11 Siehe Reichsgesetzblatt Teil I, Jg. 1934, S. 45ff.; Gesetz zur Ordnung der nationalen Arbeit, v. 20. Jan. 1934.

Betriebe ihre Arbeitskräfte an andere regelrecht verpachteten (vor allem Bauunternehmen).

Der faschistische Terror war für die Monopole nicht nur eine Methode, die sozialen Errungenschaften und demokratischen Freiheiten der Werktätigen zu vernichten; sie bedienten sich seiner vielmehr höchst eigenhändig und führten ihn in ihren Betrieben ein, um auch dort jede Freiheit zu beseitigen, den Arbeitern jede Möglichkeit zum ökonomischen Kampf zu nehmen. Für die enge Zusammenarbeit zwischen Unternehmern und Gestapo lassen sich unzählige Beispiele aus den Betrieben nennen, sogar schon für eine sehr frühe Zeit.

Im Gustloff-Waffenkonzern (Simson-Suhl) stellte zum Beispiel eine Gruppe von Laufrichtern, hochqualifizierten Waffenmachern, im November 1935 Lohnforderungen. Es kam nicht zu einem Streik; die Gruppe war klein, und es gab keine legale Organisation, die sie in ihrer Forderung unterstützen konnte. Die Werkdirektion aber behauptete, die Arbeiter hätten die Arbeit „gestreckt", das heißt langsamer gearbeitet, als es den Konzernprofiten und der Aufrüstung zuträglich war. Sie rief am nächsten Tag die Gestapo ins Werk. Ein Kollege wurde verhaftet; den übrigen und der ganzen Belegschaft drohte die Konzernleitung, wegen Sabotage gegen sie vorzugehen.[12]

Sehr bald richteten die Rüstungskonzerne Gestapodienststellen unmittelbar in ihren Betrieben ein und besetzten sie mit ihren eigenen Leuten. Zu Beginn des Krieges hatten Monopole und Gestapo in allen wichtigen Betrieben ein sorgfältig ausgeklügeltes Überwachungs-, Spitzel- und Terrorsystem aufgebaut. Die Gestapo erließ 1939 geheime „Richtlinien für die sicherheitspolizeiliche Tätigkeit der Abwehrbeauftragten". Die Abwehrbeauftragten waren „Hilfsorgane der Geheimen Staatspolizei" in den Betrieben, Konzernen und Institutionen der Kriegswirtschaft. Sie erfüllten dort die Aufgaben der Gestapo und bekämpften „staatsgefährliche Bestrebungen" unter der Belegschaft. „Staatsgefährlich", so stand es in den „Richtlinien", „ist insbesondere jede Tätigkeit einer Person, die dem Aufbau des nationalsozialistischen Reiches oppositionell gegenübersteht, sofern diese Tätigkeit auf die Hervorrufung einer Beunruhigung der Gefolgschaft (politische oder Streikhetze, Greuelpropaganda usw.), auf die Vorbereitung oder Ausführung von Verrat oder Sabotage jeder Art oder auf die Erfassung oder das Organisieren staatsverneinender Elemente gerichtet ist".[13]

Abwehrbeauftragte waren nicht etwa kleine Nazispitzel, auch nicht hauptberufliche Gestapobeamte. Die Monopolherren hielten diese Funktion für so wichtig, daß sie ihre eigenen Leute, leitende Konzerndirektoren, dafür auswählten. Die Beherrscher der IG Farben setzten als Abwehrbeauftragten für

12 Deutsches Zentralarchiv Potsdam, Gustloff-Werke, Nr 106, fol. 1f.

13 Nürnberger Dokument NI-2883 (Flick-Prozeß); zit. bei *Drobisch, Klaus*, Dokumente zur direkten Zusammenarbeit zwischen Flick-Konzern und Gestapo, in: Jahrbuch für Wirtschaftsgeschichte 1963, T. 3, Berlin 1963, S. 214.

den ganzen Riesentrust Christian Schneider ein, den geschäftsführenden Direktor der Leuna-Werke, der in der Leitung der IG Farben für Personalangelegenheiten verantwortlich war; Krupp betraute seinen Personalchef v. Bülow, Flick seine Direktoren Krugmann und Terberger mit dieser Funktion.

Die deutschen Finanzgewaltigen lieferten über das Netz ihrer Abwehrbeauftragten viele Tausende von deutschen Arbeitern und Zehntausende von ausländischen Zwangsarbeitern an die faschistische Geheimpolizei aus. Sie forderten für diese Werktätigen Haftstrafen bzw. Einweisung in sogenannte Arbeitserziehungslager und sogar in Konzentrationslager; dabei konnten sie sie in den meisten Fällen nur wegen „Arbeitsbummelei", wegen „Krankfeierns", Fernbleibens von der Arbeit oder wegen Verstößen gegen die Betriebsdisziplin denunzieren. Die Flick, Röchling und ihre Abwehrbeauftragten bewiesen hierbei oft noch mehr Brutalität und Unmenschlichkeit als die hartgesottenen Vertreter der Gestapo und anderer faschistischer Behörden.

Der Raubbau der Rüstungsmonopole an der Arbeitskraft wurde staatlich organisiert. Selbst der Krankenstand wurde durch staatsmonopolistischen Terror niedrig gehalten. Schon in der letzten Zeit vor dem Krieg griffen verlängerte Arbeitszeit und verschärfte Intensität der Arbeit den Gesundheitszustand der Werktätigen, besonders der Arbeiter in der Rüstungsindustrie, zunehmend an. Im Krieg verschlimmerte sich dieser Zustand, und die unzulängliche Ernährung trat erschwerend hinzu. Der Krankenstand stieg zusehends. Aber das Reichsarbeitsministerium hatte mit einer internen Verfügung vom Januar 1940 vorgesorgt. Diese Verfügung ermunterte und ermächtigte die Unternehmer, „besondere Maßnahmen" zu ergreifen – zum Beispiel „vertrauensärztliche Stoßtrupps" einzusetzen –, wenn ihnen der Krankenstand zu hoch erschien. Die Monopole nutzten diese Verordnung, die sie offenbar über die Reichsgruppe Industrie selbst bestellt hatten, weidlich aus und drückten mittels der „stärksten Einschaltung des vertrauensärztlichen Dienstes" den Krankenstand zeitweilig bis auf die Hälfte herunter.[14]

Die offen terroristische Diktatur des deutschen Faschismus setzte für das Monopolkapital das alte Herrenrecht der Großbourgeoisie in nie erlebtem Ausmaß durch. Aber selbst diese Diktatur konnte und wollte nicht ganz auf die „feineren" Methoden der Verdummung und Einschüchterung der Werktätigen verzichten. Monopole wie AEG, IG Farben, Robert Bosch, die in der Weimarer Zeit die raffiniertere Linie vertreten hatten, achteten und drängten darauf, daß die Nazis ihre Walze von der „Volksgemeinschaft als Schicksalsgemeinschaft," von „Betriebsführer und Gefolgschaft," von „Schaffenden der Faust und des Hirns" usw. immer wieder abspielten. Die Hitlerclique erwies sich gerade auch darum als so brauchbar für das gesamte Monopolkapital, weil sie die

14 Deutsches Zentralarchiv Potsdam, Gustloff-Werke, Nr 82, fol. 11, 87 u. 346; vgl. *Piskol, Joachim,* Bestrebungen des staatsmonopolistischen Kapitalismus bei der Entstehung und Entwicklung des faschistischen Gustloff-Konzerns, Staatsexamensarbeit, Humboldt-Universität, Berlin 1962, S. 86ff. (MS)

brutalste, barbarischste Diktatur der Monopole mit Phrasen von Volks- und Blutgemeinschaft ausstaffierte und damit nicht wenig Köpfe vernebelte.
Auch die Nazifunktionäre in den Betrieben waren sich der Notwendigkeit bewußt, wenigstens so zu tun, als ob für die Arbeiter etwas getan würde, und jede Brosame, die von den ungeheuren Rüstungsgewinnen abfiel, mit einem Riesenaufwand an Propaganda als große Errungenschaft des Nationalsozialismus hinzustellen. In der Geschichte des VEB Bleierzgruben „Albert Funk" wird ein Schreiben eines Vertrauensratsmitgliedes an den „Betriebsführer" vom Juni 1941 zitiert, in dem es zynisch heißt:
„So notwendig festes und straffes Anordnen und auch Dringen auf Erfüllung von Leistungen ist und sein muß, wie auch Verbote und Strafen erforderlich sind bei ewig Unbelehrbaren, so soll doch auch das Zuckerbrot als Lockmittel zur Leistungssteigerung und Verbesserung der Zusammenarbeit nicht außer acht gelassen werden."[15]

*

Man kann in der Geschichte deutscher Betriebe im Imperialismus, unter der Herrschaft des Faschismus, nicht von staatsmonopolistischen Gewaltmaßnahmen gegen die Werktätigen sprechen, ohne eines der schwärzesten faschistischen Kriegsverbrechen anzuprangern: die Zwangsverschleppung, Mißhandlung und Ausbeutung von vielen Millionen ausländischer Arbeiter (bis zur „Vernichtung durch Arbeit"). Zu ihnen zählen nicht nur die sogenannten Zivilarbeiter, sondern auch die Kriegsgefangenen und die ausländischen Häftlinge der Konzentrationslager, die zur Sklavenarbeit für den deutschen Imperialismus gezwungen wurden.
Diesen Menschen gegenüber betrieb das deutsche Monopolkapital, betrieben Faschisten und Militaristen die gleiche Klassenpolitik wie gegen die deutschen Arbeiter. Ihre Klassenlage war derjenigen der deutschen Arbeiter ähnlich, aber ihre Lebenslage ungleich schlimmer. Auch die Sklavenarbeiter waren dem System der staatsmonopolistischen Gewaltherrschaft in den Betrieben ausgeliefert, aber in noch viel höherem Grade. Das Zusammenspiel zwischen Monopolen und faschistischem Staat begann schon bei der „Anwerbung". Die Konzerne forderten ausländische Arbeiter bei den staatlichen Stellen an, und in der ersten Zeit kümmerten sie sich auch durch eigene, direkte Beauftragte in den besetzten Ländern selber um ihre „Beschaffung". Bald nach dem Überfall auf die Sowjetunion wurde es den Monopolen und dem Nazistaat klar, daß dieser Krieg nicht, wie sie in ihrer historischen Blindheit und imperialistischen Raubgier angenommen hatten, ein „Blitzkrieg" von wenigen Monaten oder gar ein „Spaziergang" von einigen Wochen sein würde. Sie sahen sich gezwungen, ihre wirtschaftlichen Anstrengungen zu vervielfachen und auf den Krieg zu konzentrieren.

15 . . . *darum hißten wir die rote Fahne*! Kurze Betriebsgeschichte des VEB Bleierzgruben „Albert Funk", Freiberg in Sachsen, 1958, S. 9.

Im Frühjahr 1942 legten sie deshalb die gesamte Beschaffung von Arbeitskräften in die Hände eines „Generalbevollmächtigten für den Arbeitseinsatz".[16] Systematisch wurden jetzt, besonders in der Sowjetunion, durch Erpressung, Aushungern, Erschießungen und Niederbrennen ganzer Ortschaften viele Millionen Männer und Frauen, selbst Greise und Kinder, für die Sklavenarbeit in Deutschland „geworben".

Die furchtbare Lage dieser Arbeiter in den Betrieben und Arbeitslagern und die hemmungslose Profitgier der Monopolherren bei der Ausbeutung ihrer Arbeits- und Lebenskraft wird von den Betriebshistorikern unserer Republik wahrheitsgetreu und mit dem Gefühl tiefsten Hasses gegen den gemeinsamen Feind dargestellt. Man kann sagen, daß dieser Aspekt der staatsmonopolistischen Zwangsherrschaft unter dem Faschismus zu den stärksten Seiten der meisten unserer Betriebsgeschichten gehört.

UNTERSUCHENSWERTE MATERIALIEN UND GUTE BEISPIELE

Unter dem staatsmonopolistischen Kapitalismus läßt sich in den Betrieben nicht mehr voneinander trennen, was an den gewaltsamen Eingriffen in den Ausbeutungsprozeß und an den Angriffen auf die Rechte und Lebensinteressen der Werktätigen staatliche Gewalt und was monopolistische Willkür ist. Das Monopolkapital stützt sich auf den staatlichen Gewaltapparat und übt in Personalunion sogar selbst staatliche Zwangsfunktionen aus; die Staatsmacht erläßt Gesetze, mit denen sie den Monopolen „legale" Mittel in die Hand gibt, die Arbeiterrechte zu liquidieren und alle Werktätigen buchstäblich zu Monopolsklaven zu machen, und exekutiert notfalls diese Gesetze mit Hilfe des Terrors ihrer Zwangsorgane.

Ob nun eine ministerielle Verordnung bzw. ein Gesetz durch die großen Monopol- und Unternehmerverbände „angeregt" wird oder ob die Legislative unmittelbar in den Händen führender Vertreter des Finanzkapitals liegt, wie das im Faschismus und besonders im Krieg die Regel war – diese Unterscheidung hat unter solchen Umständen keine wesentliche Bedeutung mehr, und beides läuft auf dasselbe hinaus. Häufig wird sich gerade aus betrieblichen Unterlagen nachweisen lassen, daß vor 1945 staatliche Maßnahmen direkt auf Betreiben der Monopolherren zustande kamen.

Der Betriebshistoriker muß die Bestände seines Archivs sorgfältig auf die staatsmonopolistischen Verbindungen zwischen Monopolen und Staat hin untersuchen; er muß der Geschichtswissenschaft helfen, die ganze Vielfalt und Kompliziertheit der Formen und Methoden aufzudecken, in denen sich die Verschmelzung zwischen Monopolen und Staat vollzogen hat. Er muß gründlich die Politik der Monopole in den Betrieben untersuchen, darf aber

16 Diese Funktion übertrug man dem Nazigauleiter Fritz Sauckel, der nach dem Krieg in Nürnberg als Hauptkriegsverbrecher gehängt wurde.

auch nicht an den Gesetzen und Verordnungen der Staatsbehörden und an den Anordnungen, „Empfehlungen" und Veröffentlichungen solcher staatsmonopolistischen Organisationen wie der Unternehmer- und Arbeitgeberverbände, der Reichsgruppen und Wirtschaftsgruppen (der faschistischen Zeit) usw. vorübergehen. Dabei wird er schnell die Zusammenhänge erkennen und herausarbeiten können, und er wird imstande sein, die Rolle des imperialistischen Staates vom Standpunkt der Betriebsgeschichte aus klar darzulegen.

Bisher ist diese äußerst wichtige und aktuelle Problematik in der Betriebsgeschichtsschreibung – abgesehen von der Ausbeutung der Sklavenarbeiter – noch stark vernachlässigt worden. Bei einer Schrift wie „Fünfundsiebzig Jahre Straßenbahn in Dresden" (1947) lohnt es sich nicht zu verweilen; die Verfasser dieser sehr frühen Arbeit finden beispielsweise solche geschmacklosen und irreführenden Worte über die Lage der Werktätigen im Krieg wie: „Die Sorge um das Personal war auch während des Krieges eine wesentliche Aufgabe der Straßenbahnen."[17] Aber selbst in einem so hervorragenden Buch wie „Von den Brückenbergschächten zum VEB Steinkohlenwerk „Karl Marx", Zwickau"[18] wird das Problem von Zwang und Gewalt im Imperialismus und staatsmonopolistischen Kapitalismus in den Betrieben viel zu wenig beachtet. Sehr gut, lebendig und ausführlich behandeln es dagegen die Verfasser der schon erwähnten Darstellung „. . . darum hißten wir die rote Fahne!" (VEB Bleierzgruben „Albert Funk"). Auch in Arbeiten wie „Das Leben der Mansfeld-Arbeiter" von Wolfgang Jonas[19] und „Die Vorgeschichte der EAW Berlin-Treptow 1926 bis 1946" von Hans Radandt[20] findet sich viel interessantes Material zu den besprochenen Fragen.

*

Die staatsmonopolistische Gewaltpolitik gegenüber der Arbeiterklasse und den übrigen Werktätigen erfaßt im imperialistischen System alle Gebiete des gesellschaftlichen Lebens. Darum genügte und genügt es nicht etwa, nur in den Betrieben gegen die Ausbeutung zu kämpfen. Die Herrschaft der Monopole und des Kapitalismus überhaupt muß auf allen Ebenen des ökonomischen, politischen und ideologischen Lebens bekämpft und beseitigt werden. Bei der Darstellung der Geschichte des Kampfes gegen das Monopolkapital kann man sich ebensowenig wie in diesem Kampf selbst auf den Betrieb beschränken. Das ergibt sich allein schon aus der Tatsache, daß Monopole und Staat eng mit-

17 *Fünfundsiebzig Jahre Straßenbahn in Dresden*, Dresden 1947, S. 50.

18 *Von den Brückenbergschächten zum VEB Steinkohlenwerk „Karl Marx", Zwickau*, 1859–1959, hg. v. d. Leitung der Betriebsparteiorganisation und der Werkleitung des VEB Steinkohlenwerk „Karl Marx", Zwickau, o. O., o. J.

19 *Jonas, Wolfgang*, Das Leben der Mansfeld-Arbeiter 1924 bis 1945, Berlin 1957.

20 *Radandt, Hans*, Die Vorgeschichte der EAW Berlin-Treptow 1926 bis 1946, Sonderdruck des Jahrbuchs für Wirtschaftsgeschichte 1961, T. 1, Berlin 1961.

einander verwachsen; wer also die monopolistische Ausbeutung in den Betrieben bekämpfen und beseitigen will, der greift zwangsläufig auch den imperialistischen Staat an, der die Herrschaft der Monopole über die ganze Gesellschaft verkörpert.

Wenn man aber die betriebliche Situation, die Lage der Werktätigen und besonders die staatsmonopolistischen Eingriffe und Zwangsmaßnahmen gegen die Arbeitskraft in den Betrieben geringachtet und nicht gründlich untersucht, dann hängen der politische Kampf der Arbeiterklasse und überhaupt die politische Entwicklung gewissermaßen in der Luft, und die Strategie und Taktik der revolutionären Arbeiterbewegung können weder richtig begriffen noch beurteilt werden.

Walter Ulbricht forderte auf der 2. Tagung des Zentralkomitees der SED, der Historiker solle „von den Grundproblemen ausgehen", er müsse „der Strategie und Taktik der Arbeiterklasse die Strategie und Taktik der Bourgeoisie richtig gegenüberstellen und zur Klärung dieser Fragen ... genügend Quellenstudien durchführen"[21]. Ganz offenbar ist das eine unabdingbare Voraussetzung dafür, „die Frage zu studieren, wie es den herrschenden Kräften in Deutschland, den Imperialisten, Militaristen und Junkern, in diesem Jahrhundert mehrmals gelang, aus den tiefen Krisen ihrer Klassenherrschaft herauszukommen und der Arbeiterklasse und den friedliebenden Kräften Niederlagen beizubringen"[22].

Hieraus erwächst der Betriebsgeschichtsschreibung eine sehr große Verpflichtung und Verantwortung. Sie steht zugleich vor einer ernsten nationalen Aufgabe: Jeder Schritt auf diesem Wege ist ein aktueller Beitrag zur Unterstützung unserer westdeutschen Klassenbrüder und Freunde in ihrem schweren Kampf gegen die Herrschaft der Monopole, gegen Imperialismus und Militarismus.

21 *Ulbricht, Walter,* Vergangenheit und Zukunft der deutschen Arbeiterbewegung, Referat auf der 2. Tagung des ZK der SED, 10. bis 12. April 1963, Berlin 1963, S. 33.

22 Ebenda, S. 41.

Marktbeziehungen, Konkurrenz und Monopol

von Helga und Manfred Nussbaum

Unter den Bedingungen, die von außen her auf den Betrieb – oder sagen wir für die Zeit des Kapitalismus besser: auf das „Unternehmen" – einwirken und seine ganze Situation und Entwicklung entscheidend beeinflussen, nehmen die Marktverhältnisse einen wichtigen Platz ein. Die Einbettung des Unternehmens in die feinmaschigen Netze der Beziehungen auf dem nationalen und dem Weltmarkt wird allgemein zu wenig in unseren Betriebsgeschichten beachtet. Dabei handelt es sich hier nicht lediglich um Verhältnisse, die nur für den Unternehmer aus Profitgründen interessant waren oder sind. Zwar wirkt sich die Marktposition des Unternehmens zunächst und in erster Linie auf seine Profitlage, auf seine Rentabilität aus; aber da der Profit Zweck und Stimulus der kapitalistischen Warenproduktion ist und die technische Entwicklung entscheidend von der Aussicht auf Extraprofit vorangetrieben wird, diese Aussicht auf Extraprofit aber andererseits nur bei günstigen Marktverhältnissen besteht, hängen zum Beispiel technischer Fortschritt und die Marktposition des Unternehmens auf das engste zusammen. Das heißt, man wird die technische Entwicklung eines Unternehmens nicht verstehen können, wenn man sie unabhängig von seiner Marktposition betrachtet.

Im folgenden soll vor allem die Einwirkung des Marktgeschehens auf die Standortwahl des Unternehmens, auf die Entwicklung seiner Produktionsstruktur und der Absatzwege, auf die Monopolbildung und damit auf die Entwicklung der ökonomischen Struktur des ganzen jeweiligen Produktionszweiges untersucht werden.

1. ALLGEMEINE PROBLEME DES KONKURRENZKAMPFES

In der Periode des Kapitalismus der freien Konkurrenz und auch noch in der Zeit des Übergangs zum Monopolkapitalismus, die man mit der Jahrhundertwende als abgeschlossen betrachten kann, wurden die einzelnen Unternehmen besonders heftig durch den Seegang des Konjunkturverlaufs, durch die unberechenbaren Stürme und Windstillen auf den Märkten hin- und hergeworfen. Damals konnte man im allgemeinen noch keine „Marktstrategie" betreiben

Marx hat immer wieder betont, daß das Wertgesetz als Regulator der kapitalistischen Warenproduktion blind, spontan, hinter dem Rücken der Menschen wirkt. Der kapitalistische Unternehmer ist ihm unterworfen. Die Lage wurde noch kompliziert durch die räumliche Ausdehnung der Märkte, durch das Zusammenwachsen der einzelnen kapitalistischen Volkswirtschaften zur Weltwirtschaft, das Ende des 19. Jahrhundert einsetzte. Auf dem ungeheuer weiten Feld des Weltmarktes führen Preisstürze und außerökonomische Störungen zu noch drastischeren Wirkungen als auf den begrenzteren, leichter überschaubaren und stabileren Binnenmärkten. Lesen wir nur folgenden Bericht aus der Nürnberger Exportindustrie vom Jahre 1897: „Nach den übereinstimmenden Berichten der hervorragendsten Fabriken von Gold- und Silber-Drähten, Gespinsten und Tressen hatten dieselben empfindlich unter der durch den langwierigen Grenzkrieg im nördlichen Teile von Indien hervorgerufenen Geschäftsstockung zu leiden. Hinzu gesellten sich noch die Schrecken der Pest und der Hungersnot, so daß der Verkehr mit diesem für die bezeichneten Fabriken so wichtigen Absatzgebiete mehrere Monate hindurch fast gänzlich unterbrochen war. Zu allen diesen Übeln kam dann Ende Juli noch der kolossale Preissturz des Rohsilbers, welches im Februar 1897 M 89 per Kilo notierte und Anfang August bis auf M 73 per Kilo gefallen war. Dieser Umstand hatte sehr erhebliche Verluste im Gefolge, weil auf den überseeischen Märkten mit Silberwährung ein entsprechendes Sinken der Wechselkurse eingetreten war und demgemäß einerseits auch die früher ausgesandten und noch schwimmenden Waaren eine beträchtliche Einbuße erlitten, andererseits aber die Preise für neue Aufträge so ungeheuer niedrig bemessen wurden, daß in vielen Fällen von deren Ausführung abgesehen werden mußte. Unter dem Druck dieser Ereignisse sahen sich die meisten Betriebe veranlaßt, eine Beschränkung der Arbeitszeit, teilweise sogar auch eine Verminderung des Arbeitspersonals vorzunehmen."[1]
Unter solchen Bedingungen allgemein scharfen Konkurrenzdrucks und unsicherer Marktverhältnisse kommt schon der Frage, welchen Standort ein neu zu gründendes kapitalistisches Unternehmen zu wählen hat, um eine möglichst gute Marktposition zu erhalten, große Bedeutung zu. Die Standortfrage wird ja um so gewichtiger, je später ein kapitalistisches Unternehmen den Kampfplatz betritt. Auch für solche Betriebe, die nach 1945 errichtet wurden, müssen die Motive der Standortwahl beachtet werden. Jeder Betriebshistoriker muß daher das Problem untersuchen: Weshalb ist der Betrieb gerade hier, an unserem Ort errichtet worden? Nun kommen zwar für die Standortwahl viele Gesichtspunkte in Betracht, wie etwa die produktionstechnischen Bedingungen (feuchte Luft für Spinnereien, geeignetes Wasser zum Bleichen und Färben) und das Vorhandensein von Rohstoffen oder Antriebsenergiequellen, von billigen Arbeitskräften oder von Facharbeitskräften und nicht zuletzt auch von billigen Grundstücken. Jedoch ist neben dem Rohstoff- und Arbeitskräfte-

1 Jahresbericht der Handels- und Gewerbekammer für Mittelfranken 1897. Bericht aus Weissenburg, Nürnberg 1897, S. 154f.

markt das Problem des Zugangs zum Absatzmarkt für das Unternehmen von ausschlaggebender Bedeutung.[2]
Alle diese Fragen der Entwicklung eines Unternehmens in Abhängigkeit von Standortbedingung und Marktverknüpfung sind für die wirtschaftshistorische Forschung von erheblicher Bedeutung. Die Beantwortung dieser Fragen hilft, die größeren Zusammenhänge und Gesetzmäßigkeiten bei der Industrialisierung eines Landes aufzudecken. Deshalb sollten die genannten Probleme auch nicht unter einem zu engen Aspekt betrachtet werden. Die Industrialisierung ist aus dem Schweiß und dem Hunger der Arbeiterklasse erwirtschaftet worden, aber sie ist dennoch als ein Positivum zu betrachten. Es ist ja allgemein bekannt, welche Rolle solche industriell weit entwickelten Gebiete wie Sachsen, das Rheinland und Berlin in der nationalen Geschichte und der Geschichte der Arbeiterbewegung gespielt haben.
Weshalb aber bildeten sich innerhalb des nationalen Marktes Gebiete heraus, die „schwach entwickelt", das heißt schwach industrialisiert, waren? Weshalb siedelten sich in großen Teilen Ostelbiens so wenig kapitalistische Unternehmen an? Der Reiz der billigen Arbeitskräfte war doch vorhanden. Wie Jürgen Kuczynski nachweist, bestand ein deutliches West-Ost-Gefälle der Arbeitslöhne innerhalb Deutschlands.[3] Aber eben um die Marktverhältnisse war es schlecht bestellt. So wurde zum Beispiel 1893 im Bereich der Handelskammer Liegnitz eine Tapetenfabrik errichtet, und zwar die erste in den vier östlichen Provinzen. Das Unternehmen berichtete an die Handelskammer Liegnitz[4]: „Leider hat die Fabrik insofern mit großen Schwierigkeiten zu kämpfen, als ihre geographische Lage keine besonders günstige ist. Es ist in der Branche eingeführt, die Ware franco zu liefern und spielt in Anbetracht des durch die stetige Zunahme der Massenfabrikation immer niedriger werdenden Durchschnittspreises die Fracht eine große Rolle dabei. Der Vertrieb des Fabrikats wäre demnach am lohnendsten, wenn sein Hauptabsatzgebiet hier im Osten zu finden wäre. Dies ist aber nicht der Fall; der Osten Deutschlands steht in seinem Konsum, den der Westen aufweist, zurück, und stammt auch die weitaus größte Mehrzahl der Ordres, mit denen die hiesige Fabrik beschäftigt ist, aus Mittel- und Westdeutschland. Das Tünchen und Schablonieren der Wohnräume ist hier in Schlesien, Posen, Ost- und Westpreußen leider noch sehr verbreitet . . . Wenn nun aber, wie es der Fall ist, auf die Erzeugnisse der hiesigen Fabrik für ihre Sendungen nach dem Rhein und dem äußersten Süden

2 In Bayreuth gab es um 1850 viele billige Arbeitskräfte. Aber erst unmittelbar vor Eröffnung der Eisenbahn München — Bayreuth 1853 wurde hier von auswärtigen Unternehmern die mechanische Baumwollspinnerei A. G. gegründet. — Vgl. *Und dennoch drehen sich wieder die Spindeln*, hg. anläßlich des hundertjährigen Bestehens der Mechanischen Baumwoll-Spinnerei & Weberei, Bayreuth, o. J., S. 9, 15.

3 *Kuczynski, Jürgen*, Zwei Studien über Handels- und Marktprobleme, in: Jahrbuch für Wirtschaftsgeschichte 1960, T. 2, Berlin 1960, S. 139–140.

4 Jahresbericht der Handelskammer Liegnitz für das Jahr 1893, S. 70.

(der Schweiz gar nicht zu reden) für gewöhnliche Frachtsendungen ein Satz bis zu 25 Prozent vom Wert in Abzug kommt, so kann von einem nennenswerten Nutzen nicht mehr die Rede sein. Ein Preisaufschlag würde aber in Rücksicht auf die in jenen Gegenden massenhaft ansässigen Konkurrenzfabriken dem hiesigen Fabrikat den Absatz zu sehr erschweren oder ganz entziehen. So günstig, wie ferner die geographische Lage für den Vertrieb des Artikels nach Österreich und Rußland wäre, so sind leider hier die Eingangszölle auf denselben in jenen Ländern ... zu hoch ... Aus allen diesen Gründen bleibt für die hiesige Fabrik die weitere Verlegung des Sitzes des Etablissements mehr nach dem Westen eine offene Frage ..."

An diesem Beispiel wird deutlich, wie die mangelnde Aufnahmefähigkeit und Differenziertheit des Binnenmarktes, das heißt hier der östlichen Teile Deutschlands, infolge niedrigeren Entwicklungsniveaus ein Hemmschuh für die kräftige Entwicklung kapitalistischer Unternehmen war, der nur unter bestimmten Umständen durch die Billigkeit der Arbeitskräfte ausgeglichen werden konnte. Diese Lage der Dinge konnte aber wiederum nicht ohne negative Rückwirkungen auf die Gesamtlage der Arbeiter in den betreffenden Gebieten bleiben.

Zur Beurteilung der Marktposition eines Unternehmens ist es von entscheidender Bedeutung, ob und wieweit das Unternehmen der Konkurrenz anderer, gleichartige oder ähnliche Produkte erzeugender Betriebe ausgesetzt ist. Diese Frage ist von größter Wichtigkeit sowohl für die technische und finanzielle Entwicklung des Unternehmens als auch für die Lage der Werktätigen. Dabei sollte der Betriebshistoriker eine vergleichende Betrachtung der Produktions- und Kapazitätsentwicklung des Betriebes im Zusammenhang mit der Gesamtentwicklung des betreffenden Industriezweiges anstellen. Dazu können die einschlägigen Statistiken des Deutschen Reiches[5]

5 Die amtliche Statistik umfaßt folgende Reihen:
Statistik des Deutschen Reiches
Erste Reihe, Bd I–LXIII, Berlin 1873–1883. Neue Folge Bd 1 u. ff. seit 1884. Darin regelmäßig jährlich: Auswärtiger Handel (2 Bde), Binnenschiffahrt, Seeschiffahrt. Seit 1882: Kriminalstatistik. Seit 1885: Krankenversicherung.
Vierteljahreshefte zur Statistik des Deutschen Reiches
Seit 1892, nebst Ergänzungsheften, umfassen ihrem Inhalt nach das gesamte Arbeitsgebiet des kaiserlich Statistischen Amtes. Auszüge und vorläufige Mitteilungen aus obigem Quellenwerk (A). Jahresnachweisungen, außer den unter A genannten Gebieten: Bevölkerungsbewegung, Landwirtschaft, Streikstatistik, Konkurse, Großhandelspreise, seit 1898 Wertpapiere im Börsenhandel. Zeitweilig wiederkehrend: Volks-, Berufs- u. Gewerbezählungsergebnisse, Reichstagswahlen. Einzelne Abhandlungen über: Arbeitsämter, Arbeitslöhne, Versicherungswesen, Produktionsstatistik.
Monatliche Nachweise über den auswärtigen Handel des deutschen Zollgebiets nebst Angaben über Großhandelspreise, seit 1892.
Statistisches Jahrbuch für das Deutsche Reich, seit 1880. Jahresübersichten der Hauptergebnisse der gesamten Reichsstatistik.

und die Veröffentlichungen des Instituts für Konjunkturforschung[6] herangezogen werden.
Der Konkurrenzkampf ist ein immanenter Bestandteil des kapitalistischen Systems, und es wird im allgemeinen sehr selten vorkommen, daß ein Betrieb längere Zeit „konkurrenzlos" produziert. Aber sowohl in diesem Falle wie in den weitaus häufigeren, in denen mehr oder minder heftige Konkurrenzkämpfe geführt werden, sind die konkreten Zusammenhänge bzw. die Auswirkungen auf die betriebliche Situation und die Lage der Werktätigen des Betriebes zu zeigen. Die Wirkungen der Konkurrenz auf die Entwicklung eines Betriebes sind naturgemäß sehr vielfältig. So ist zum Beispiel die Einführung technischer Verbesserungen in der Produktion auf das Bestreben zurückzuführen, einen Vorteil im Konkurrenzkampf zu erringen, indem billiger produziert wird. Während in bürgerlichen Betriebsgeschichten solche technischen Fortschritte im kapitalistischen Betrieb oft einem mystischen „Willen" des Unternehmers „zum technischen Fortschritt" oder gar zum „Dienst an der Gesellschaft" zugeschrieben werden, ist es die Aufgabe der marxistischen Betriebsgeschichtsschreibung, die für die Entwicklung eines Betriebes oft sehr wichtigen technischen Fortschritte im richtigen Zusammenhang mit den gesellschaftlichen Gesetzmäßigkeiten des Konkurrenzkampfes zu sehen. Die unerbittlichen ökonomischen Gesetze des Kapitalismus zwingen die Unternehmer, technische Verbesserungen oder Neuerungen einzuführen, wenn sie nicht untergehen wollen. Es kann aber auch vorkommen, daß wichtige Verbesserungen nicht eingeführt werden – nämlich dann, wenn der Unternehmer sich keine Erhöhung des Profits davon verspricht. Wenn die Verfasser der Betriebsgeschichte bei den Vorarbeiten in den Akten des Betriebes auf derartige Fälle stoßen, sollen sie durchaus nicht darauf verzichten, zu zeigen, wie die Initiative von Mitarbeitern des Betriebes, zum Beispiel von Technikern oder Ingenieuren, letztlich infolge des Profitstrebens des Unternehmers gewissermaßen in eine Zwangsjacke gepreßt wurde. Rationalisierungsmaßnahmen und Neuinvestitionen sind ebenfalls oft unmittelbar aus der Konkurrenzsituation zu erklären. Aber ein scharfer Konkurrenzdruck braucht durchaus nicht immer nur positive Folgen für die Entwicklung des Betriebes zu haben; er kann im Gegenteil auch dazu führen, daß wenig oder keine Mittel für die Akkumulation zur Verfügung stehen, der Betrieb also stagniert bzw. eine Niedergangsperiode erlebt.
Doch können auch hier wieder komplizierte Wirkungen eintreten. Die Konkurrenz der kapitalistischen Betriebe erstreckt sich ja nicht nur auf den Absatz ihrer Produktion, sondern setzt im allgemeinen schon beim Kauf der Rohstoffe bzw. der Mittel der Produktion und der Arbeitskraft ein. Für die Lage der Arbeiter, die ja immer ein wichtiges Kapitel in der Geschichte eines Betriebes darstellt, ist es unter Umständen wichtig, wie sich das Verhältnis von Angebot und Nachfrage auf dem Gebiet der Arbeitskraft in dieser oder jener Periode

6 *Vierteljahreshefte zur Konjunkturforschung*, hg. v. Institut für Konjunkturforschung, Leiter: Prof. Dr. Ernst Wagemann 1926, später als Vierteljahreshefte zur Wirtschaftsforschung.

gestaltet. Im allgemeinen wird die Situation unter kapitalistischen Bedingungen durch das Vorhandensein der industriellen Reservearmee gekennzeichnet sein. Das schließt aber nicht aus, daß in bestimmten Produktionszweigen oder innerhalb umgrenzter Territorien zu dieser oder jener Zeit ein Konkurrenzkampf der kapitalistischen Unternehmen um die Ware Arbeitskraft geführt wird. Solche Vorgänge können dazu führen, daß sich auf diesem oder jenem Gebiet die Lebenslage der betreffenden Arbeiterkategorien über das Niveau ihrer Klassengenossen hebt.

Soziale Verbesserungen oder Sonderleistungen innerhalb eines kapitalistischen Unternehmens entspringen meist dem Bestreben, sich für die Konkurrenz um die Arbeitskraft auf einem angespannten Arbeitsmarkt eine günstige Position zu schaffen bzw. sich gegen die Abwanderung wertvoller Facharbeiter zu sichern. Die Darstellung gerade dieses Zusammenhanges ist in den meisten Betriebsgeschichten bisher stark vernachlässigt worden. Während die bürgerliche Betriebsgeschichtsschreibung solche „sozialen Errungenschaften" auf die „menschenfreundliche" Haltung des Unternehmers zurückzuführen sucht, schweigen sich die Arbeiten von unserer Seite überhaupt darüber aus. Eine wirklich marxistische Untersuchung aber muß alle Seiten der betrieblichen Entwicklung in ihrem realen Zusammenhang aufdecken.

Im übrigen wäre es falsch, den Konkurrenzkampf nur in seinen Wirkungen auf die Entwicklung kapitalistischer Betriebe zu betrachten. Auch unsere sozialistischen Betriebe haben, besonders wenn sie weitgehend oder hauptsächlich für den Export produzieren, damit zu rechnen. So weist der englische Ökonom Mennel darauf hin, daß sich unter monopolkapitalistischen Bedingungen, bei denen infolge des Bestehens fester Preisbindungen der Kampf um den Käufer nicht mehr durch gegenseitiges Unterbieten erfolgen kann, die Konkurrenz mehr und mehr auf das Feld der Qualität verlagert.[7] Das bedeutet, daß für unsere Betriebe, die auf dem Weltmarkt mit den Erzeugnissen aus anderen Ländern in den Wettbewerb treten müssen, die Frage der Qualität der Produkte ebenfalls eminente Bedeutung besitzt. In keiner Betriebsgeschichte darf daher eine Untersuchung darüber fehlen, wie das Kollektiv des sozialistischen Betriebes um dieses Problem ringt. Dabei soll diese Fragestellung keineswegs nur auf solche Betriebe eingeschränkt werden, die für den Export produzieren, obwohl es sich hier angesichts der starken Exportabhängigkeit unserer Wirtschaft geradezu um einen lebenswichtigen Aspekt handelt.

2. DER KONKURRENZKAMPF UNTER MONOPOLKAPITALISTISCHEN BEDINGUNGEN

Von besonderer Bedeutung sind die Probleme des Marktes und der Konkurrenz unter den Bedingungen des Monopolkapitalismus. Wie Lenin zeigte, führte der Konzentrationsprozeß auf einer bestimmten Stufe notwendigerweise zum

7 *Mennel, William*, Takeover, London 1962.

Monopol. Die Monopole sind eine gesetzmäßige Erscheinung des modernen Kapitalismus. Sie wurden als Institutionen zur Beherrschung des Marktes geschaffen; sie gingen aus dem Konkurrenzkampf hervor und sollten eben diesen Konkurrenzkampf beseitigen oder wenigstens eindämmen. Viele dieser ersten Monopolorganisationen, besonders die Kartelle, fielen bald wieder auseinander, häufig gerade in Krisenzeiten. Das zeigt schon, daß die Konkurrenz, die ein immanenter Bestandteil des kapitalistischen Systems ist, von den Monopolen nicht beseitigt werden konnte; sie wurde nur auf eine neue Stufe gehoben.
Für die Betriebsgeschichte ist es wichtig, festzustellen, ob und wann ein Unternehmen einem Monopol angehörte. Ob ein Betrieb zum Beispiel an einer Kartellabmachung beteiligt war, werden wir vor allem den Betriebsakten selbst entnehmen müssen, da die Kartelle sehr oft vor der Öffentlichkeit geheimgehalten wurden. Aber Hinweise über die allgemeine Konkurrenzsituation des betreffenden Industriezweiges bzw. der Branche finden wir zum Teil recht ausführlich in den Berichten der örtlichen Handelskammern.
Wir müssen aufmerksam untersuchen, welche Veränderungen mit der Kartellierung für das betreffende Unternehmen eintraten. Diese Veränderungen können sehr vielfältiger und komplexer Art sein. So kann durch eine mit der Bildung des Kartells erfolgte Preisheraufsetzung für die Erzeugnisse des Unternehmens der Profit des Unternehmers eine spürbare Vergrößerung erfahren, was sich im Betrieb wiederum in verstärkten Investitionen niederschlägt. Es kann auch der Fall sein, daß dem Unternehmen bestimmte territoriale Absatzmärkte zugewiesen werden, während es von anderen ausgeschlossen wird. So teilten bekanntlich, um ein internationales Kartell zu nennen, die AEG und die amerikanische General Electric die Welt in einen westlichen und einen östlichen Markt auf. Solche Vorgänge können ebenfalls Auswirkungen auf die Produktion haben, und zwar sowohl auf ihre Stetigkeit wie auch auf ihre Art; denn die Bedürfnisse des kapitalistischen Marktes sind sehr oft gebietsweise ganz verschieden – sogar innerhalb eines Landes. Der Bericht des bereits erwähnten Tapetenfabrikanten ist dafür ein anschauliches Beispiel.
Eine sehr wichtige Frage ist die Untersuchung des Konkurrenzkampfes innerhalb eines Kartells. Dieser Kampf geht hier zum Beispiel um die Festlegung der Quoten oder der Märkte. Wenn es dem Betriebshistoriker gelingt, diesem Problem erfolgreich nachzuspüren, leistet er nicht nur einen Beitrag zur Darstellung der Geschichte des betreffenden Betriebes, sondern gleichzeitig auch zur Erforschung allgemeinerer Zusammenhänge. Kartellabmachungen können auch Beschränkungen der Produktion zur Folge haben. Das kann zum Beispiel in der Form geschehen, daß dem Unternehmen eine Produktions- bzw. Absatzquote zugeteilt wird, die unter der Größe liegt, die vor dem Eintritt in das Kartell produziert wurde. Weil die einzelnen Kartellteilnehmer Betriebseinschränkungen wegen des damit verbundenen Profitverlustes sehr fürchten – auch im Kartell verfolgen sie ja gerade die Tendenz, ihre Produktion auszudehnen –, kommt es meist bei den Quotenfestlegungen zu heftigen Kämpfen, die nicht selten auch zur Auflösung des Kartells führen.

Bei Betriebseinschränkungen wirkt sich die Kartellierung insofern unmittelbar auf das Schicksal der vom Unternehmen beschäftigten Werktätigen aus, als wenigstens ein Teil von ihnen entlassen wird. Fälle, in denen sogar ganze Betriebsteile im Gefolge von Kartellabmachungen stillgelegt werden, finden sich in der Geschichte der Kartelle recht häufig und sollten bei der Darstellung keineswegs vernachlässigt werden, da sie gute Illustrationen für das Funktionieren der kapitalistischen Produktionsweise sind.

Wenn hier bereits gezeigt wurde, daß mit dem Entstehen der Kartelle die Konkurrenz nicht beseitigt, sondern sogar noch kompliziert wurde, so soll jetzt noch auf eine andere wichtige Seite aufmerksam gemacht werden. Das ist die Konkurrenz der Kartelle mit den sogenannten Außenseitern. Es ist ja vielfach so, daß nicht alle Unternehmen des betreffenden Produktionszweiges dem Kartell beitreten. Dafür können verschiedenartige Gründe vorliegen. Manche Unternehmen fürchten den Verlust ihrer Selbständigkeit oder fühlen sich stark genug, auch ohne Kartell den Konkurrenzkampf bestehen zu können. Manche hoffen auch, im Windschatten der hohen Kartellpreise durch geringfügiges Unterbieten ihr Absatzgebiet auszudehnen und dennoch am Monopolprofit zu partizipieren. Auf jeden Fall entsteht mit der Gründung eines Kartells, dem nicht alle Unternehmen des Zweiges angehören, gewöhnlich eine scharfe Kampfsituation. Diese Kampfsituation kann selbstverständlich auch dann entstehen, wenn aus einem ursprünglich alle Produzenten erfassenden Kartell nach einiger Zeit ein oder mehrere Teilnehmer ausbrechen oder wenn sich, angelockt von den hohen Profiten, eine neue Außenseiterkonkurrenz gebildet hat. Das kann sogar zum Zerfall des Kartells führen. Wir werden in den Betriebsarchiven, besonders in den Direktionsakten, in den Aufsichtsrats- und Vorstandsprotokollen viele Hinweise auf die damit zusammenhängenden Fragen finden. Auch hier müssen wir die Verbindung suchen, die zu innerbetrieblichen Fragen besteht. Wir müssen uns immer vor Augen halten, daß der Betrieb gewissermaßen so etwas wie ein lebendiger Körper ist, der auf Veränderungen in seinem Verhältnis zur Umwelt, das heißt zur außerbetrieblichen Sphäre, auch mit Veränderungen innerhalb seines Organismus reagiert. So kann eine – in diesem Fall durch Kampf zwischen Kartell und Außenseiter – verschärfte Konkurrenzsituation differenzierte Auswirkungen im Betrieb haben: in einem Teil der Fälle erhöhte Anstrengungen und Leistungen in quantitativer und qualitativer Hinsicht, in anderen Fällen eine gewisse Lähmung, ja den Niedergang des Unternehmens. Unter kapitalistischen Bedingungen – und um diese handelt es sich ja hier stets – werden die Hauptlasten der Veränderungen so oder so von den Werktätigen getragen, sei es, daß sie zu erhöhten Leistungen angepeitscht, im Lohn beschnitten oder gar arbeitslos werden. Die Kartelle suchen die Marktsituation aber nicht nur mit Hilfe von Preisabmachungen zu beeinflussen, sondern greifen auch zu einer ganzen Reihe anderer Maßnahmen. Neben der schon erwähnten Aufteilung der Märkte findet man häufig sogenannte Konditionenkartelle, die Abmachungen über Liefer- und Zahlungsbedingungen, Fracht und Rabatte oder ähnliches betreffen. Die Mehrzahl der etwa fünftausend Kartelle, die in den zwanziger Jahren in Deutschland bestanden, waren Konditionenkartelle. Solche Kartelle, die manchmal vom Laien für nicht sehr wichtg gehalten werden, spielen im Konkurrenzkampf eine große Rolle und sind auf jeden Fall als monopolistische Vereinigungen anzusehen. So kann dadurch, daß zwischen den Konditionenverbänden der aufeinanderfolgenden Produktions- und Absatzstufen der „Ausschließlichkeitsverkehr" vertraglich festgelegt wird – beispielsweise zwischen den Verbänden der Webereien, Färbereien, Engroshändler und Detailhändler – die Etablierung neuer Konkurrenz verhindert oder ein Außenseiter sehr schnell zum Ruin getrieben werden. Da aber andererseits hierbei nur der Konkurrenzkampf um die Zahlungsfristen und Rabatte beseitigt wird, ist natürlich der Einfluß auf das Produktionsprogramm des Unternehmens, seine Profitlage usw. nicht so stark wie bei den Kartellen „höherer" Ordnung.

Konditionenkartelle treten besonders stark in solchen Industrien in Erscheinung, die infolge ihrer differenzierten, nach Merkmalen nicht zu normierenden Produktion schwer Preiskartelle bilden können, wie zum Beispiel die Textilindustrie, der Maschinenbau, die Rundfunkgeräteerzeugung und ähnliche. In einer 1915 erschienenen Arbeit über die Kartelle in der Textilindustrie heißt es: „Das Jahr 1903 brachte zuerst zahlreichere Kartelle, so die Konvention der Stückfärbereien (Aachen), der rheinisch-westfälischen Flachsspinner, der Spachtel- und Tambourindustrie; der vogtländische Färberring schloß einen Vertrag mit den preußisch-sächsischen Webereien, der diese verpflichtete, ausschließlich bei Ringfirmen färben zu lassen. 1904 wurde als bedeutendstes Kartell das der niederrheinischen Samtbandfabrikanten gegründet mit dem Zweck: ‚eine den jeweiligen Verhältnissen entsprechende Preislage zu schaffen bzw. den Skontosatz zu bestimmen und den kleinen Fabrikanten durch Kompensation die Rentabilität zu sichern'. Es folgten Konventionen der Zanella-, Samt-, Tuch-, Seidenwarenfabrikanten, ferner für Damenhüte, Druckmoquette, Stoffappretur, der sächsisch-thüringischen und elsässischen Webereien u. a. m. Der Kartellgedanke war damit in alle Zweige der Branche und ihrer Hilfsindustrien eingedrungen."[8]

Die Zugehörigkeit zu einem Kartell bedeutet nun aber durchaus nicht immer, daß eine monopolistische Abmachung für die gesamte Produktion eines Unternehmens besteht. Gerade wenn das Unternehmen eine vielfältige Produktion hat, kommt es oft vor, daß nur ein oder einige Produkte von der Kartellvereinbarung betroffen werden. Es kann aber auch der Fall eintreten, daß ein Unternehmen mehreren, unter Umständen Dutzenden von Kartellen angehört, deren jedes ein anderes Produkt betrifft.

Nicht in jedem Falle wird es nötig sein, alle diese Einzelheiten darzulegen, aber dem Betriebshistoriker sollten die Fakten bekannt sein, so daß er sie beurteilen und das Entscheidende bei der Abfassung der Betriebsgeschichte berücksich-

8 *Knopf, R. H.*, Die Wirkungen der Kartelle der Textil- und Bekleidungsindustric auf die Abnehmer, Karlsruhe 1915, S. 24/25.

tigen kann. Vor allem erklärt sich ja oft gerade aus diesen Zusammenhängen, warum diese oder jene Produktion zu diesem oder jenem Zeitpunkt forciert, eine andere dagegen vernachlässigt oder eingestellt wurde.

Stärker als die Zugehörigkeit zu einem Kartell wirkt sich die Eingliederung in einen Konzern oder Trust auf die ganze Entwicklung des Unternehmens aus. Besteht die Verbindung zwischen den einzelnen Kartellteilnehmern lediglich aus einem zivilrechtlichen Vertrag, so sind die Glieder eines Konzerns durch Eigentumsverhältnisse miteinander verbunden. Das Kernunternehmen des Konzerns – meist eine Aktiengesellschaft – erwirbt so viel Aktien- bzw. Gesellschaftsanteile an anderen Gesellschaften in der eigenen Branche oder in vor- oder nachgelagerten Produktionsstufen, daß es entscheidenden Einfluß auf die Geschäftspolitik der „Tochtergesellschaft" nehmen kann. Der Zweck ist wiederum die Ausschaltung des Konkurrenzkampfes oder die Stärkung der Konkurrenzposition. Letzteres Motiv finden wir zum Beispiel bei der Bildung vertikaler Konzerne, wie sie besonders durch die Kartellierung der Grundstoffindustrien angeregt wurde. So erwarben die Hüttenwerke Steinkohlenzechen, um die hohen Kartellpreise für Kohle nicht zahlen zu müssen. Dieser Prozeß pflanzte sich fort, bis wir schließlich Riesengebilde, bestehend aus Kohlenzechen, Eisenerzgruben, Hüttenwerken, Stahl- und Walzwerken und Maschinenbaubetrieben vorfinden.

Auf dem Gebiet der heutigen DDR war es vor allem der Flickkonzern, der hier als Beispiel zu erwähnen wäre. Im Bereich der chemischen Industrie bildeten sich Konzerne von Chemieunternehmen, die dann in den zwanziger Jahren zum allumfassenden IG-Farbenkonzern verschmolzen, der unter anderem auch über umfangreiche Braunkohlengruben verfügte.

Die Unterordnung des einzelnen Unternehmens unter die zentralistische Geschäftspolitik des Konzerns bringt oft einschneidende Maßnahmen mit sich. So legte zum Beispiel anfangs der zwanziger Jahre die „Chemische Fabrik Griesheim-Elektron AG", ein Konzern, der später im IG-Farbenkonzern aufging, die Produktion von Schwerchemikalien in ihren Betrieben im Maingebiet völlig still und konzentrierte diese Produktion ganz im Bitterfelder Raum. Die niedrigen Preise, die für Schwerchemikalien auf Grund der großen Konkurrenz erzielt wurden, waren die Ursache für diese Maßnahme. Dies Beispiel weist den Betriebshistoriker darauf hin, folgendes zu beachten:

Ein stabiles Kartell ist dem absoluten Monopol, der totalen Beherrschung des Marktes meist näher als ein starker Konzern, der sich den Markt mit fünf anderen gleichstarken Konzernen zu teilen hat. Auch *starke* Konzerne erzielen nicht immer Monopolpreise für alle ihre Produkte, weshalb sie auf zusätzliche Kartellbindungen vielfach nicht verzichten wollen. Steht aber ein Metallkonzern mit zehn Prozent Marktanteil dem absoluten Monopol auch ferner als etwa ein Bindfadenkartell mit hundertprozentiger Marktbeherrschung, so stellt er doch ein weit gewichtigeres wirtschaftliches Machtgebilde dar als das Bindfadenkartell, was sich besonders in wirtschaftspolitischen Kämpfen bemerkbar macht, wenn es darum geht, auf die politische Lenkung des Landes Einfluß zu nehmen.

Doch es sind noch andere wichtige Probleme zu beachten. Kartelle, wie auch die weiteren Formen des Monopols, werden, wie gesagt, gewöhnlich gebildet, um den Markt bzw. die Preise zu beherrschen. Bekanntlich schwanken unter den Bedingungen der freien Konkurrenz die Preise der Waren um den Wert, genauer gesagt um den Produktionspreis. Je nach dem Verhältnis von Angebot und Nachfrage sind sie höher oder niedriger als der Produktionspreis. Mit der Bildung des Monopols haben die Unternehmer die Möglichkeit, die Preise höher zu halten, als es bei freier Konkurrenz und „freiem" Wirken der Marktgesetze der Fall wäre. Eben daher steigen mit dem Monopol die Preise. Für den Nachweis der Wirkung des Monopols ist es wichtig, festzustellen, wie groß der tatsächliche Einfluß auf die Preisgestaltung und die Profite des Unternehmens ist. Darum soll sich der Betriebshistoriker nicht scheuen, Kalkulationen, Preislisten und anderes entsprechendes Material aus der kapitalistischen Zeit des Betriebes durchzuarbeiten, am besten unter Heranziehung eines Fachmannes. Gerade mit Hilfe derartigen Materials läßt sich viel Konkretes über die Markt- und Konkurrenzsituation des Unternehmens im allgemeinen wie auch über die Bedeutung des monopolistischen Zusammenschlusses im besonderen aussagen. Ist die preiserhöhende Wirkung eines Kartells oft – aber keineswegs immer –[9] relativ deutlich für Weiterverarbeiter und Verbraucher erkennbar, so haben letztere keine Möglichkeit festzustellen, ob Neuentwicklungen von Konzernunternehmen zu Monopolpreisen verkauft werden oder nicht.

Auch dann, wenn der untersuchte Betrieb nicht zu den Monopolen gehörte, kann bei der Untersuchung der Marktposition die neue Situation der monopolkapitalistischen Epoche kaum unberücksichtigt gelassen werden. Bei solchen Betrieben zum Beispiel, die Erzeugnisse der kartellierten Grundstoffindustrie verarbeiten, werden sich die Wirkungen des monopolistischen Preisdrucks von den Vorstufen der Produktion her schon sehr früh zeigen. Die Entwicklung des Betriebes hängt dann weitgehend davon ab, wie, mit welchen Maßnahmen, versucht wird, den Wirkungen des Monopols zu begegnen bzw. zu entkommen. Weicht der Betrieb auf die Verarbeitung anderer nichtmonopolisierter Rohstoffe bzw. Ersatzstoffe aus? Wird versucht, durch sparsamere Verarbeitungsmethoden bzw. durch neue Produktionstechniken den Kostpreis trotz höherer Aufwendungen für den Rohstoff niedrigzuhalten? Unternimmt man es, die durch die Monopole drohende Profitschmälerung auf die Konsumenten oder auf die Betriebsangehörigen abzuwälzen? Tritt man der monopolistischen Herausforderung durch monopolistischen Zusammenschluß auf der eigenen Verarbeitungsstufe entgegen, oder wird vielleicht gar eigene Rohstofferzeugung aufgenommen bzw. dem Betrieb angegliedert?

9 Das Sodakartell z. B. hielt vor dem ersten Weltkrieg die Sodapreise fast 25 Jahre lang konstant, während die Sodapreiskurve vor der Bildung des Kartells stark gefallen war. Hier läßt sich nur durch Untersuchung der betrieblichen Kalkulationen nachweisen, inwieweit in diesen 25 Jahren eine Selbstkostensenkung stattfand und zur Realisierung von Monopolprofiten führte.

Andere Bedingungen ergeben sich, wenn der Betrieb mit Monopolbetrieben der gleichen Branche konkurrieren muß oder selbst als nichtmonopolisierter Lieferant monopolistischer Abnehmer fungiert. Alles das, die Konsequenzen und differenzierten Wirkungen, sind für die Geschichte des Betriebes wichtig.
Für eine Betriebsgeschichte ist es natürlich auch bedeutungsvoll, festzustellen, *warum* und *auf welche Weise* das Unternehmen Kartellteilnehmer oder Konzernbetrieb wurde oder außerhalb von Monopolvereinigungen blieb. Der Betriebshistoriker würde einen wertvollen Beitrag zur allgemeinen Wirtschaftsgeschichtsschreibung liefern, wenn es ihm gelänge, folgende Fragen detailliert zu beantworten: Wie wirkte sich die Umwandlung der vormonopolistischen in die monopolkapitalistische Wirtschaft auf den Betrieb aus; auf welche Art und Weise nahm das Unternehmen an dieser Umwandlung teil?
Vergessen wir nicht, daß die Struktur ganzer Industriezweige, wie wir sie 1945 zu übernehmen hatten, durch den Charakter des jeweiligen Monopolisierungsprozesses geprägt worden war. Nehmen wir nur zwei Extreme: In der Textilindustrie überwogen die selbständigen Unternehmungen in verschiedenen Rechtsformen: Aktiengesellschaften, offene Handelsgesellschaften, Kommanditgesellschaften und Unternehmungen im Besitz von einzelnen Kapitalisten. Die verschiedenen Produktions- und Vertriebsstufen waren durch ein dichtes Netz von Konditionen – in Einzelfällen auch Preiskartellen – miteinander verknüpft. Konzerne spielten keine solche Rolle, daß sie das Gesicht dieses Industriezweiges bestimmt hätten. In der Elektroindustrie dagegen herrschten die beiden Riesenkonzerne AEG und Siemens, neben denen lediglich eine Reihe kleinerer Spezialfabriken bestanden. Kartelle hatten hier nur eine untergeordnete Bedeutung. Zwischen diesen beiden Extremen finden wir in anderen Zweigen die vielfältigsten Kombinationen und Verflechtungen zwischen der Kartell-Syndikatsform des Monopols und der Konzern-Trust-Form. Da die Art der Monopolbildung so wichtig ist für die Entwicklung der technischen, ökonomischen und soziologischen Struktur des jeweiligen Industriezweiges, sollte auch der historische Prozeß der Monopolbildung genau untersucht werden. Dabei muß man sich die Fragen stellen: Welche subjektiven Momente und welche objektiven Faktoren spielten dabei eine wesentliche Rolle; durch welche Momente und Faktoren wurde der Monopolisierungsprozeß beschleunigt, verzögert oder in eine bestimmte Richtung gelenkt? Subjektive Triebkraft ist in allen Fällen – wie schon erwähnt – der Wunsch nach Ausschaltung der Konkurrenz und Erhöhung des Profits. Aber die Unternehmer sind keineswegs völlig frei in der Wahl ihrer Mittel. Ausschlaggebend sind immer die objektiven Notwendigkeiten der Produktion. Viele Unternehmer, die in den Jahren vor und nach der Jahrhundertwende das Preiskartell als billiges Allheilmittel gegen Profitverfall ersehnt und erprobt hatten, erlitten ein jämmerliches Fiasko. Besonders in der Fertigwarenindustrie war das der Fall. Hier wurden tastend andere Wege gesucht, die der Konditionenkartelle und Konzernbildungen. Der Monopolisierungsprozeß in der Fertigwarenindustrie erreichte erst in den zwanziger Jahren seinen Höhepunkt. Jürgen Kuczynski hat in seinen Studien

„Zur Frühgeschichte des deutschen Monopolkapitals und des staatsmonopolistischen Kapitalismus“[10] die unterschiedlichen Typen der Monopolbildung in einigen wichtigen Wirtschaftszweigen – Kohle- und Eisenindustrie, Elektrotechnische Industrie, Chemische Industrie und Bankwesen – untersucht und auf die vielen verschiedenen „Katalysatoren“ und Hemmnisse der Monopolbildung hingewiesen. Diese Studien werden dem Betriebshistoriker wichtige Anregungen bieten, wie er das Problem, die Monopolbildung in seinem Bereich zu untersuchen, anpacken soll. Will er auf frühere Einzeluntersuchungen zur Monopolgeschichte in den verschiedenen Zweigen zurückgreifen, so wird ihm die in Kuczynskis Arbeit „Monopole und Unternehmerverbände“ vorhandene umfangreiche Bibliographie der Monopolliteratur in deutscher Sprache gute Dienste leisten.[11] Auf die verschiedenen Nachschlagewerke, die man zur Feststellung und Verfolgung personeller und kapitalmäßiger Verflechtungen zwischen den Industrieunternehmungen benutzen kann, hat bereits Hans Radandt in seiner Broschüre „Wie schreiben wir Betriebsgeschichte?“ hingewiesen.[12]

3. DER EINFLUSS DER GESETZGEBUNG, SPEZIELL DER ZOLLGESETZGEBUNG, AUF DIE KONKURRENZSITUATION AUF DEM BINNEN- UND DEM WELTMARKT

Auch den Einfluß der Gesetzgebung und Rechtsprechung sollte man nicht außer acht lassen. Die wirtschaftspolitische Gesetzgebung eines kapitalistischen Landes kann zwar dem Strom der Wirtschaftsentwicklung keine völlig andere Richtung geben, aber sie kann ihn unter Umständen kanalisieren, zügeln, einengen, ein Stückchen umleiten usw. Die Monopolgesetzgebung verschiedener Länder hat die Art des Monopolisierungsprozesses mitbestimmt. So hat das Verbot kartellähnlicher Zusammenschlüsse nach dem alten angelsächsischen Recht in den USA im letzten Drittel des 19. Jahrhunderts zur Bildung der Truste geführt, zur schlagartigen Zentralisierung vieler Kapitale, wodurch das Gesicht der amerikanischen Wirtschaft entscheidend geprägt worden ist. In Deutschland kam es erst 1923 zum Erlaß einer Verordnung gegen den Machtmißbrauch von Kartellen. Bereits 1897 hatte das Reichsgericht die Rechtsgültigkeit von Kartellverträgen festgestellt. Ein Unternehmer konnte also gar nicht von seinem Vertrag zurücktreten, ohne von der Kartelleitung verklagt

10 *Kuczynski, Jürgen,* Die Geschichte der Lage der Arbeiter unter dem Kapitalismus, Bd 14: Zur Frühgeschichte des deutschen Monopolkapitals und des staatsmonopolistischen Kapitalismus, Berlin 1962.

11 *Derselbe,* Studien zur Geschichte des deutschen Imperialismus, Bd 1: Monopole und Unternehmerverbände, Berlin 1950, 2. verb. Aufl. 1952. – Bibliographie in der 1. Aufl., S. 323–373. Nachträge dazu in der 2. Aufl., S. 353–362.

12 *Radandt, Hans,* Wie schreiben wir Betriebsgeschichte? Berlin 1963, S. 69.

zu werden. Das Gesetz von 1923 billigte den Kartellmüden einen gewissen Rechtsschutz vor Sperre und Boykottmaßnahmen usw. zu. Es wäre interessant, wenn sich an Hand der Betriebsarchive feststellen ließe, ob dieses Gesetz wirklich die Außenseiter ermutigt und Unternehmer, die nicht mehr einem Kartell angehören wollten, geschützt hat. Wichtig für den Betriebshistoriker ist ferner die Untersuchung der Konkurrenzlage des Betriebes in der Zeit des Faschismus, besonders während des Krieges, als die faktische Zwangskartellierung die mittleren und kleinen Unternehmen in noch nicht dagewesenem Maße den großen Monopolen in die Hand gab.

Eine Sparte der Gesetzgebung, die ganz entscheidend die Marktposition des kapitalistischen Unternehmens beeinflußt, ist die Zollgesetzgebung. In dem Maße, wie alle entwickelten kapitalistischen Länder gegen Ende des 19. Jahrhunderts zu Hochschutzzöllen übergingen, rückten die Zollfragen immer mehr in den Mittelpunkt der wirtschaftspolitischen Auseinandersetzung. Zahlreiche Unternehmerfachverbände wurden zum Zwecke der Durchsetzung bestimmter Zollwünsche gegründet. Zollkriege und plötzliche Zollheraufsetzungen brachten einen Faktor zusätzlicher Labilität in die kapitalistische Wirtschaft, dem man durch Abschluß langfristiger Handelsverträge zu begegnen suchte. Der Zollkrieg mit Rußland Anfang der neunziger Jahre zum Beispiel ließ plötzlich für viele Industrien, besonders die Textil-, Eisen- und Maschinenindustrie, einige Hauptmärkte völlig zusammenschrumpfen. Die deutschen Ostseestädte erlitten riesige Verluste. Ebenso verlor die deutsche Textilindustrie, besonders die sächsische und thüringische, Ende der neunziger Jahre einen großen Teil des Absatzes in den Vereinigten Staaten, da diese sehr hohe Wertzölle einführten. Der Kampf der Unternehmergruppen um die Gestaltung der verschiedenen Zolltarifpositionen wurde ab 1900 dadurch kompliziert, daß die einen als festgeschlossene monopolistische Macht auftreten konnten, während andere höchstens in lockeren Fachverbänden ohne großes ökonomisches und politisches Gewicht organisiert waren. Die stärksten Monopolgruppen setzten in der Regel ihre Zollwünsche durch, die aber oft den Interessen der nichtmonopolisierten Branchen entgegengesetzt waren, wodurch die ungleichmäßige Entwicklung der Industriezweige gefördert wurde. Der Einzelmonopolist (Konzern) oder der Kartellmonopolist konnte bei völliger Ausschaltung der Inlandskonkurrenz nun den Preis so stellen, daß er dem Weltmarktpreis plus Zoll plus Frachtkosten gleich war. Damit sicherte er sich eine dauernde Monopolrente. Von marxistischer Seite wurde zuerst von Hilferding 1903 nachgewiesen, daß der Zoll einen Funktionswandel durchgemacht hatte, indem er sich vom ursprünglichen Erziehungszoll oder späteren Erhaltungszoll zum *Inlandsmonopolzoll* entwickelte.[13] In einer sehr scharfsinnigen Untersuchung Stadlers[14] finden wir diesen Gedanken weiterentwickelt: „Der Funktionswandel des Zolles erfolgt in

13 *Hilferding, Rudolf*, Der Funktionswechsel des Schutzzolls, in: Die Neue Zeit, Jg. 21, 1902/03, Bd 2, S. 274–281.

14 *Stadler, Theodor Willy*, Kartelle und Schutzzoll, Berlin 1933.

zwei Phasen. Zuerst bildet sich der Inlandsmonopolzoll heraus, das heißt der Zoll dient, nachdem ein Monopolist sich herausgebildet hat, diesem als Instrument zur ... ‚monopolistischen Sonderbesteuerung' des Inlands: erste Phase. Alsdann bildet sich der Zoll weiter zum *Aggressivzoll,* d. h., er dient darüber hinaus dem Monopolisten als Instrument, nun auch auf den Auslandsmarkt vorzudringen: zweite Phase."[15] Dieser sogenannte Aggressivzoll stärkt die monopolistischen Unternehmen durch die Erlöse aus den hohen Inlandspreisen so sehr, daß sie im Ausland durch Dumping neue Absatzmärkte erringen können.

Warum soll der Betriebshistoriker nun alle diese Zusammenhänge beachten? Zunächst einmal hängen während der gesamten imperialistischen Phase des Kapitalismus Existenz und Entwicklung des ganzen jeweils betrachteten Industriezweiges meist in hohem Grade von seiner zollpolitischen Position ab. Die Geschichte eines einzelnen Betriebes aber darf nie ohne Berücksichtigung der Entwicklung des ganzen Zweiges geschrieben werden. Je nachdem, ob der Branchenunternehmerverband oder das Kartell der Branche eine starke oder schwache Organisation darstellten, ob sie im Centralverband Deutscher Industrieller oder später im Reichsverband der Deutschen Industrie ein starkes Gewicht besaßen oder vielleicht ihre Stimme nicht viel wog, ob also die Interessen der Branche im Parlament und bei Regierungsstellen nachdrücklich vertreten werden konnten oder nicht, wurden die Erzeugnisse der Branche durch mehr oder durch weniger hohe Zölle „geschützt". Überexpansion der einen Zweige – Stagnation der anderen waren oft die Folge. In den heftigen Zollkämpfen nach 1924 versuchte zum Beispiel die äußerst straff organisierte eisenschaffende Industrie zu erreichen, daß die aus dem Jahre 1902 stammenden, schon damals Monopolpreise ermöglichenden hohen Eisenzölle erneut um fünfzig bis zweitausend Prozent erhöht würden. Wegen des energischen Widerstandes der eisenverarbeitenden Industrie – also hauptsächlich des Maschinenbaus – gelang diese Erhöhung nicht in allen Positionen. Immerhin mußten danach im Deutschen Reich jährlich dreihundert bis vierhundert Millionen Reichsmark mehr für den Eisenverbrauch gezahlt werden. Faktisch wurden allen Unternehmen, die neue Maschinen anschafften, diese Investitionen im Vergleich zu ebensolchen Investitionen im Ausland enorm verteuert. Die Eisenindustrie aber erweiterte ihre Kapazität weit über das volkswirtschaftlich notwendige Maß hinaus.

Zu den Fragen, die sich in diesem Zusammenhang für den Betriebshistoriker ergeben, gehören folgende: Welche Rolle spielen Zölle für die Entwicklung der Produktion des Betriebes? Wurde das Unternehmen durch Inlandsmonopolzölle auf Vorstufenprodukte geschädigt? Betrieb das Unternehmen Dumping im Ausland? Wurde durch das Wachsen der Auslandszollmauern eine Filialbildung im Ausland – also Kapitalexport – angeregt? Den letztgenannten Vorgang können wir besonders bei den konzernmäßig strukturierten Zweigen

15 Ebenda, S. 21.

Chemie- und Elektroindustrie schon seit etwa 1900 beobachten. Durch ihn entstanden oft Interessenkonflikte zwischen den kleineren Unternehmen der Branche und den Konzernen. Die großen Elektrokonzerne zeigten bei den Zolltarifverhandlungen, bei denen ihre Stimme entscheidendes Gewicht hatte, kein Interesse, zum Beispiel auf Ermäßigung der ausländischen Tarifpositionen für Elektroartikel zu drängen, da sie in zahlreichen Ländern Tochtergesellschaften besaßen. Durch den hohen Zoll wurde ihnen dort die Konkurrenz ferngehalten. Sie hatten daher auch keine Veranlassung, gegen die Hochschutzzollwünsche inländischer Monopolgruppen – besonders der Eisenindustrie – und der Agrarier aufzutreten. Die nichtmonopolisierten Exportindustrien bekämpften meist Zollheraufsetzungen des eigenen Landes oder waren für Herabsetzungen, um entsprechende Kompensationen in den Exportländern zu erhalten. So auch die kleineren deutschen Unternehmen für elektrotechnische Spezialartikel, welche dringend Exportmärkte brauchten, die ihnen durch die Haltung der Großkonzerne in Zollfragen zum Teil abgeschnitten wurden. Produktionsumstellungen und Rückgang der Rentabilität bei den Spezialfabriken waren die Folge. Die Spezialunternehmen bildeten daher schon 1902 einen eigenen „Verein zur Wahrung der wirtschaftlichen Interessen der deutschen Elektroindustrie", der die Interessen der kleineren Unternehmen gegen die Großkonzerne wahrnehmen sollte. In der Leitung waren solche bekannten Firmen wie die Bergmann AG, Berlin, die Körting und Mathiesen AG, Leipzig, und die Voigt und Haeffner AG, Frankfurt/Main, vertreten.

Auch die Tätigkeit der Unternehmensleitung in den wirtschaftspolitischen Unternehmervereinen sollte der Betriebshistoriker zu ergründen suchen. Neben dem Betriebsarchiv können dabei Zeitschriften, sonstige Veröffentlichungen und die Akten der betreffenden Vereine Aufschlüsse geben. Für die frühere Zeit gibt eine Zusammenstellung des Reichsamtes des Innern über die im Deutschen Reich bestehenden Unternehmervereine[16] erste Anhaltspunkte. Hier ist auch angeführt, welche Zeitschriften der jeweilige Verein herausgab. Das amtliche Verzeichnis ist später von privater Seite mehrmals ergänzt und neu herausgegeben worden.[17] Da die meisten dieser Vereine bis in die Zeit des Faschismus hinein bestanden haben, kann man diese Nachschlagewerke auch als Ausgangsbasis benutzen, wenn man eine spätere Zeit untersucht.

16 Verzeichnis der im Deutschen Reich bestehenden Vereine gewerblicher Unternehmer zur Wahrung ihrer wirtschaftlichen Interessen, zus.-gest. im Reichsamt des Innern, Berlin 1903.

17 A *Vokswirtschaftliches Handbuch*. Ein Führer durch alle Gebiete des neuzeitlichen Organisationswesens zur Vertretung wirtschaftlicher und verwandter allgemeiner Interessen, Berlin 1909 (auch: Schriften Des deutschen volkswirtschaftlichen Verbandes, Bd 1).

B *Handbuch wirtschaftlicher Vereine und Verbände des Deutschen Reiches*, hg. v. Hansabund für Gewerbe, Handel und Industrie, Berlin-Leipzig 1913.

C 2., verm. u. verb. Aufl. desselben unter dem Titel: *Handbuch wirtschaftlicher Verbände und Vereine*, Jg. 1919, Berlin.

Eine ähnlich große Bedeutung wie die Zollfragen hatten auch die Tariffragen im Verkehrswesen für die Konkurrenzlage des Unternehmens. Die Eisenbahntarifpolitik war schon seit Bismarcks Zeiten ein wichtiges Mittel des Staates, diese oder jene Wirtschaftsgruppe im Konkurrenzkampf zu begünstigen. In dem Maße, wie es verschiedenen wirtschaftlichen Machtgruppen im 20. Jahrhundert gelang, sich Teile des Staatsapparats gefügig zu machen, nahm auch das Tauziehen um die günstigste Tarifposition zu. Gerade hier, auf den Gebieten der Zoll- und der Tarifpolitik, können wir daher in den zwanziger Jahren das Wachsen des staatsmonopolistischen Kapitalismus beobachten.
Wenn der Betriebshistoriker all diese, über den Rahmen des eigentlichen Betriebsgeschehens hinausgreifenden Zusammenhänge durchdenkt, wird ihm sicherlich manches im Betriebsarchiv gefundene, scheinbar unwichtige Faktum in neuem Lichte erscheinen, und es wird ihm leichterfallen, eine komplexe Darstellung der Entwicklung des Betriebes zu geben.

D 3. Aufl. desselben unter dem Titel: *Handbuch wirtschaftlicher Verbände und Vereine sowie der Industrie- und Handels-, Gewerbe-, Landwirtschaftskammern und sonstigen wirtschaftlichen Interessenvertretungen und Zweckorganisationen*, Jg. 1928, Berlin-Wien.

Betrieb und staatsmonopolistischer Kapitalismus

Gedanken über die Bedeutung des staatsmonopolistischen Kapitalismus für die Betriebsgeschichtsschreibung

VON HORST HANDKE/RUTH WIMMER

„Es gibt bisher weder eine ausreichende Definition des staatsmonopolistischen Kapitalismus noch eine Darstellung seiner Geschichte in irgendeinem Lande", schreibt Kuczynski im vierzehnten Band seiner Studien[1], und er stellt eine umfassende Definition für einen späteren Band in Aussicht. Die Werke Lenins, der den staatsmonopolistischen Kapitalismus in dessen Frühzeit analysierte, enthalten zahlreiche Hinweise, nicht nur zur allgemeinen Definition dieser Entwicklungsform des Monopolkapitalismus, sondern auch für einzelne Seiten dieser Erscheinung.[2] Unter Berücksichtigung des inzwischen weiter vollzogenen Hinüberwachsens des Monopolkapitalismus in den staatsmonopolistischen Kapitalismus und der allseitigen Entfaltung dieser Erscheinung kommt das Programm der KPdSU für unsere Zeit zu folgender Feststellung: „Der staatsmonopolistische Kapitalismus vereint die Macht der Monopole und die Macht des Staates in einem einheitlichen Apparat, der für die Bereicherung der Monopole, die Unterdrückung der Arbeiterbewegung und des nationalen Befreiungskampfes sorgen, die kapitalistische Ordnung retten und aggressive Kriege entfesseln soll."[3] Damit ist das allgemeine Wesen des staatsmonopolistischen Kapitalismus bestimmt. Hierin ist auch der Hauptbestandteil jener umfassenden Definition enthalten, für die vor allem Ku-

1 *Kuczynski, Jürgen*, Die Geschichte der Lage der Arbeiter unter dem Kapitalismus, Bd 14: Zur Frühgeschichte des deutschen Monopolkapitals und des staatsmonopolistischen Kapitalismus, Berlin 1962, S. 153.

2 Vgl. u. a. *Lenin, W. I.*, Werke, Bd 23, Berlin 1957, S. 279; Bd 24, Berlin 1959, S. 298ff., S. 401; Bd 25, Berlin 1960, S. 342ff., 368ff., 395ff.; Bd 27, Berlin 1960, S. 332.

3 *Programm und Statut der Kommunistischen Partei der Sowjetunion*, angenommen auf dem XXII. Parteitag der KPdSU, Oktober 1961, Berlin 1961, S. 24/25. – Inhaltlich ähnliche Formulierungen finden sich in den Ergebnissen der internationalen wissenschaftlichen Konferenz, die vom 27. 8. bis 3. 9. 1962 in Moskau stattfand und vom Institut für Weltwirtschaft und internationale Beziehungen bei der Akademie der Wissenschaften der UdSSR und der Zeitschrift „Probleme des Friedens und des Sozialismus" veranstaltet wurde. Vgl. dazu *Probleme des Friedens und des Sozialismus*, 11/1962.

czynskis Studien bereits umfangreiches Material vorbereitet haben.[4] Das ist die von Lenin entdeckte Vereinigung der Macht der Monopole und der Macht des Staates in einem einheitlichen Apparat, zu einem einzigen Mechanismus, zu einer Organisation.

Der Staat als Machtinstrument der herrschenden Klasse ist in der kapitalistischen Gesellschaft das Instrument der Bourgeoisie. Mit dem Eintritt des Kapitalismus in sein höchstes und letztes Stadium, in das des Imperialismus, ist es die Monopolbourgeoisie, die sich den Staat unterordnet, ihn zu ihrem Machtinstrument, zu ihrem Unterdrückungswerkzeug macht.[5] Verschiedene Eigentümlichkeiten des Monopolkapitalismus – wie der in äußerst hohem Grade gesellschaftliche Charakter der Produktion, die relativ geringe Anzahl der Angehörigen der herrschenden Klasse, die weitgehend „unpersönliche" Form des Ausbeutungsverhältnisses, die Härte des Machtkampfes der Monopole untereinander und ihr Streben nach höchstem Profit – führen nun dazu, daß das Monopolkapital nicht dabei stehenbleibt, den Staatsapparat als politisches und – das liegt auf der gleichen Ebene – militärisches Instrument zu gebrauchen, sondern ihn im weiteren immer stärker auch als ökonomisches Instrument, unmittelbar als Mittel seiner Bereicherung benutzt. Staatliche Organe übernehmen monopolkapitalistische Funktionen und werden dabei viel stärker von der Monopolbourgeoisie selbst in die Hand genommen; Monopolinstitutionen erhalten staatliche Befugnisse. Die relative Differenziertheit des Staates von der Sphäre der ökonomischen Tätigkeit der herrschenden Klasse, das heißt seine relative Selbständigkeit, schwindet. Apparat und Macht der Monopole und des Staates verflechten sich, verschmelzen miteinander zu einem einheitlichen System des staatsmonopolistischen Kapitalismus, mit dem die Monopolbourgeoisie das ganze Volk ausbeutet und ihrer Herrschaft unterwirft.

Die Entwicklung des staatsmonopolistischen Kapitalismus vollzieht sich in den verschiedensten Formen, die nach Zeit und Ort unterschiedlich in Erscheinung treten. Wenn wir Deutschland betrachten, sehen wir eine stärkere Ausprägung staatsmonopolistischer Tendenzen erstmals während des ersten Weltkrieges. Im Vordergrund standen die staatliche Regulierung des Wirtschaftslebens, vor allem durch die Einführung der allgemeinen Arbeitsdienstpflicht, und die Zwangssyndizierung der Wirtschaft. In der Weimarer Republik traten die Ausweitung der staatlichen Unternehmertätigkeit, die wachsende Beteiligung an Privatmonopolen, vor allem an den sogenannten gemischtwirtschaftlichen Unternehmungen der Gas- und Energiewirtschaft, die Regulierung des Außenhandelskredits und die Stützung bankrotter Monopole (insbesondere in der Weltwirtschaftskrise 1929 bis 1933) hervor. Die Ära des Hitler-

4 Vgl. *Kuczynski, Jürgen*, Die Geschichte der Lage der Arbeiter unter dem Kapitalismus, Bd 14, a. a. O., u. Bd 16: Studien zur Geschichte des staatsmonopolistischen Kapitalismus in Deutschland 1918 bis 1945, Berlin 1963.

5 In dieser „Unterordnung" des Staates unter die Monopole sehen einige Autoren bereits das Wesen des staatsmonopolistischen Kapitalismus, aber der Staat ist der herrschenden Klasse stets untergeordnet.

faschismus brachte die Wiedergeburt alter Formen der staatsmonopolistischen Wirtschaftsregulierung aus dem ersten Weltkrieg, jedoch in verstärktem Maße, auf einer höheren Stufe: Zwangsvereinigung der Wirtschaft, Zwangskontingentierung der Produktion, zentralisierte Verteilung von Roh- und Brennstoffen und Arbeitskräften. In den ersten Jahren nach 1945 fungierten die westdeutschen Monopolherren als beratende und teilweise ausführende Organe der westlichen Besatzungsmächte. Der staatsmonopolistische Kapitalismus äußerte sich in der Herrschaft des ausländischen Kapitals durch militärische Zwangsmethoden. Mit der Währungsreform 1948 und der Gründung des westdeutschen Separatstaates 1949 wurde der staatsmonopolistische Kapitalismus wieder eine Angelegenheit der deutschen Monopole. Die Hauptaufgabe war zunächst die Wiederherstellung ihrer Machtposition. Der Staat wurde in den Reproduktionsprozeß eingeschaltet, um eine größtmögliche Beschleunigung der Akkumulation durchzusetzen. Die Monopole erhielten staatliche Hilfe durch finanzielle Unterstützung (Steuervergünstigungen für die Monopole), protektionistische Zollpolitik (hohe Zollschranken) und Regulierung des Außenhandels (Devisenkontrolle). In der nächsten Etappe setzte die Förderung der expansiven Bestrebungen des deutschen Monopolkapitals ein (staatliche Kreditierung der Außenhandelsgeschäfte, Förderung des privaten Kapitalexports und vor allem Beteiligung an zwischenstaatlichen Monopolabkommen).
In diesem historischen Abriß wird der weite Bogen angedeutet, den das System des staatsmonopolistischen Kapitalismus umspannt. Wenn wir im folgenden einige Ausführungen über den Zusammenhang von Betriebsgeschichte und Entwicklung des staatsmonopolistischen Kapitalismus machen wollen, müssen wir uns auf einige Grundzüge und Beispiele beschränken.

DAS HINEINWACHSEN DES BETRIEBES IN DEN STAATSMONOPOLISTISCHEN KAPITALISMUS

Jedes besondere Glied des Systems des staatsmonopolistischen Kapitalismus – wie es zum Beispiel der einzelne Betrieb ist – kann in seinem Wirken nur verstanden werden, wenn es als Bestandteil dieses Mechanismus aufgefaßt wird und wenn den vielschichtigen staatsmonopolistischen Beziehungen nachgegangen wird, die es beeinflussen und in das System einordnen.
Der Gegenstand der Betriebsgeschichtsschreibung, der einzelne Betrieb, ist in seiner Verknüpfung mit der Gesellschaft im Laufe seiner Entwicklung Veränderungen unterworfen. Er ist nicht schlechthin kapitalistischer Betrieb, Entstehungsstätte des Mehrwerts oder sozialistischer Betrieb, Kampfplatz um höchste Arbeitsproduktivität, jener Platz, wo letztlich der Sieg über den Kapitalismus errungen wird. Auch innerhalb dieser oder jener Gesellschaftsordnung spielen sich Prozesse ab, die die Rolle des Betriebes verändern und das Geschehen im Betrieb beeinflussen. Einerseits führt die Entwicklung der Produktivkräfte, die ständig wachsende Vergesellschaftung der Produktion zur

Entstehung von Riesenbetrieben, die in den mächtigsten Monopolen zu Zusammenballungen von Zehntausenden von Arbeitern führt und Stufen der Vergesellschaftung erreicht, die von einem einzelnen Monopol nicht mehr bewältigt und beherrscht werden können. Damit ist die objektive Grundlage für die Herausbildung staatsmonopolistischer Tendenzen gegeben. Andererseits wirkt sich die Entwicklung des Kapitalismus von der freien Konkurrenz zum Monopol und vor allem die Entwicklung des staatsmonopolistischen Kapitalismus mehr oder weniger in allen wesentlichen Beziehungen auf den einzelnen Betrieb aus.

Unter den Bedingungen des Kapitalismus der freien Konkurrenz ist der kapitalistische Betrieb eine ökonomische Einheit. Er ist die Grundlage der wirtschaftlichen Tätigkeit des Unternehmers, auf der dieser sein Kapital verwertet. Das ökonomische Verhältnis zwischen Kapital und Arbeiter tritt zunächst vorwiegend als innerbetriebliches Verhältnis in Erscheinung, auch wenn die Arbeiter zur Koalition gelangen und dem Unternehmer gegenüber als Einheit auftreten oder wenn die Unternehmer untereinander Absprachen treffen.

Das ändert sich grundsätzlich mit dem Übergang zum Monopolkapitalismus. Der einem Monopol angeschlossene Betrieb verliert in mehr oder weniger großem Maße seine Selbständigkeit. Seine weitere Entwicklung erfolgt in vieler Hinsicht im Rahmen dieses Monopols und ist nur unter Berücksichtigung dieser Tatsache und aller sich daraus ergebenden Einflüsse zu verstehen.

Der Ausbeuter ist nun nicht mehr der einzelne Unternehmer, sondern das Monopol. Die Monopolprofite erlauben es, einen Teil der Arbeiter durch bestimmte Vergünstigungen zu korrumpieren. Monopolprofite und Monopolbeziehungen machen das Monopol widerstandsfähiger gegen Streiks in einzelnen Betrieben. Der Gegner der Arbeiter im Kampf um Lohn und Arbeitsbedingungen erscheint nicht mehr als Unternehmer in persona, sondern meist als eine unpersönliche Institution. Diese Momente erschweren den Klassenkampf der Arbeiter im betrieblichen Rahmen.

Mit Beginn des Hinüberwachsens des Monopolkapitalismus in den staatsmonopolistischen Kapitalismus, das heißt in Deutschland seit der Zeit vor dem ersten Weltkrieg und besonders während des Krieges, verstärken sich alle diese Momente. Der einzelne Betrieb büßt seine Rolle als selbständige ökonomische Einheit immer mehr ein. Er wird zu einem Bestandteil des gesamten Ausbeutungs-, Bereicherungs- und Unterdrückungsapparates der Monopolbourgeoisie. Die Entwicklung der Betriebe im System des staatsmonopolistischen Kapitalismus geht nicht widerspruchslos vor sich. Der Konkurrenzkampf der Monopolgruppen, vor allem aber auch der Kampf der Arbeiterklasse, verhindern eine ungehemmte Durchsetzung des staatsmonopolistischen Profitstrebens. Doch trotz dieser Vorgänge, die zeitweise starken Einfluß haben können, entwickeln sich Monopole und Staatsapparat zu einem einheitlichen Mechanismus, und das Geschehen im Betrieb ist nun weitgehend bestimmt von seinem Platz in diesem Mechanismus.

AUSWIRKUNGEN DES STAATSMONOPOLISTISCHEN KAPITALISMUS AUF DIE AUSEINANDERSETZUNG IM BETRIEB

Die Untersuchung der Lage der Arbeiter im Betrieb, vor allem die der Entwicklung der Löhne und der betrieblichen Auseinandersetzungen um diese Fragen, muß davon ausgehen, daß den Arbeitern in diesen Auseinandersetzungen im allgemeinen nicht nur der Unternehmer, der Unternehmerverband oder die Monopolgesellschaft gegenübersteht, sondern der ganze staatsmonopolistische Apparat. Die Entwicklung der Löhne, die sich im großen und auf die Dauer nach den sich spontan durchsetzenden ökonomischen Gesetzen regeln, ist im konkreten bekanntlich bestimmt von der Entwicklung des Kräfteverhältnisses zwischen Unternehmer und Arbeitern. Im Prozeß der Entwicklung des Kapitalismus – und damit der Entwicklung der Arbeiterklasse – wird die Austragung der Auseinandersetzung um die Arbeitslöhne mehr und mehr über den Rahmen des Betriebes hinaus auf die Ebene der Vereinbarungen zwischen Gewerkschaften und Unternehmerverbänden verlagert. Das Recht auf Koalition und auf tariflich geregelte Löhne ist seinem Ursprung nach von der Arbeiterklasse erkämpft, um den einzelnen Arbeiter in dem Umfang, den das Ausbeutungsverhältnis erlaubt, vor der Willkür des Ausbeuters zu schützen. Unter den Bedingungen des staatsmonopolistischen Kapitalismus diktiert – im Auftrag der Monopole – in zunehmendem Maße der Staatsapparat die Löhne. Je weiter sich der Kapitalismus zum staatsmonopolistischen Kapitalismus entwickelt, um so weniger ist das für die Austragung betrieblicher Auseinandersetzungen entscheidende Kräfteverhältnis nur das Kräfteverhältnis im Betrieb.

Natürlich behält das Kräfteverhältnis im Betrieb immer seine Bedeutung. Die große Lohnabbauoffensive Anfang der dreißiger Jahre, mit der das Monopolkapital die Lasten der großen Weltwirtschaftskrise auf die Schultern der Arbeiterklasse verlagern wollte, wurde zum Beispiel nicht mit dem Versuch generellen Lohnabbaus begonnen; vielmehr wandte die Monopolbourgeoisie die Methode des differenzierten Lohnabbaus an – differenziert nach Bezirken. Industriezweigen, Arbeiterkategorien, Betrieben und sogar Betriebsabteilungen, Bei den entscheidenden Kämpfen, vor allem den Streiks beim Mansfeld-Konzern und im Bereich der Nordwestgruppe der Metallindustrie, spielte natürlich das Kräfteverhältnis im bestreikten Bereich selbst eine hervorragende Rolle. Aber hinter den Lohnabbauforderungen standen auch hier nicht nur die Konzernherren von Mansfeld und aus dem Nordwestrevier. Das Gesamtinteresse des deutschen Monopolkapitals kam deutlich genug im Eingreifen des Staatsapparates durch Schlichtungsdiktat und mit Polizeigewalt zum Ausdruck. Auch von seiten der Arbeiterklasse – jedenfalls von seiten ihres revolutionären, von der KPD geführten Teils – wurde der Angriff der Monopolherren als Angriff auf die ganze Arbeiterklasse verstanden. Das für den Ausgang der Kämpfe bestimmende Kräfteverhältnis war letztlich das Kräfteverhältnis der Klassen im nationalen Maßstab.

Um im Kräfteverhältnis zwischen den beiden Seiten des Lohnverhältnisses das entscheidende Übergewicht zu haben, fügen die Monopolherren ihren eigenen ökonomischen Möglichkeiten die politischen des Staatsapparates hinzu. Das erfolgt in mancherlei Gestalt. Am bekanntesten ist die Einrichtung der staatlichen Schlichter. Die Schlichtungskommissionen spielen bei Lohnstreitigkeiten die Rolle eines scheinbar unparteiischen Schiedsrichters zwischen Monopolen und Gewerkschaften. Die Entscheidungen dieser Kommissionen dienen jedoch in jedem Falle den Interessen der Monopole, wenn sie auch vielfach äußerlich einem Kompromiß zwischen den Kontrahenten ähneln. Zuweilen waren die Forderungen der Monopole von vornherein überhöht; der Schiedsspruch legalisierte dann gewissermaßen ihre tatsächlichen Ansprüche und erweckte gleichzeitig den Anschein, die Interessen der Arbeiter zu berücksichtigen. Vor allem aber muß man beachten, daß der Schlichter die Gesamtinteressen der Monopolbourgeoisie vertritt, die in ihrer Gesamtheit an der Provozierung von Streiks durch übertriebene Schärfe einzelner ihrer Gruppen meist nicht interessiert ist. Ausschlaggebend für die Entscheidung der Schlichtungskommissionen ist in jedem Falle dieses Gesamtinteresse.
Das Schlichtungssystem als Mittel des staatsmonopolistischen Kapitalismus ist im Interesse der Monopole noch durch staatliche Zwangsschlichtung und Verbindlichkeitserklärung von Schiedssprüchen ergänzt worden – wodurch, wie am Rande zu bemerken ist, auch die reformistische Gewerkschaftsbürokratie gegen die Streikforderungen der Gewerkschaftsmitglieder gedeckt wurde. Wenn sich die Betriebsgeschichte mit der Gestaltung der Arbeitsbedingungen und der Löhne und mit den darum geführten Kämpfen, wenn sie sich mit ökonomischen Streiks beschäftigt, muß sie beachten, welche Rolle im gegebenen Fall der staatliche Schlichter, der Repräsentant des staatsmonopolistischen Kapitalismus, gespielt hat.
Doch beschränkt sich der staatsmonopolistische Kapitalismus nicht auf diese als unparteiisch getarnte Form des Eingreifens in das Betriebsgeschehen. Unter bestimmten Umständen diktiert der Staat direkt und offen den Lohnabbau. Ein typischer, bekannter Fall dieser Art ist die Notverordnungsdiktatur der letzten Regierungen der Weimarer Republik. Unter den Reichskanzlern Brüning und Papen wurden eine ganze Reihe sogenannter Notverordnungen nach Artikel 48 der Weimarer Verfassung erlassen, die auch vor allem Lohnherabsetzungen zum Inhalt hatten, so daß es zu einer „Verschmelzung der Lohnbüros der Monopole mit der Reichskanzlei“ kam, die Kuczynski eine „neue, ungeheuerlich wirksame Form des staatsmonopolistischen Kapitalismus“ nennt.[6]
Untersucht nun die Betriebsgeschichtsschreibung einen bestimmten lokalen Streik aus dieser Zeit, so hat sie es direkt und offensichtlich mit einem Kampf gegen eine Maßnahme des staatsmonopolistischen Kapitalismus, gegen dieses System zu tun, weil der möglicherweise lokale Anlaß des Kampfes in der Regel

6 Vgl. *Kuczynski, Jürgen*, a. a. O., Bd 16, S. 109ff., vor allem S. 120.

von einer solchen Notverordnung abgeleitet ist. Die Betriebsgeschichtsschreibung muß diesen Zusammenhang zeigen, auch wenn dieser Streik wirklich nur diesen einen oder wenige Betriebe erfaßt hat. Im Herbst 1932 zum Beispiel gab es in Deutschland Hunderte von Streiks, die meisten von ihnen in kleineren Betrieben. Sie wurden isoliert voneinander ausgelöst, zur Abwehr konkreter Lohnabbaumaßnahmen, die zu dem betreffenden Zeitpunkt in den jeweiligen Betrieben vorgenommen wurden. Alle diese Streiks sind nicht richtig zu verstehen und einzuschätzen, wenn sie als isolierte Erscheinungen betrachtet werden; denn diese Lohnabbaumaßnahmen stützten sich sämtlich auf die Notverordnungen vom 4. und 5. September 1932, wonach die Unternehmer unter anderem berechtigt waren, bei der Einstellung von Erwerbslosen die Löhne für die gesamte Belegschaft, ohne Kündigung der Tarife, gestaffelt, bis zu fünfzig Prozent unter die Tarifsätze herabzusetzen. Das war nicht nur ein Angriff auf die ohnehin elende Lebenslage der Arbeiter, sondern zugleich der Versuch, einen Teil des Faschisierungsprogramms der Papen-Regierung durchzusetzen, nämlich das Tariflohnsystem zu liquidieren. Der ausgeprägt staatsmonopolistische Charakter dieser Notverordnungen kam auch darin zum Ausdruck, daß den Unternehmern aus der Staatskasse Kopfprämien für eingestellte Erwerbslose gezahlt wurden. Durch eine entsprechende Herabsetzung der dürftigen Unterstützungssätze bis zur Aussteuerung Hunderttausender Erwerbsloser aus jeder Form öffentlicher Unterstützung wurde ein entsprechender Druck auf die Erwerbslosen ausgeübt, sich auch zu den erwähnten, radikal verschlechterten Bedingungen ausbeuten zu lassen. Die nötigen Mittel für die genannten Kopfprämien stellte praktisch die Reichsversicherungsanstalt bereit, die in den folgenden Monaten des Jahres 200 Millionen Mark herauswirtschaftete. Dieser Teil der Notverordnungen zielte auf das von Papen ausgesprochene Ziel ab, die staatliche Regelung der Erwerbslosenunterstützung völlig zu liquidieren. Jeder unter diesen Umständen geführte Streik war ein Schlag gegen diese Notverordnungen und damit gegen das System des staatsmonopolistischen Kapitalismus. Es handelte sich letzten Endes nicht mehr um Streiks wegen betrieblicher Belange – auch wenn das der Form nach der Fall war –, sondern um Streiks gegen die staatsmonopolistische Politik im ganzen.

Was hier deutlich auf der Hand liegt, ist, wenn auch meist weniger offen, die Regel: Unter den Bedingungen des staatsmonopolistischen Kapitalismus werden betriebliche Kämpfe, wie zum Beispiel Lohnkämpfe, von Unternehmerseite unter vielseitigem Einsatz des Staatsapparates ausgetragen.

In diesem Zusammenhang ist auch darauf hinzuweisen, daß die Monopolbourgeoisie bestrebt ist, sich der Gewerkschaften zu ihrem Zweck zu bedienen, diese in das System des staatsmonopolistischen Kapitalismus einzubauen. Dazu eignen sich nicht nur unternehmerhörige „gelbe" Gewerkschaften. Das Monopolkapital versucht auch, reformistische Gewerkschaftsführer in seine Interessenvertreter oder in seine „Partner" im Wirtschaftsleben zu verwandeln – eine Tendenz, die selbstverständlich sehr widerspruchsvoll ist und der ständig der Druck der Arbeiterklasse entgegenwirkt. Offen tritt dieses Bestreben in den Versuchen zur Gleichschaltung der Gewerkschaften zutage, die zum Beispiel unter dem Faschismus mit der DAF praktiziert wurde. Der Begriff der Gleichschaltung bringt das Wesen des Vorgangs zum Ausdruck: die Umwandlung von Arbeiterorganisationen in – oder ihre Ersetzung durch – eine Art staatliche Einrichtung, die ebenso wie alle anderen Einrichtungen des imperialistischen Staates Bestandteil des einheitlichen Mechanismus zur direkten und indirekten Bereicherung der Monopolbourgeoisie sind.

STAATLICHE UND „PRIVATE" BETRIEBE IM STAATSMONOPOLISTISCHEN KAPITALISMUS

Im System des staatsmonopolistischen Kapitalismus erhält der Staatsapparat auch in größerem Maße unmittelbar ökonomische Funktionen. Ein mehr oder weniger umfangreicher Teil der Wirtschaft wird im Auftrag der Monopolbourgeoisie durch den Staat geleitet. Staatliche oder kommunale (dem Wesen nach gleiche) Betriebe spielen unter Umständen eine sehr große Rolle im Wirtschaftsleben. Dabei muß beachtet werden, daß die staatliche Eigentums- oder Verwaltungsform, die die objektiv wirkende Tendenz zum immer engeren Zusammenschluß der gesamten Produktion widerspiegelt, natürlich nicht den Kampf der einzelnen Monopolgruppen untereinander ausschließt, den Kampf um den größeren Einfluß auf Staatsapparat und Staatsbetriebe.

Das Wirken der Profitinteressen der einzelnen Gruppen der Monopolbourgeoisie zeigt sich darin, daß für die Monopole auch die Verstaatlichung und der gegensätzliche Prozeß, die Reprivatisierung, Gelegenheiten zur Bereicherung sind. Steht für einen Betrieb zum Beispiel die Verstaatlichung in Aussicht, so unterläßt der Monopolkapitalist selbstverständlich jede technische Neuerung. Die Erneuerung des Produktionsapparates unrentabel arbeitender Monopolbetriebe auf Staatskosten kann unter staatsmonopolistischen Bedingungen geradezu der Zweck der Übertragung von Betrieben aus der privaten in die öffentliche Hand sein. Auf der anderen Seite werden Reprivatisierungen in der Regel nur vorgenommen, wenn es sich um Betriebe handelt, deren technische Ausrüstung mit öffentlichen Mitteln auf den neuesten Stand gebracht wurde.

Bei der Verstaatlichung bzw. Reprivatisierung zeigt sich sehr deutlich der staatsmonopolistische Charakter des kapitalistischen Wirtschaftssystems. Die Richtung dieses Prozesses ist jeweils davon abhängig, ob der Betrieb umfangreiche Investitionen erfordert oder gerade hohen Gewinn garantiert, und sie wird entschieden nach dem Grundsatz: den Profit für die Monopole – die Investitionen aus den Taschen der Steuerzahler. Beide Richtungen des Prozesses sind zu gleicher Zeit möglich, wie es sich zum Beispiel Anfang der zwanziger Jahre in Berlin zeigte. Damals überließen die Elektrokonzerne AEG und Siemens ihre auf den Bau von Schnellbahnen im Berliner Stadtverkehr spezialisierten Tochtergesellschaften der Stadt, da sich das Vorhaben als langwierig, kostspielig und von zweifelhafter Rentabilität erwiesen hatte. Das heißt,

sie überließen der Stadt das Risiko – in diesem Falle fortgesetzte Überschreitung der veranschlagten Kosten – und die Bereitstellung der Mittel, die sich relativ langsam umschlugen; aber sie sicherten sich Bau- und Lieferungsaufträge, die eine viel raschere Realisierung der Gewinne gestatteten.
In die gleiche Zeit fällt ein eklatanter Privatisierungsskandal: Die Verpachtung der städtischen Häfen und Ladestraßen auf fünfzig Jahre an die „Behala", deren Aktienkapital zu 75 Prozent in den Händen des Speditionskonzerns Schenker war (ein Monopol, das von den Berliner Großbanken und, wie es scheint, von der AEG beherrscht wurde). Diese Privatisierung war nur oberflächlich durch eine unmaßgebliche Beteiligung der Stadt und durch die Form der „Verpachtung" getarnt. Doch weder die Beteiligung der Stadt noch die „Verpachtung" beeinträchtigten die privatkapitalistische Verfügung des Schenker-Konzerns über das Objekt. Diese Transaktion wurde 1923 durchgeführt, das heißt unmittelbar nachdem der größte Berliner Hafen, der Westhafen, aufs modernste ausgestattet worden war (der Osthafen war kurz vor dem ersten Weltkrieg modernisiert worden) und rechtzeitig genug, daß der Schenker-Konzern die gesamte Pachtsumme für fünfzig Jahre sofort in wertlosem Inflationsgeld zahlen konnte. Ein zeitgenössischer Kritiker berechnete, daß die Übernahme des Riesenbetriebes auf fünfzig Jahre den Privatkonzern nicht mehr gekostet habe als die Jahrespacht für ein gutgehendes Café.[7] Bezeichnend für das System des staatsmonopolistischen Kapitalismus ist dabei, daß bald darauf der zuständige Stadtrat, der die Privatisierung durchgeführt hatte, sein Amt mit dem Sessel eines Direktors im Schenker-Konzern vertauschte. Es versteht sich, daß in einer Betriebsgeschichte der Berliner Häfen diese Vorgänge, deren Bedeutung weit über einen lokalen Skandal hinausgeht, einen wichtigen Platz einnehmen müssen.
Bei der Verstaatlichung oder Kommunalisierung von Betrieben spielt die politische Situation eine erhebliche Rolle. Ein maßgebliches Moment ist zum Beispiel in bestimmten Lagen der Druck der Arbeiterklasse auf den Monopolkapitalismus. So leiteten in Deutschland nach der Novemberrevolution die rechten SPD- und Gewerkschaftsführer das sozialistische Streben der Arbeiterklasse und anderer werktätiger Schichten auf eine „Sozialisierung dafür reifer Betriebe" ab, das heißt auf ihre Verstaatlichung unter staatsmonopolistischen Bedingungen.
Unter bestimmten Bedingungen kann aber die Verstaatlichung von Betrieben auch unter monopolkapitalistischen Verhältnissen den Interessen der Werktätigen entsprechen. In einer Situation, in der es den demokratischen Kräften mit Hilfe politischen Druckes gelungen ist, staatliche (bzw. kommunale) Positionen unter ihren Einfluß zu bringen und dadurch staatliche Betriebe in gewissem Umfang zu kontrollieren, kann die Verstaatlichung zu einem Kampfziel der Arbeiterklasse werden. In unseren Überlegungen kann diese Seite jedoch

7 Vgl. *Simon, Otto*, Berliner Verkehrswirtschaft – Berliner Häfen – Berliner Unbegreiflichkeiten, [Berlin 1926], S. 21.

außer acht gelassen werden, da Gegenstand dieser Überlegungen die staatlichen Betriebe und die Verflechtung von staatlichen und privaten Betrieben bzw. Monopolen als Formen des staatsmonopolistischen Kapitalismus sein sollen.

Aufschlußreich ist die Untersuchung der Rolle der Verkehrsbetriebe, die oft staatlich oder halbstaatlich sind. Lenin schrieb 1917: „Der Bau von Eisenbahnen scheint ein einfaches, natürliches, demokratisches, kulturelles, zivilisatorisches Unternehmen zu sein: Ein solches ist es in den Augen der bürgerlichen Professoren ... und in den Augen der kleinbürgerlichen Philister. In Wirklichkeit haben die kapitalistischen Fäden, durch die diese Unternehmungen in tausendfältigen Verschlingungen mit dem Privateigentum an Produktionsmitteln überhaupt verknüpft sind, diesen Bau in ein Werkzeug zur Unterdrückung von *einer Milliarde* Menschen (in den Kolonien und Halbkolonien), d. h. von mehr als der Hälfte der Erdbevölkerung in den abhängigen Ländern und den Lohnsklaven des Kapitals in den ‚zivilisierten' Ländern verwandelt."[8], Lenin zeigt, daß die Eisenbahnen, die vielfach mit staatlichen, von der Bevölkerung aufgebrachten Geldern gebaut werden, durchaus nicht der Interessen der gesamten Bevölkerung wegen gebaut und betrieben werden. Sie sind „in tausendfältigen Verschlingungen mit dem Privateigentum an den Produktionsmitteln" verknüpft, dienen diesem Privateigentum und tragen zur Unterdrückung der Ausgebeuteten bei. Das Monopolkapital „erschließt" mit ihrer Hilfe seinem Profitstreben neue Rohstoffgebiete, neue Märkte und neue Arbeitskräftereservoire, und es sichert mit ihnen die Beweglichkeit der polizeilichen und militärischen Stützen seiner Macht.

Im Prinzip unterscheiden sich die Funktionen örtlicher Verkehrsbetriebe, besonders in den Großstädten, den Zentren der großen Industrie und des Güterumschlages, nicht von denen der Eisenbahnen. Nicht einmal die Personenbeförderung im örtlichen Nahverkehr hat eine andere ökonomische Funktion als die der „Erschließung" von Arbeitskräftereservoirs. Auch ihre Entwicklung ist durch nichts als durch monopolkapitalistische Profitmacherei bedingt (unbeschadet gewisser Nebenwirkungen, zum Beispiel auch bestimmter Erleichterungen für die Arbeiter, die von der bürgerlichen Apologetik als Wesen der Sache ausgegeben werden). Dafür möge als Beispiel die in den Jahren der Weimarer Republik entstandene Berliner Verkehrsgesellschaft stehen. Dieses städtische Unternehmen war einer der größten Verkehrsbetriebe Europas. Der Berliner Magistrat stellte, besonders seit der Bildung der Großgemeinde Groß-Berlin im Jahre 1920, das Verkehrsproblem in den Mittelpunkt. Der damalige Oberbürgermeister Gustav Böss war selbst aus dem Verkehrswesen hervorgegangen; mit Feuereifer und ohne Schonung der städtischen Finanzen stürzte er sich in die Aufgabe, das Berliner Nahverkehrsnetz auszubauen. Dabei erhob er ein großes Geschrei über die „soziale" Notwendigkeit der Lösung dieser Aufgabe. Bestimmend waren aber durchaus nicht die Interessen der werktätigen Bevölkerung der Millionenstadt, sondern vielmehr die Bedürfnisse der Berliner

8 *Lenin, W. I.*, Werke, Bd 22, Berlin 1960, S. 194/195.

Monopolbetriebe. Dieses Eingeständnis findet sich in einer der Reden des Oberbürgermeisters, in der er seinen Begriff von Sozialpolistik erläuterte. Es ist eine schöne Paraphrase des „zivilisatorischen" Zwecks derartiger Unternehmungen, wie ihn Lenin in den Auslassungen von „Professoren und kleinbürgerlichen Philistern" fand. Böss begründete seine Auffassung, daß Verkehrsfragen wichtiger Bestandteil der „Sozialpolitik" – wie er sie sah – sein müßten: „Der Mann oder die Frau, die auf dem Wege zur Arbeitsstätte in langsam fahrenden, schlecht gelüfteten Wagen sich aufhalten müssen, die im Gedränge nur mühsam ihre Kräfte zusammenhalten können, sind nicht imstande, wenn sie an der Arbeitsstätte angekommen sind, das zu leisten, was der Arbeitgeber und was die Volkswirtschaft von ihnen verlangen."[9]

Hier entschlüpfte dem obersten Repräsentanten des Berliner kommunalen Apparats, der ebenso wie andere Teile des Staatsapparats ein Organ im System des staatsmonopolistischen Kapitalismus war, eine aufschlußreiche Auslegung des Begriffs „Sozialpolitik". Auch die Lösung des Berliner Verkehrsproblems war also durchaus kein „einfaches, natürliches, demokratisches, kulturelles, zivilisatorisches Unternehmen", sondern, wie es Lenin am Beispiel der Eisenbahnen nachwies, ein Unternehmen im Interesse des Monopolkapitals. Die Berliner Monopole brauchten, um ihre Riesenbetriebe in Spandau, Köpenick, Treptow und in anderen Außenbezirken mit Arbeitskräften aus allen Teilen der Stadt zu versorgen, ein dichtes und gut funktionierendes Personenverkehrsnetz. Durch die Schaffung dieses Netzes garantierte ihnen die Stadt, daß „die Kraft der Bevölkerung so gepflegt, geschont und wirtschaftlich richtig ausgenutzt werden konnte".[10]

Was folgt daraus für eine betriebsgeschichtliche Untersuchung etwa der Berliner Verkehrsbetriebe? Eine derartige Untersuchung darf die sozialen Phrasen Böss' und anderer, die die nüchterne staatsmonopolistische Wahrheit verhüllen sollten, nicht für bare Münze nehmen und an die „Gemeinnützigkeit" eines derartigen Unternehmens glauben. Das Wesen der Berliner Verkehrspolitik lag nicht darin, daß dadurch viele Arbeiter günstigere Verbindungen und bequemere Wege zum Arbeitsplatz erhielten, daß effektiv für einen Teil der Arbeiter der Arbeitstag verkürzt wurde – das waren Nebenerscheinungen, deren Wirkung sich zudem die Monopole teilweise wieder durch verstärkte Arbeitshetze zunutze machten –, dieses Wesen lag nicht in dem in begrenztem Umfang tatsächlich gegebenen Gemeinnutzen. Die bürgerlichen Thesen, die die Nebenwirkungen für das Wesen ausgeben, knüpfen zwar an eine tatsächlich vorhandene Seite an, aber das macht sie nur gefährlich und unwahr, denn dies ist eben nicht die Hauptseite, die bestimmende Seite. Der Verfasser einer betriebsgeschichtlichen Untersuchung darf auch nicht glauben, daß der kapitalistische Charakter solcher Betriebe etwa allein darin läge, daß ihre Fahrttarifpolitik auf der einen, ihre Lohnpolitik auf der anderen Seite ihre Ren-

9 *Böss, Gustav,* Die sozialen Aufgaben der Kommunalpolitik, Berlin [1928], S. 14.
10 Ebenda, S. 15.

tabilität zu sichern hätten und daß ihr Zweck unbedingt das direkte Profitmachen sei. In einer Beziehung waren diese Betriebe wirklich „gemeinnützig", indem sie nämlich von der Monopolbourgeoisie gemeinsam genutzt wurden, als Bestandteil ihres Wirtschaftsapparates – in diesem Fall als der Teil, der die Ausbeutungsbedingungen zu erleichtern (für die Ausbeuter zu erleichtern) hatte, und diesen Teil stellte die Stadt, die ihn aus den Steuern der Bevölkerung finanzierte. Alles zusammen bestimmte den Platz dieser Betriebe im System des staatsmonopolistischen Kapitalismus. Die Monopolbourgeoisie hatte es nicht nötig, sich an diesen Betrieben unmittelbar zu bereichern; sie tat es mittelbar, indem sie sich diesen notwendigen Bestandteil ihres ökonomischen Apparates auf Staatskosten bzw. auf städtische Kosten stellen ließ und ihn durch die verstärkt ermöglichte Ausbeutung in ihren eigenen Betrieben genoß. Eben in dieser indirekten Bereicherung der Monopole lag der Zweck der Berliner Verkehrsbetriebe – und eine Betriebsgeschichte müßte diesen Zweck aufdecken.

Die eben betrachtete Funktion staatlicher Betriebe im System des staatsmonopolistischen Kapitalismus tritt häufig auf und ist keineswegs auf das Verkehrswesen beschränkt. Das gleiche Prinzip liegt zum Beispiel der Tätigkeit staatlicher oder städtischer Energiebetriebe zugrunde. Das Monopolkapital läßt einen Teil des zum Profitmachen nötigen Produktions- (bzw. Transport- usw.)apparates mit öffentlichen Mitteln aufbauen und finanzieren. Dabei orientiert man sich nicht unbedingt auf die Rentabilität der Staatsbetriebe. Die Beziehungen zwischen diesen und den direkt in der Hand der Monopole befindlichen Betrieben werden vielmehr so gestaltet, als ob die Staatsbetriebe ein Teil der interessierten Monopole wären. Elektrizitätswerke (für Gas- und Wasserwerke gilt Ähnliches) spielen für die großen Monopolbetriebe mit hohem Energieverbrauch dem Wesen nach dieselbe Rolle wie die Dampfmaschine für die Fabrik des 19. Jahrhunderts. Aber während damals der Unternehmer seine Dampfmaschine selbst anschaffen und unterhalten mußte, lassen die modernen Monopolkapitalisten ihre Dampfmaschine, das Kraftwerk, sich immer öfter vom Staat bereitstellen und mit den Steuergeldern der Bevölkerung finanzieren. Dieses Kraftwerk muß keinesfalls rentabel sein: Die Monopolisten sind als Großabnehmer des Erzeugnisses elektrischer Strom an niedrigen Tarifen (jedenfalls für sich) interessiert, und die nötigen Zuschüsse mag der Staat zahlen. Auf diese Weise wird praktisch ein Teil der Produktionskosten der privaten Großindustrie vom Staat getragen, und für die Monopolherren entsteht eine neue Möglichkeit, sich die entsprechenden Summen anzueignen.

Unter Umständen hat auch der Eigenbetrieb von Kraftwerken für die Monopole an Interesse gewonnen, vor allem dann, wenn diese Werke aus Staatsmitteln modern ausgerüstet wurden, wenn sie sehr billig produzieren und wenn der Verkauf von Energie an andere Verbraucher zusätzliche Gewinne verspricht.[11] So steht es „mit der Elektrizitätsindustrie, mit dem überwältigenden

11 Vgl. *Schmidt, Martin,* Die BEWAG-Transaktion im Jahre 1931, Berlin 1957.

Teil der übrigen Betriebe der öffentlichen Wirtschaft, die alle Elemente des staatsmonopolistischen Kapitalismus sind, die alle gerade als öffentliche Betriebe den Monopolen dienen, die reprivatisiert werden, wenn sie es in dieser Gestalt nicht mehr tun, genau wie private Betriebe verstaatlicht werden, wenn sie in der letzteren Form den Monopolen besser dienen"[12].

Im allgemeinen kann man sagen, daß die Bedeutung der staatlichen Betriebsform im staatsmonopolistischen Kapitalismus eine zunehmende Tendenz aufweist. Zeitweilige Rückläufigkeit ist dabei nicht einfach als Abbau des staatsmonopolistischen Charakters des Systems aufzufassen, denn die staatliche Betriebsform ist nicht Prinzip des staatsmonopolistischen Kapitalismus, sondern nur im Interesse der Bereicherung der Monopolbourgeoisie in vielen Fällen zweckmäßig.

PERSONELLE VERFLECHTUNG VON STAAT UND MONOPOLEN

Die Geschäftsführung der staatlichen Betriebe überlassen die Monopole im allgemeinen nicht einfach den staatlichen Behörden als der gewissermaßen allgemeinsten Repräsentation der Monopolbourgeoisie als Klasse. Die interessierten Monopole schicken ihre führenden Leute in Vorstände und Aufsichtsräte staatlicher Gesellschaften, so daß diese ihrer Kontrolle direkt unterstellt sind. Die „Adreßbücher der Direktoren und Aufsichtsräte" geben oft recht eindeutigen Aufschluß darüber, welches Monopol oder welche Bank einen bestimmten staatlichen Betrieb dirigiert. Den Monopolvertretern gegenüber sind die in solchen Aufsichtsräten sitzenden Mitglieder der zuständigen Abgeordnetenhäuser – wenn sie nicht sowieso direkt korrumpiert sind – meist gar nicht in der Lage, eine den Interessen ihrer Wähler dienende Politik durchzusetzen. Andererseits erweisen sich manche bürgerliche Parlamentarier oder Beamte in ihrer Tätigkeit im Aufsichtsrat angeblich „gemeinnütziger" staatlicher Unternehmen als so nützlich für die Monopole, daß sie von diesem Sprungbrett aus in die Direktorien und Aufsichtsräte privater Gesellschaften gelangen. Die Untersuchung dieser Auswechselbarkeit und der weitgehenden Personalunion der leitenden Körperschaften öffentlicher und privater Betriebe gibt der Betriebsgeschichte wertvolle Aufschlüsse über die Verflechtung dieser Betriebe und der staatlichen Verwaltung zu einem einheitlichen staatsmonopolistischen System.

Die personelle Verflechtung von Staat und Monopolen bezieht sich aber keineswegs nur auf die leitenden Gremien in öffentlichen und privaten Betrieben. Sie ist auf allen Ebenen der politischen Gewalt, in der Exekutive (der die Regierungsgeschäfte vollziehenden Gewalt) und der Legislative (der die Gesetze gebenden Gewalt) zu finden. Die Geschichte des deutschen Imperialismus kennt eine Reihe von Beispielen, wo führende Monopolisten oder auch führende

12 *Kuczynski, Jürgen,* a. a. O., Bd 16, S. 98.

Vertreter des Monopolkapitals hohe politische Funktionen im Staatsapparat bekleideten. Am bekanntesten ist wohl der Name von Walter Rathenau, der als leitender Chef eines der größten Elektrokonzerne, der AEG, zu Beginn des ersten Weltkrieges im preußischen Kriegsministerium für die zivile Seite der Kriegsführung verantwortlich zeichnete und 1921 bis 1922 Reichsminister für Wiederaufbau und 1922 Reichsminister für Auswärtiges war.[13]

Damit ist jedoch nicht gesagt, daß sich in jedem Betrieb diese offen sichtbaren Beziehungen nachweisen lassen. Der Begriff der Verflechtung von Monopolen und Staat darf auf keinen Fall zu eng gefaßt und nur auf die Form der Personalunion angewendet werden; wir müssen vielmehr die verschiedenen Formen untersuchen, in denen die Monopole ihren Einfluß auf den Staatsapparat ausüben, und dazu gehören monopolistische Zusammenschlüsse und wirtschaftliche Zweckverbände, bürgerlich-politische Parteien und Organisationen sowie gesellschaftliche Organisationen und Vereinigungen verschiedenster Art.

Als Ausgangspunkt für die Untersuchung dieser Fragen wählen wir die führenden Monopolvertreter im Betrieb. Dazu zählen wir bei einem großen Konzernwerk vor allem die Mitglieder des Aufsichtsrats und des Vorstands, bei einem Einzelwerk müssen wir den Werkvorstand oder die Werkleitung dazurechnen. Selbstverständlich kann der hier umschriebene Personenkreis auch auf andere leitende Personen des Werkes ausgedehnt werden, sofern sie über außergewöhnliche Entscheidungsbefugnisse verfügen. Über diesen Personenkreis gilt es, soviel wie möglich in Erfahrung zu bringen, über die persönliche Entwicklung, die persönlichen Beziehungen und die Funktionen in den verschiedensten Organisationen der Wirtschaft, Politik und Gesellschaft. Wichtigste Quellen hierfür sind die Personalakten der leitenden Angestellten, in denen sich Lebensläufe, Beurteilungen früherer Dienststellen und andere Charakteristiken befinden. Diese Daten können vielfach aus dem internen Schriftwechsel der Direktoren und Vorstandsmitglieder bzw. des Aufsichtsrats ergänzt werden. In manchen Betrieben findet sich auch persönlicher Schriftwechsel, der Rückschlüsse auf den persönlichen Umgang und die persönlichen Beziehungen zuläßt.

13 Einige andere bekannte Fälle sind: *Wilhelm Cuno* (Vorstandsvorsitzender der Hapag, Verbindungen zum Stinnes-Konzern): während des Krieges Leiter der Reichsgetreidestelle und Organisator des Kriegsernährungsamtes, Generalreferent für kriegswirtschaftliche Fragen im Reichsschatzamt, 1922/23 Reichskanzler; *Julius Curtius* (Mitglied von Aufsichtsräten in der Schwer-, Kali- und Waggonbauindustrie, vor allem im Hoesch-Konzern): 1926—1929 Reichswirtschaftsminister, 1929—1931 Reichsaußenminister; *Paul Moldenhauer* (im Stickstoff-Syndikat Interessenvertreter der IG—Farben): 1929 Reichswirtschaftsminister unter dem sozialdemokratischen Reichskanzler Müller, 1929/30 Reichsfinanzminister in der ersten Brüning-Regierung; *Hermann Warmbold* (Vorstandsmitglied der IG—Farben): 1931/32 Reichswirtschaftsminister in der zweiten Brüning-Regierung sowie unter den Kanzlern v. Papen und v. Schleicher.

Wichtige Quellen liegen auch außerhalb des Betriebsarchivs. Vor allem Handbücher, Adreßbücher und Lexika sind geeignet, Angaben über die führenden Monopolisten und ihre Beauftragten zu liefern. Seit 1898 erscheint, abgesehen von einer durch den zweiten Weltkrieg bedingten Unterbrechung, jährlich das Adreßbuch der Direktoren und Aufsichtsräte.[14] 1905 gab A. L. Degener zum ersten Mal ein deutsches „Who's who?" – „Wer ist's?" heraus, das in unregelmäßiger Folge bis in die Gegenwart erscheint. Darin finden sich Angaben über die wichtigsten Vertreter der jeweiligen kapitalistischen Gesellschaft.[15] Auch die seit 1953 in Westdeutschland erscheinende Neue Deutsche Biographie ist hier zu nennen. Obwohl bis 1962 erst fünf Bände (bis zu den Buchstaben Fyn) erschienen sind, finden wir darin rund 1300 Biographien von führenden Unternehmern aus der Geschichte des deutschen Kapitalismus.[16] Nicht zuletzt sei hier an eine Quelle gedacht, die häufig übersehen wird: die großen vielbändigen Universallexika, vor allem den Großen Brockhaus und Meyers Lexikon. Eine besondere Gruppe literarischer Quellen sind schließlich Schriften, die von dem untersuchten Personenkreis selbst verfaßt wurden.

Bei allen bürgerlichen Quellen ist zu beachten, daß sie zwar in bezug auf Fakten eine gewisse Hilfsunterlage bieten, aber, soweit sie eine Wertung vornehmen, die Rolle der Unternehmer zu verfälschen suchen.[17]

Wie wir anfangs erwähnt haben, genügt es nicht zu wissen, welcher Direktor vielleicht zufällig eine staatliche Funktion bekleidete. Der Bereich der personellen Verbindungen zum Staat ist weitaus umfangreicher und verwickelter, als er in der klassischen Form der Personalunion zwischen monopolistischer und staatlicher Funktion zum Ausdruck kommt. Die Verbindungen können allgemein nach ihrer direkten und indirekten Einflußnahme unterschieden werden. Die direkten Verbindungen wirken hauptsächlich über staatliche Institutionen. Dazu gehören nicht nur Ministerien und Parlamente, sondern auch kommunale Körperschaften, Länder und Gemeinden, Deutscher Städtetag und Deutscher Landkreistag. Besonders wichtig sind die wirtschaftlichen Administrationen wie Industrie- und Handelskammern, Deutscher Industrie- und Handelstag (Dachverband der Industrie- und Handelskammern und verwandter Organisationen), Handelskammern (deutsche Handelskammern im Ausland und ausländische Handelskammern in Deutschland), Reichsnachrichtenstellen für Außenhandel und Berufsgenossenschaften. Die indirekten

14 Vgl. *Radandt, Hans*, Spezialverzeichnis ausgewählter Nachschlagewerke für die wirtschaftshistorische Forschung aus den Beständen der Berliner Bibliotheken, in: Jahrbuch für Wirtschaftsgeschichte 1962, T. 2, Berlin 1962, S. 260f.

15 Ebenda, S. 261.

16 Dem Charakter dieses Handbuches entsprechend, sind nur bereits Verstorbene aufgenommen worden.

17 Siehe dazu *Baudis, Dieter/Handke, Horst/Schröder, Rudolf*, Der Unternehmer in der Sicht der westdeutschen Firmen- und Wirtschaftsgeschichte, in: Zeitschrift für Geschichtswissenschaft, 1/1963, S. 78–103.

Verbindungen laufen hauptsächlich über Verbände, Organisationen oder Parteien. Es wird versucht, von dort aus Einfluß auf die staatliche Lenkung zu nehmen.
Sowohl die direkten als auch die indirekten Verbindungen können sichtbar, in der Regel in Form der Personalunion bekannt, oder weniger sichtbar verlaufen. Im letzten Fall treten an die Stelle der führenden Monopolisten oder Manager Beauftragte, meist Juristen oder Volkswirte, die die Monopolinteressen wahrnehmen.

MONOPOLISTISCHE ZUSAMMENSCHLÜSSE UND WIRTSCHAFTLICHE ZWECKVERBÄNDE

An erster Stelle stehen monopolistische Zusammenschlüsse und wirtschaftliche Zweckverbände. Dazu gehören vor allem Monopolvereinigungen wie Kartelle und Syndikate, Verbände mit vornehmlich wirtschaftlicher und wirtschaftspolitischer Zielsetzung, insbesondere die Unternehmer- und Arbeitgeberverbände, in denen die kapitalistischen Unternehmer nach bestimmten Gesichtspunkten wirtschafts- oder sozialpolitisch zusammengeschlossen sind, und wirtschaftliche Verbände und Vereine, die einen lokalen, provinziellen oder bezirklichen Charakter haben und auf bestimmte Fragen der örtlichen oder regionalen Wirtschaft orientiert sind. In die letzte Gruppe gehören Vereine wie der Wirtschaftsverband Mitteldeutschland e. V., in dessen Satzung als Ziel die „Wahrnehmung der Wirtschaftsinteressen, insbesondere Mitteldeutschlands, gegenüber Parlamenten und Regierungen" und „der Ausgleich gegensätzlicher Interessen der einzelnen Wirtschaftszweige untereinander" angegeben ist[18], oder der Wirtschaftsbund Niedersachsen-Kassel, der in seiner Satzung vom 7. 5. 1927 angibt: „Die amtlichen und freien Berufsvertretungen der auf dem Boden des Privateigentums, der Eigenwirtschaft und des selbstverantwortlich schaffenden Unternehmertums stehenden Wirtschaftskreise von Industrie, Handel, Handwerk, Landwirtschaft und freien Berufen des Wirtschaftsgebietes Niedersachsen-Kassel ... in möglichster Geschlossenheit zusammenzufassen, ihre wirtschaftlichen und wirtschaftspolitischen, sozialen und sozialpolitischen Belange zu vertreten sowie die gesamte Wirtschaft seines Gebietes mit allen geeignet erscheinenden Mitteln zu fördern."[19] Da in diesen Vereinigungen Unternehmungen von unterschiedlicher Größe und Stärke vertreten sind, ist es von besonderer Wichtigkeit festzustellen, wie stark der Einfluß des jeweiligen Betriebes in diesen Organisationen und von da aus auf die staatlichen Institutionen ist. So besaß der IG-Farben-Trust innerhalb der

18 *Handbuch wirtschaftlicher Verbände und Vereine des Deutschen Reiches*, 3. Aufl., Berlin 1928, S. 214.
19 Ebenda, S. 216.

Wirtschaftsgruppe Chemie, die während der Zeit des Hitlerfaschismus mit staatlichen Vollmachten ausgestattet war, einen so starken Einfluß, daß keine wichtige Stelle in dieser Organisation ohne seine Genehmigung besetzt werden konnte. Als im Jahre 1937 die Ernennung eines neuen „Führers" der Wirtschaftsgruppe diskutiert wurde, betrachteten es die IG-Gewaltigen als selbstverständlich, daß für diesen Posten nur ein Vertreter der IG in Frage kam. Das Vorstandsmitglied Kühne empfahl den IG-Mann Bachmann aus dem IG-Werk Knapsack. In einem Schreiben an den Vorstandsvorsitzenden Schmitz vom 31. 8. 1937 wurde dieser Vorschlag wie folgt begründet: „Herr Bachmann ist im Gegensatz zu Herrn Clemm (dem bisherigen ‚Führer' der Wirtschaftsgruppe, einem Vertreter der Kalikonzerne – d. V.) ein Mann, der zu bestimmen weiß und sich nicht um Verantwortung drückt, und schließlich ist er, obwohl IG-Mann, doch der Außenwelt nicht so bekannt, daß man in der Allgemeinheit argwöhnen könnte, daß die IG diesen Posten besetzen wolle."[20]

BÜRGERLICH-POLITISCHE PARTEIEN UND ORGANISATIONEN

An zweiter Stelle sind die bürgerlich-politischen Parteien und Organisationen zu nennen. Häufig wird man finden, daß die führenden Konzernherren sich den Anschein der Neutralität geben, indem sie eine offene Bindung an eine parteipolitische Gruppierung ablehnen. Das bedeutet jedoch nicht, daß sie diese überhaupt ablehnen. Sie fördern im Gegenteil die verschiedensten bürgerlich-politischen Parteien, solange sie ihren Interessen entsprechen.

Beispielsweise hatte der IG-Farben-Trust in der Weimarer Republik längere Zeit besonders enge Verbindungen zu der Deutschen Volkspartei (DVP). Eines der Aufsichtsratsmitglieder des Trusts, W. F. Kalle, war Vorstandsmitglied der DVP und DVP-Abgeordneter im Reichstag und im Preußischen Landtag. Er galt gleichzeitig als Vertrauensmann des Trusts für politische Beitragsüberweisungen Ende der zwanziger und Anfang der dreißiger Jahre. Durch seine Hände flossen der DVP jährlich Subsidien in Höhe von 200000 RM zu. Einen gleich hohen Betrag erhielten Organisationen, die der DVP nahestanden. Die Unterstützung der DVP und der ihr verwandten Organisationen schloß jedoch nicht aus, daß auch andere politische Parteien und Verbände

20 American Military Tribunal No. 6, Document Book XIX, NI 8507. – Es handelt sich hierbei um den IG-Farben-Prozeß, den Fall VI, einen der sog. Nürnberger Nachfolgeprozesse gegen Kriegsverbrecher. Die Zitate erfolgen auf Grund der Prozeßmaterialien, die sich im Archiv der Głowna Komisja Badania Zbrodni Hitlerowskich w Polsce (Hauptkommission zur Untersuchung der Hitlerverbrechen in Polen), Warschau, befinden. – Als der Posten 1938 schließlich besetzt wurde, erreichte die IG, daß ihn ein nach außen noch „neutralerer" Mann einnahm: Dr.-Ing. Johannes Heß, Direktor der Alexander Wacker GmbH, München, einer scheinbar „unabhängigen" Tochtergesellschaft der IG.

namhafte Stützungsgelder erhielten.[21] Unabhängig von der Parteizugehörigkeit wurde auch die Wahl bestimmter Personen finanziert. Für die Wahl Hindenburgs im Jahre 1932 brachte allein der IG-Farben-Trust 1 Million RM auf.[22] Nicht zu unterschätzen sind auch die zahlreichen politischen und militaristischen Organisationen, von den sich akademisch gebenden studentischen Korps bis zu den offenen Propagandaorganisationen des Monopolkapitals, von den einfachen Schützenorganisationen bis zu den in Kriegstraditionen schwelgenden Militär- und Soldatenverbänden. Ihre Bedeutung liegt vor allem darin, daß sie innerhalb des kapitalistischen Systems weitgehend Einfluß auf die öffentliche Meinungsbildung nehmen und darüber hinaus ein weitreichendes Netz von Verbindungen aller Art – man denke hier nur an die ökonomischen Verbände – darstellen, die dem Zugehörigen Aufstiegsmöglichkeiten in der Wirtschaft und im Staatsapparat bieten. Die Mitgliedschaft einzelner kapitalistischer Betriebsdirektoren in der einen oder anderen Organisation ist dabei unter dem doppelten Gesichtspunkt zu sehen, daß einmal diese Organisation und ihre Bestrebungen gefördert werden sollen und daß zum anderen die Vorteile, die diese Organisationen bieten, mit allen Mitteln genutzt werden.

GESELLSCHAFTLICHE ORGANISATIONEN UND VEREINIGUNGEN VERSCHIEDENER ART

An dritter Stelle stehen Vereine und Vereinigungen der verschiedensten Art die in den Bereichen von Kultur, Religion oder Sport existieren. Sie scheinen teilweise überhaupt keine Beziehungen mehr zur sozialökonomischen Basis zu haben. Offensichtlich treten hier auch sehr stark subjektive Momente, wie persönliche Neigungen, in den Vordergrund. Das ändert jedoch nichts an der Tatsache, daß sie trotzdem aufs engste mit der wirtschaftlichen und politischen Ordnung verknüpft sind und den einzelnen an diese Ordnung binden.
Die Liste der Organisationen und Vereine, denen führende Monopolisten angehören, umfaßt mitunter mehrere Seiten. Hier gilt es genau abzuwägen. Es ist ein erheblicher Unterschied, ob das Vorstandsmitglied der IG-Farben, Max Ilgner, als Sachverständiger für Außenhandelsfragen beim Reichswirtschaftsministerium fungiert und dem Südosteuropa-Ausschuß, dem Ungarn-Ausschuß und dem erweiterten Beirat der Wirtschaftsgruppe Chemie angehört oder die Mitgliedschaft im Jockey-Club, im Automobil-Club von Deutschland, im Kaiserlichen Yacht-Club, in der Fachschaft deutscher Dachshunde, im Hessischen Jagd-Club und in der Gesellschaft der Freunde der Klachau (einer Jagd in der Steiermark) besitzt. Aber bei allen Bedeutungsunterschieden sollten die mehr gesellschaftlichen Vereinigungen nicht unterschätzt werden; denn hier,

21 American Military Tribunal No. 6, Document Book III, NI 4833, u. *Lochner, L. P.*, Die Mächtigen und der Tyrann, 2. Aufl., Darmstadt 1955, S. 135, wo die Zahlungen an die NSDAP verschwiegen werden.

22 *Lochner, L. P.*, a. a. O.

wo man exklusiv und ganz „unter sich“ war, wurde nicht selten die Politik ausgehandelt, die dann in den offiziellen Funktionen vertreten wurde. Deshalb ist im einzelnen sehr genau zu untersuchen, welche Rolle die eine oder andere Vereinigung spielte und wer ihre Mitglieder waren.

Sehr deutlich wird der Zweck solcher nach außen harmlosen gesellschaftlichen Organisationen in einem Schreiben des Vorstandsmitglieds der Deutschen Bank, Emil Georg v. Stauss, das dieser an den Generaldirektor der Daimler-Benz AG, Wilhelm Kissel, richtete. Stauss, der selbst Arbeitsausschußmitglied und später Präsident der vom Auswärtigen Amt finanzierten Deutschen Kunstgesellschaft war, forderte den Daimler-Benz-Manager auf, für die Goebbelsche Kameradschaft der deutschen Künstler den bereits zugesagten Betrag von 7000 RM zu spenden und dem an der Spitze der Kameradschaft stehenden Kuratorium beizutreten. Wörtlich heißt es darüber in dem Brief: „Damit Sie über das Unternehmen im Bilde bleiben, werden Sie gebeten, dem Kuratorium beizutreten, das aber nur wenige Sitzungen im Jahr abhält, dagegen häufig interessante Veranstaltungen, bei denen man wichtigen Leuten begegnet ...“[23]

Alle Möglichkeiten der indirekten Verbindung zwischen Staat und Monopol, die von Natur aus nicht leicht überschaubar sind, werden um ein Vielfaches komplizierter, wenn auch hier Mittelsleute zwischen das einzelne Monopol und die zu beeinflussende staatliche Stelle rücken. Verschiedene Monopolisten halten sich aus den öffentlichen Stellen heraus und bevorzugen die mehr unsichtbaren Verbindungen. Wenn wir diese Frage näher untersuchen, werden wir feststellen, daß die einzelnen Formen und Methoden nach Zeit und Person unterschiedlich in den Vordergrund rücken. Gleichzeitig müssen wir aber auch erkennen, welch große Hilfe eine möglichst umfassende Kenntnis der führenden Kräfte in dem einzelnen Betrieb bei der Aufdeckung der Beziehungen zwischen Monopol und Staat ist.

UNTERNEHMERVERBÄNDE UND ARBEITGEBERVERBÄNDE

Auf Grund der besonderen Rolle, die die Unternehmer- und Arbeitgeberverbände als eine Verbindungsform zwischen Monopolen und Staat spielen, ist es angebracht, einige nähere Ausführungen über sie zu machen. In diesen Verbänden ist die Macht der Monopole oft am stärksten konzentriert, und von hier aus wird ebenso oft der stärkste Einfluß auf den Staatsapparat ausgeübt. Nicht immer wird der Betriebsforscher aus den Akten des Betriebes

23 Zit. nach *Radandt, Hans,* Zu den Beziehungen zwischen dem Konzern der Deutschen Bank und dem Staatsapparat bei der Vorbereitung und Durchführung des zweiten Weltkrieges, in: Der deutsche Imperialismus und der zweite Weltkrieg, Materialien der wissenschaftlichen Konferenz der Kommission der Historiker der DDR und der UdSSR zum Thema „Der deutsche Imperialismus und der zweite Weltkrieg“ vom 14. bis 19. Dezember 1959 in Berlin, Bd 2, Berlin 1961, S. 19.

umfassenden Einblick in den Aufbau dieser Verbände, ihre Bedeutung und die Besetzung der leitenden Posten gewinnen. Als zusätzliche Quelle sollten hier vor allem Hand- und Jahrbücher zu Rate gezogen werden, die sowohl für die Gesamtwirtschaft als auch für einzelne Abteilungen und Zweige in regelmäßiger und unregelmäßiger Folge erschienen sind. Als wichtigste nennen wir: das Handbuch der wirtschaftlichen Verbände und Vereine des Deutschen Reiches aus den Jahren 1913, 1919 und 1928, das unter anderem Aufschluß über Unternehmer- und Arbeitgeberverbände gibt, die Sammlung „Der Aufbau der gewerblichen Wirtschaft in Einzeldarstellungen“, darunter insbesondere die Gliederung der Reichsgruppe Industrie nach dem Stande vom Dezember 1936, Juni 1939 und April 1941, und schließlich das Handbuch der gewerblichen Wirtschaft in drei Bänden aus den Jahren 1935 bis 1937, das im ersten Band auch eine Übersicht über die Reichsgruppe Industrie enthält. Die Darstellungen der Reichsgruppe Industrie geben die notwendigen Aufschlüsse über die Besetzung der leitenden Positionen in den Unternehmerverbänden während der Zeit des Faschismus, die hier, als höchster Ausdruck des staatsmonopolistischen Kapitalismus, zugleich als staatliche Vollzugsorgane fungierten.

Speziellerer Natur sind Nachschlagewerke für die einzelnen Industriezweige, in denen sich Angaben über die Unternehmerverbände der jeweiligen Branchen befinden. Sie erscheinen jährlich oder in mehrjährigem Abstand. Als Beispiel erwähnen wir für die chemische Industrie „Die chemische Industrie im Deutschen Reich“, für die Bergbauindustrie das „Deutsche Bergbau-Jahrbuch“ und für die Maschinenbauindustrie „Die Maschinenindustrie im Deutschen Reich, Handbuch der Wirtschaftsgruppe Maschinenbau“. Auch die Unternehmer in den Sphären des Bankwesens, der Versicherungen und des Handels sind in Unternehmerverbänden zusammengeschlossen. Wenn wir die Verquickung von Staatsapparat und Monopolen von der Seite der Bank-, Versicherungs- und Handelsmonopole her untersuchen, greifen wir zu speziellen Hand- und Jahrbüchern dieser Wirtschaftszweige. Das schon erwähnte Handbuch der gewerblichen Wirtschaft enthält im Band 1 außer der Reichsgruppe Industrie die Reichsgruppen Energiewirtschaft, Banken und Versicherungen und im Band 2 die Reichsgruppe Handel. Über frühere Zeiträume können wir im Deutschen Bankierbuch (für das Bankwesen) oder in Neumanns Jahrbuch der privaten und öffentlich-rechtlichen Versicherung im Deutschen Reich (für das Versicherungswesen) nachschlagen. Häufig werden wir bei diesen Untersuchungen entdecken, daß die Monopole oder führenden Monopolisten in den einzelnen Wirtschafts- und Industriezweigen untereinander ebenso wie mit der Staatsbürokratie verbunden sind. Wir können hier selbstverständlich nicht ausführlich auf diese Fragen eingehen, sondern wollen nur kurz den Aufbau und die Rolle dieser Verbände charakterisieren.

Mit dem Übergang zum Imperialismus am Ende des 19. Jahrhunderts setzten sich bei den kapitalistischen Unternehmern immer stärkere Bestrebungen durch, sich in zentralen Verbänden zu vereinigen, um ihre Interessen in Staat und Gesellschaft wahrzunehmen und, nicht zuletzt, um ein Gegengewicht gegen die ständig wachsende Arbeiterbewegung zu schaffen. Die einzelnen Unternehmerverbände, die auf lokaler Ebene oder nach Branchen und Industriezweigen gebildet worden waren, schlossen sich in zwei großen Dachorganisationen zusammen, im Centralverband Deutscher Industrieller (CDI) und im Bund der Industriellen (BdI), in denen die Monopole die entscheidende Rolle spielten. Am Anfang des 20. Jahrhunderts entstanden in direkter Abhängigkeit von den zwei Unternehmerspitzenverbänden zwei zentrale Arbeitgeberorganisationen. Während sich die Unternehmerverbände vornehmlich auf die wirtschaftspolitischen Fragen konzentrierten, setzten sich die Arbeitgeberverbände das Ziel, die Arbeitsverhältnisse in den Betrieben nach den Gesamtinteressen der kapitalistischen Unternehmer zu regeln. Die Gründung der beiden zentralen Arbeitgeberverbände erfolgte als unmittelbare Reaktion auf den großen Crimmitschauer Textilarbeiterstreik der Jahre 1903/04. In einem Bezirk mit 24000 Einwohnern streikten damals rund 8000 Arbeiter, verteilt auf 83 Betriebe. Sie forderten eine zehnstündige Arbeitszeit wie überhaupt bessere Arbeitsbedingungen. Das Ausmaß des Streiks versetzte die Kapitalisten in ganz Deutschland in so heftigen Schrecken, daß das Direktorium des Centralverbandes Deutscher Industrieller am 13. 1. 1904 beschloß, die bisher branchenmäßig und lokal zersplitterten Arbeitgeberverbände „zur Bekämpfung unberechtigter Bestrebungen der Arbeiter miteinander in Verbindung zu bringen“[24]. In gleicher Weise verfuhr bald danach der Parallelverband, der Bund der Industriellen. 1913 schlossen sich die beiden Arbeitgeberdachorganisationen zur Vereinigung der deutschen Arbeitgeberverbände zusammen. Das Aufgabengebiet umfaßte die gesamte Sozialpolitik. Dazu gehörten nicht nur eine gemeinsame Linie der Unternehmer in Lohn- und Arbeitsfragen, sondern auch die Förderung zentraler Arbeitsnachweise (mit „schwarzen Listen“ politisch mißliebiger Arbeiter), die gemeinsame Bekämpfung von Streiks und Boykotts, die Gründung und Unterstützung sogenannter Werkvereine – „wirtschaftsfriedlicher“ Gewerkschaftsverbände, die mit den Unternehmern „zusammenarbeiteten“ – und überhaupt die Propagierung der „Zusammenarbeit“ von Unternehmern und Arbeitern. Die politischen Zielsetzungen der Vereinigung fanden nach dem ersten Weltkrieg in der „Zentralen Arbeitsgemeinschaft“, die zwischen Stinnes und Legien ausgehandelt wurde, und in der faschistischen Arbeitsfront ihre direkte Fortsetzung.

Die Unternehmerverbände gelangten erst nach der Novemberrevolution zu einem einheitlichen Spitzenverband, dem Reichsverband der Deutschen Industrie. Der Reichsverband bestand aus verschiedenen Fachgruppen, die nach Industriezweigen gebildet worden waren. In diesen Fachgruppen waren die historisch gewachsenen Unternehmerorganisationen und die wichtigsten

24 *Tänzler, Fritz,* Die deutschen Arbeitgeberverbände 1904–1929, Ein Beitrag zur Geschichte der deutschen Arbeitgeberbewegung, Berlin 1929, S. 16.

monopolistischen Zusammenschlüsse vertreten. So gehörten zu der Fachgruppe Bergbau der bereits 1858 gegründete Verein für die bergbaulichen Interessen in Dortmund – Interessenverband der Kohlenbarone von Rhein und Ruhr –, weiter der 1885 gegründete Deutsche Braunkohlen-Industrie-Verein E. V., Halle, in dem die mitteldeutschen Grubenherren ihre „fachlichen Interessen" wahrten, und der Deutsche Kaliverein E. V., Berlin, in dem sich die Monopolherren der Kaliindustrie seit 1905 verbunden hatten. Auch die wichtigsten Monopolzusammenschlüsse wie das Rheinisch-Westfälische Kohlensyndikat, das Deutsche Kalisyndikat und das Mitteldeutsche Braunkohlensyndikat waren in den Fachgruppen vertreten. In der chemischen Industrie dominierten der Verein zur Wahrung der Interessen der chemischen Industrie, eine seit 1877 bestehende Unternehmerorganisation der chemischen Großindustrie, und die 1919 gebildete Spitzenorganisation der Arbeitgeberverbände der chemischen Industrie Deutschlands. Über den Verein zur Wahrung der Interessen der chemischen Industrie waren der Reichsverbandsfachgruppe die wichtigsten Kartelle und Syndikate angeschlossen, so das Stickstoffsyndikat, die Deutsche Ammoniak-Verkaufsvereinigung, das Syndikat Deutscher Sodafabriken und der Verband Deutscher Farbenfabriken. In der Satzung der zuletzt genannten Monopolvereinigung waren die Ziele folgendermaßen umrissen: „Wahrnehmung gemeinsamer Interessen der deutschen Farbenfabriken, insbesondere gegenüber der Regierung, der Gesetzgebung und der Verwaltung, sowie die Regelung einheitlicher Verkaufsverhältnisse und Schlichtung strittiger Lieferungsangelegenheiten zwischen Mitgliedern unter Ausschluß der ordentlichen Gerichte."[25]

Einflußnahme auf die Regierung, Einflußnahme auf die Gesetzgebung, Einflußnahme auf die Administration, Beherrschung des Absatzmarktes, Umgehung der ordentlichen Gerichtsbarkeit – das waren die erklärten Ziele der zahlreichen Unternehmerverbände und -vereinigungen. Über den Reichsverband der Deutschen Industrie, über die Fachgruppen und über eine Reihe von Ausschüssen setzten die Monopole ihre Interessen durch und dirigierten die Politik.

In der Zeit des Faschismus wurde die Beherrschung von Staat und Wirtschaft durch die Monopolherren noch offensichtlicher. Die zahlreichen Unternehmerverbände des Reichsverbandes der Deutschen Industrie gingen in der straffen, nach dem „Führerprinzip" aufgebauten Organisation der Reichsgruppe Industrie auf. Im Großen Beirat der Reichsgruppe waren die führenden Monopolherren Deutschlands vertreten. Sie übten ihre Herrschaft über die sieben Hauptgruppen, die 28 Wirtschaftsgruppen, die 237 Fachgruppen und die 441 Fachuntergruppen aus. Der IG-Farben-Trust hatte beispielsweise im Beirat der Reichsgruppe drei seiner höchsten Exponenten: Schmitz, v. Schnitzler und Jähne; in der Wirtschaftsgruppe Chemie bestimmten die IG-Farben-Vertreter

25 *Handbuch wirtschaftlicher Verbände und Vereine des Deutschen Reiches*, a. a. O., S. 482.

v. Schnitzler, ter Meer, Wurster, Oster und Ambros. In dem bürokratischen Apparat der Reichsgruppe, in ihren acht Abteilungen (Rechtswesen, Verkehrs- und Verwaltungswesen und Rohstoffwirtschaft, Außenhandel, Finanz- und Steuerpolitik, Verbindung zu Presse, Rundfunk und Film, Sozialwirtschaft, Rüstungswirtschaft, Marktordnung), wurde die Politik der Monopole vorbereitet. Das gleiche galt für die dreizehn Ausschüsse der Reichsgruppe, an deren Spitze führende Monopolvertreter standen, so an der Spitze des Verkehrsausschusses das Vorstandsmitglied der Vereinigten Stahlwerke, Helmut Poensgen, an der Spitze des Werbe- und des Ausstellungsausschusses das Vorstandsmitglied der IG-Farben, Georg v. Schnitzler, und an der Spitze des Ausschusses für Zahlungs- und Lieferungsbedingungen der Behörden der AEG-Direktor Froese.

Die Beziehungen zwischen Unternehmerverbänden und Staat sind ein wichtiger Teil der Entwicklung zum staatsmonopolistischen Kapitalismus. Unter den Bedingungen des Faschismus wurden diese Beziehungen besonders deutlich. Das „Führerprinzip" legte die Macht völlig in die Hände der herrschenden Monopolcliquen und schaltete die kleinen und mittleren Unternehmer weitgehend aus bzw. beschränkte ihr Wirken darauf, im Gefolge der führenden Monopole von der Rüstungs- und Kriegspolitik zu profitieren. Die Übertragung staatlicher Aufgaben auf die Organisationen der Wirtschaft machte ihre Funktion als Inspirator und Exekutor der Rüstungs- und Kriegspolitik im Dritten Reich unverhüllt sichtbar. Es ist daher auch völlig abwegig, wenn bürgerliche Autoren die Vorstellung erwecken wollen, daß die totalitäre Staatsmaschine Hitlers die Wirtschaftsverbände und ihre „Führer" unterdrückt hätte. Genau das Gegenteil ist der Fall. Die Macht der Wirtschaftsverbände war vorher noch niemals so unumschränkt und total gewesen; der Staat war noch niemals so ausschließlich in den Dienst der Monopole gestellt worden, und noch niemals war die Macht der Monopole so vollkommen mit der Macht des Staates zusammengewachsen. So arbeiteten während des zweiten Weltkrieges die Ausschüsse der Reichsgruppe Industrie und der Wirtschaftsgruppen detaillierte Pläne aus, wie die Wirtschaft in den eroberten Ländern den deutschen Monopolen am besten eingegliedert werden könnte. In einer Aktennotiz eines Vertreters des Siemens-Konzerns vom 8. 8. 1941 heißt es: „Die Wirtschaftsgruppe benötigt für die einzelnen Fabriken und Werke der russischen Elektroindustrie Herren, die diese Werke in kommissarische Verwaltung übernehmen können."[26] Gleichzeitig wurden dem Siemens-Manager drei verschlüsselte Verzeichnisse mitgegeben, in denen insgesamt über siebzig Werke aufgeführt waren. Ein Verzeichnis enthielt den Petersburger (Leningrader) Bezirk (Tarnbezeichnung Holstein), ein anderes den Moskauer Bezirk (Tarnbezeichnung Sachsen) und das dritte den Charkower Bezirk (Tarnbezeichnung Baden). Das Interesse des Siemens-Konzerns, das sich zunächst naturgemäß nur auf einen kleinen Sektor,

26 Akten der Bezirksleitung der SED von Groß-Berlin, Mappe 4, Rubrik Auslandsverbindungen, 8a/36, Aktennotiz v. 8. 8. 1941.

den den Konzern unmittelbar berührenden und für ihn profitabelsten, richtete, wurde durch den Vertreter der Wirtschaftsgruppe, einen gewissen Kreykenbohm, auf einen größeren Bereich gelenkt. So sollte der Konzern für eine Reihe von Fabriken, die außerhalb des unmittelbar interessierenden Sektors lagen, wie das Präzisionsmeßinstrumentenwerk in Petersburg (Leningrad), Vertreter benennen.[27]

Das Zusammenwirken von Monopolen und Staat geht stets über den Rahmen des Einzelbetriebes hinaus. Wenn in den Betriebsgeschichten der ehemaligen IG-Farben-Werke auf dem Gebiet der DDR Namen wie Fritz Gajewski, Heinrich Bütefisch oder Ernst Bürgin auftauchen, dann genügt es nicht zu wissen, daß sie als „Betriebsführer" in Wolfen, Leuna und Bitterfeld fungierten, sondern man muß ihr Wirken im System des staatsmonopolistischen Kapitalismus untersuchen, ihre Stellung im und ihre Beziehungen zum Staatsapparat, ihren Anteil an den barbarischen Verbrechen des deutschen Imperialismus. Bereits ihre Positionen in den Unternehmerverbänden geben eine gewisse Vorstellung von dem Ausmaß ihres Beteiligtseins. Ein Mann wie Fritz Gajewski, Mitglied des Zentralausschusses der IG, bekleidete während der Zeit des Hitlerfaschismus folgende Posten in Unternehmerverbänden: Er war Leiter des Beirats der Fachgruppe Chemische Herstellung von Fasern, Mitglied des erweiterten Beirats der Wirtschaftsgruppe Chemische Industrie, Mitglied des erweiterten Beirats der Wirtschaftsgruppe Textilindustrie, Mitglied des Zellwollausschusses der Wirtschaftsgruppe Textilindustrie und Mitglied des Beirats der Fachgruppe Kraftstofferzeugung in der Wirtschaftsgruppe Papier-, Zellstoff- und Holzstofferzeugung. In jeder dieser Stellungen sicherte Gajewski den Einfluß der IG und die Entwicklung des Rüstungs- und Kriegsprogramms. Was Gajewski speziell auf dem textilen Sektor bewirkte, betrieben Bütefisch auf dem Gebiet der Treibstofferzeugung und Bürgin auf dem Gebiet der Leichtmetalle und Chemikalien.

Der IG-Farben-Trust ist aber auch ein Beispiel dafür, daß man den Einfluß der Wirtschaftsverbände nicht überschätzen darf, wenn das Monopol selbst stark genug war, unter Umgehung dieser Verbände seine Ziele durchzusetzen. Der Farbentrust konnte sich innerhalb des faschistischen Regierungsapparates eine so starke Stellung aufbauen, daß die meisten Wünsche direkt, unter Ausschaltung der Reichsgruppe und der Wirtschaftsgruppen, an die zentralen Behörden herangetragen wurden. Ein Zeuge in dem Nürnberger Kriegsverbrecherprozeß gegen 24 leitende IG-Direktoren erklärte, daß die IG praktisch machen konnte, „was sie wollte", und: „Es gab keine Instanz, die in der Lage war oder es riskierte, die IG zur Ordnung zu rufen."[28] Monopole von der Mächtigkeit der IG konnten praktisch von keiner außenstehenden Stelle mehr übersehen werden. Umgekehrt stellten sie einen so überragenden Wirtschafts-

27 Ebenda.

28 Eidesstattliche Erklärung von Dr. Felix Ehrmann, in: American Military Tribunal No. 6, Document Book V, NI 4953.

faktor dar, daß keine einschneidende Maßnahme gegen sie getroffen werden konnte, ohne die sozialökonomische Existenz des Systems anzugreifen. Der Prozeßzeuge führte am Beispiel der IG Farben aus: „Selbst wenn die Leute, die mit der IG verhandelten, chemisch gebildet waren und weitgehende Kenntnisse hatten, konnten sie niemals einem Mann, der direkt aus einem IG-Werk kam, darüber belehren, was das Werk wirklich machen konnte – sie waren stets von seiner Meinung abhängig. Kontrollen bei der IG gab es überhaupt nicht, da sie von vornherein als sinnlos angesehen wurden. Wenn immer das Reichswirtschaftsministerium und die Reichsstelle Chemie Produktionsziffern ermittelten, die mit denen der IG nicht übereinstimmten, hatte die Ansicht der IG den Vorrang." Und schließlich: „Die IG gab sogar über ihren Bereich hinaus Auskunft, das heißt, sie gab der Reichsstelle Chemie Ziffern über Produktionskapazität und dergleichen von Firmen, die ihr gar nicht gehörten."[29]

Aus diesen Sätzen läßt sich erkennen, daß es nicht nur Unternehmer- und Arbeitgeberorganisationen sind, die zeitweise als staatliche Machtorgane eingesetzt werden, sondern daß der Verwaltungsapparat eines ganzen Monopols unmittelbar staatliche Aufgaben übernehmen kann. Das Zusammenwachsen von Monopolen und Staat vollzieht sich nicht nur in der Richtung, daß staatliche Institutionen im Dienst der Monopole eingesetzt werden, sondern auch umgekehrt so, daß Monopoleinrichtungen staatliche Funktionen ausüben.

Ein großer Teil der heute volkseigenen Betriebe gehörte früher allerdings nicht zu den großen Monopolbetrieben. Nach Bedeutung und Einfluß konnten sie sich nicht mit den Supermonopolen in den entscheidenden Industriezweigen messen. Das heißt jedoch nicht, daß sie außerhalb des Systems des staatsmonopolistischen Kapitalismus standen. Wenn wir einen relativ unbedeutenden Industriezweig wie die Kreideindustrie untersuchen, in dem viele kleinere Kapitalisten Kapitalanlagen besaßen, die Monopolisierung einen geringeren Grad erreichte und auch die Kriegsproduktion einen geringeren Umfang annahm, finden wir weniger Möglichkeiten für die Verschmelzung mit dem Staatsapparat und dem Rüstungs- und Kriegsprogramm. Für diese Betriebe stieg jedoch die Bedeutung der Unternehmerorganisationen; denn auch die Unternehmerorganisationen, deren Bild vornehmlich durch nichtmonopolistische Unternehmer bestimmt wurde, wuchsen mit dem Staatsapparat zusammen und wurden in den Jahren der faschistischen Diktatur staatliche Exekutivorgane. Die Vereinigung vollzog sich allerdings auf einer qualitativ anderen Stufe als in den führenden Industriezweigen. Im allgemeinen wiederholte sich hier die Entwicklung zum staatsmonopolistischen Kapitalismus in einem kleineren, engeren und begrenzteren Rahmen, teilweise in völliger Abhängigkeit von den großen Monopolen. Es wäre falsch, hier nicht zu differenzieren. Erst wenn wir unseren Blick auf diese Unterschiede und Zusammenhänge lenken, werden wir die Rolle des einzelnen Betriebes und seiner leitenden

29 Ebenda.

Kräfte im System des staatsmonopolistischen Kapitalismus richtig darstellen können.[30]

DER STAAT DER MONOPOLE ALS AUFTRAGGEBER DER MONOPOLE

Die enge Verfilzung von Direktorien und Aufsichtsräten der Monopole mit den Staatsbetrieben sowie der staatlichen Verwaltung erschließt dem Monopolkapital die Möglichkeit, sich des Staates in besonders „großzügigem" Maße als Auftraggeber zu bedienen. Der staatsmonopolistische Staatsapparat tritt bei der Vergabe von Lieferungen und Arbeitsaufträgen an die private Industrie oft im Grunde nicht als ein auf seinen Vorteil bedachter Kontrahent, sondern als wohlwollender Partner auf. Die Vertreter der Monopole in den staatlichen Behörden machen diese zu Organen der Monopole bei der Vermittlung lukrativer Geschäfte. Zuweilen handelt es sich lediglich um eine Transferierung von Staatsgeldern in die Kassen der Monopole. Der Staat ist ein sicherer Auftraggeber: Nichts zwingt seine Beamten, den betreffenden Auftrag an die Firma zu vergeben, die ihn zu den (für die Staatskasse) besten Bedingungen ausführen würde. Die Monopole können den von ihnen abhängigen Behörden Preise diktieren, die jeden privaten Auftraggeber zur Konkurrenz treiben würden.
Die „Großzügigkeit" des Staatsapparates und die Stärke des Einflusses der Monopole zeigten sich augenfällig beim Bau der Berliner Verkehrsanlagen. Hier erhielten die Konzerne, die am meisten von der Verbesserung der Verkehrsverhältnisse in der Stadt profitierten, die umfangreichsten Aufträge. Sie konnten fortgesetzt den Bau verteuern und von der Stadt neue Mittel fordern. Siemens konnte es sich leisten, minderwertiges Material für den Bau der U-Bahn zu liefern, ohne daß die Stadt die Lieferfirma für den Schaden verantwortlich gemacht hätte – vielmehr übernahm die Stadt den Ausgleich des Schadens. Auf Kosten der Steuerzahler deckte der kommunale Auftraggeber einen offensichtlichen Betrug.
Die bei derartigen Geschäften üblichen „großzügigen" Methoden führten immer wieder zu Skandalen, wie es zum Beispiel auch beim Sklarekskandal Ende der zwanziger Jahre in Berlin der Fall war.[31]

30 Einen Überblick über die Rolle der Unternehmer- und Arbeitgeberverbände im westdeutschen Herrschaftsbereich nach 1945 gibt *Banaschek, Manfred*, Die Entwicklung der westdeutschen Unternehmerverbände und ihre Rolle im System des staatsmonopolistischen Kapitalismus, in: Einheit, 6/1963, S. 93–108. B. wendet den Begriff Unternehmerverbände, wie zuweilen üblich, auch für die Arbeitgeberverbände an, wobei allerdings die jeweils spezifische Aufgabenstellung verlorengeht.

31 Vgl. hierzu *Kaul, F. K.*, Kleiner Weimarer Pitaval, Berlin 1959, darin: Nobel geht die Welt zugrunde. Das Verfahren gegen die Gebrüder Sklarek 13. Oktober 1931 – 28. Juni 1932, S. 315.

RÜSTUNGSWIRTSCHAFT UND KRIEGSWIRTSCHAFT ALS CHARAKTERISTIKA DES STAATSMONOPOLISTISCHEN KAPITALISMUS

Der Staat als Instrument zur Bereicherung der großen Monopole wahrt oft nur die äußere Form kapitalistischer ökonomischer Beziehungen und zuweilen nicht einmal diese. Das zeigt sich am deutlichsten auf dem Gebiet der Rüstungs- und Kriegswirtschaft. Die Entwicklung des staatsmonopolistischen Kapitalismus und die wachsende Rolle des Militarismus in den meisten imperialistischen Ländern sind parallele und in vielfacher Beziehung miteinander verbundene Prozesse. Die Rüstungsindustrie breitet sich immer mehr aus, immer größere Teile des Staatshaushaltes dieser Länder werden für militärische Zwecke aufgewandt, das heißt, sie fließen den Rüstungsmonopolen zu. Die Betriebsgeschichtsschreibung muß konkret untersuchen, inwiefern die Rüstungsproduktion in dem betreffenden Betrieb eine Rolle spielte; so kann sie am besten dazu beitragen, den parasitären Charakter des imperialistischen Kapitalismus und die verbrecherischen Methoden des staatsmonopolistischen Systems nachzuweisen. Gerade die Untersuchung der Rüstungsgeschäfte eines Betriebes unter den Aspekten des staatsmonopolistischen Kapitalismus bietet oft konkretes Material zur Entlarvung der Legende vom vaterländischen Auftrag der Rüstungsbetriebe, wie sie noch heute in westdeutschen Firmengeschichten, aber auch in Schulbüchern herumgeistert. „In Westdeutschland spielt sich heute die Vergangenheit als Zeitgeschichte ab. Wie können wir Historiker der Arbeiterklasse, wie allen fortschrittlichen Kräften in Westdeutschland besser im Kampf gegen die Monopolherren helfen, als durch die Entlarvung der gegenwärtigen Feinde durch ihre Vergangenheit, zu deren verschwiegensten Verbrechen wir den Schlüssel in unseren Archiven besitzen!“[32]

Die Rüstungsproduktion in den imperialistischen Ländern ist von vornherein parasitär. Ihre Produkte sind zur gewaltsamen Vernichtung oder zum schnellen moralischen Verschleiß bestimmt. Die Produktion von Kriegsgerät wird dabei Zweck an sich; denn der staatsmonopolistische Kapitalismus teilt in zunehmendem Maße staatliche Mittel über den Etat des Kriegsministeriums einfach den Rüstungsmonopolen zu. Produktion, Verkauf usw. sind nicht viel mehr als ökonomische Formen der Übertragung von Geldern aus den Taschen der werktätigen Bevölkerung über den Staat auf die Monopole. Gerade deswegen ist die Rüstung das lukrativste Geschäft für die Monopole; denn es sichert ihnen Absatz und hohe Preise. Am besten floriert dieses Geschäft, wenn die Rüstungsproduktion tatsächlich „verbraucht“ wird, das heißt im Kriege. Die riesige Steigerung des Bedarfs im Kriegsfalle übertrifft den schnellsten moralischen Verschleiß, die wirksamste Bestechung der Militärs, das willfährigste Parlament.

32 *Kuczynski, Jürgen,* Vorwort zu: Jonas, Wolfgang, Das Leben der Mansfeld-Arbeiter von 1924–1945, Berlin 1957.

Die Entwicklung der Wirtschaft kapitalistischer Länder unter den Bedingungen des staatsmonopolistischen Kapitalismus führt zur Ausbildung einer regelrechten Rüstungswirtschaft, die sich, wenn das Ziel, der Krieg, erreicht ist, zur Kriegswirtschaft entwickelt. Das System des staatsmonopolistischen Kapitalismus wird dabei immer straffer organisiert, Monopole und Staat verschmelzen immer enger, alle Seiten des wirtschaftlichen, sozialen und politischen Lebens der Gesellschaft werden immer vollständiger auf die Ausschöpfung aller Quellen für die Bereicherung der Monopolbourgeoisie, auf die Ausnutzung aller Volkskräfte zum Zwecke dieser Bereicherung eingestellt. Das erlaubte es den deutschen Monopolen in den Jahren der intensiven Kriegsvorbereitung durch den faschistischen deutschen Imperialismus auch, die in den Jahren der Weimarer Republik, insbesondere in der Weltwirtschaftskrise vorgenommene Verstaatlichung von Betrieben, die damals meist eine Verstaatlichung der Verluste war, wieder rückgängigzumachen. In der Zeit der Rüstungskonjunktur brachte der „private" Betrieb wieder hohe Profite, und überdies wurde die breite Welle der Reprivatisierungen zu einer zusätzlichen Bereicherungsquelle für die Monopole. „Gerade durch die enge Verschmelzung von ‚Gesamtmonopol' und Staat ist es zu erklären, daß ein Großteil der Verstaatlichungen von Einzelmonopolbetrieben während der Krise jetzt wieder aufgehoben wurde, indem die Betriebe ihre im Staatsbesitz befindlichen Aktien zu unbekannt billigen Preisen wieder zurückerhielten."[33] Es wäre sehr nützlich, wenn die Betriebsgeschichte durch konkretes Material der Betriebe Licht in diese Vorgänge bringen könnte.

Die straffe Organisierung des staatsmonopolistischen Systems hat nichts mit dem „organisierten Kapitalismus" der Apologeten des Monopolkapitalismus zu tun und hebt auch nicht den letzten Endes anarchischen Charakter der kapitalistischen Produktion auf. Das gepriesene „Planen" des hochentwickelten staatsmonopolistischen Kapitalismus funktioniert nur auf der Basis einer relativ ruhigen ökonomischen Entwicklung und auch das nur beschränkt. Seine wichtigsten Mittel sind die staatliche Regulierung der Produktion und der Verteilung, das heißt die Zwangsorganisation der Wirtschaft durch den Staat zum Nutzen der stärksten Monopole, und die Einführung der allgemeinen Arbeitspflicht, verbunden mit der Liquidierung der politischen Rechte der Werktätigen. Dieses System zielt auf den Krieg, der einen besonderen Höhepunkt dieser Entwicklung bildet. Wie bereits angedeutet, entwickelte sich der staatsmonopolistische Kapitalismus schon im ersten Weltkrieg durch kriegswirtschaftliche Gesellschaften und Zwangssyndikate auf der einen Seite und die Ausbildung des Staates als Militärzuchthaus für die Arbeiter auf der anderen Seite ganz außerordentlich. Im zweiten Weltkrieg erreichte der staatsmonopolistische Kapitalismus in Deutschland schließlich einen besonders hohen Grad der Ausbildung und Reife.

33 *Derselbe*, Die Geschichte der Lage der Arbeiter unter dem Kapitalismus, Bd 16, a. a. O., S. 136. Vgl. auch *Norden, Albert*, Lehren deutscher Geschichte, Berlin 1947.

Die eingehende Untersuchung der Entwicklung des staatsmonopolistischen Kapitalismus in Deutschland im zweiten Weltkrieg in seiner konkreten Widerspiegelung in der Geschichte der Betriebe muß sich mit einigen besonderen Zügen beschäftigen, in denen sich das aggressive, terroristische Wesen des faschistischen Staates und der ihn beherrschenden Monopole besonders offen zeigte. Es sind dies die Ausbeutung von Millionen KZ-Häftlingen bis zur „Vernichtung durch Arbeit", wie es im Sprachgebrauch der SS hieß, der massenhafte Zwangseinsatz ausländischer Arbeiter in der deutschen Rüstungsindustrie und die Ausplünderung Europas durch die deutschen Monopole mit Hilfe der staatlichen Einrichtungen einschließlich der Dienststellen der Hitlerwehrmacht. Diesen Fragen muß bei der Erforschung der Geschichte der Betriebe sorgfältig nachgespürt werden. Dabei wird man auch den Zusammenhang aufdecken, der zwischen diesen extrem unmenschlichen Handlungen des räuberischen deutschen staatsmonopolistischen Kapitalismus und der heute in Westdeutschland herrschenden, „gepflegteren" Form besteht.

*

Im Vorstehenden konnten nur einige Seiten der möglichen vielschichtigen Beziehungen zwischen dem einzelnen Betrieb und dem System des staatsmonopolistischen Kapitalismus gestreift werden. Zahlreiche andere Erscheinungsformen staatsmonopolistischer Tendenzen blieben außer acht: von Manipulationen mit Erwerbslosigkeit und Notstandsarbeitern als Lohndrückern bis zu offenen staatlichen Subventionen für Monopolbetriebe. Diese Zeilen haben jedoch ihren Zweck erfüllt, wenn sie dazu anregen, in der Betriebsgeschichtsschreibung der Frage der Einordnung eines Betriebes in das System des staatsmonopolistischen Kapitalismus besondere Aufmerksamkeit zu widmen. Dabei wird sicherlich eine Vielzahl weiterer Erscheinungsformen und Äußerungen dieses Systems erkannt und die Überlebtheit des kapitalistischen Systems und die Notwendigkeit seines Sturzes immer gründlicher am konkreten Beispiel bewiesen werden.

Klassenkampf im Kapitalismus

VON DIETER BAUDIS

Mehr als ein Jahrhundert ist vergangen, seit Marx und Engels im Kommunistischen Manifest auf dem Satz „Die Geschichte aller bisherigen Gesellschaft ist die Geschichte von Klassenkämpfen" ihre Lehre vom Klassenkampf als dem treibenden und bewegenden Element der gesellschaftlichen Entwicklung aufbauten. Seither ist die Richtigkeit dieser Lehre immer von neuem bestätigt worden. Die besten Vertreter der unterdrückten Klassen eigneten sich die wissenschaftliche Theorie vom Klassenkampf an und entwickelten sie weiter. Sie wurde zu einer wirksamen Waffe im Kampf der Massen gegen die Ausbeuterordnung, dessen sichtbares Ergebnis die Existenz des sozialistischen Lagers ist, seine wachsende Macht und Stärke, seine Autorität in der internationalen Arena.

Noch aber existiert die Klassengesellschaft auf einem Teil unseres Erdballs, noch sind die Ausbeuterklassen nicht endgültig besiegt. Verzweifelt wehren sie sich gegen ihren unvermeidlichen Untergang. Sie versuchen mit allen Mitteln, den historischen Fortschritt aufzuhalten, bemühen sich, die Verbreitung der für sie so gefährlichen Lehre von den Klassen und dem Kampf der Klassen untereinander zu verhindern, unterdrücken sie und jagen ihre Verkünder, schweigen sie tot, brandmarken sie als „Irrlehre" und versuchen, sie „wissenschaftlich" zu widerlegen und ihr ihre eigenen „Partnerschafts"-Theorien entgegenzustellen. Derartige Versuche, so sehr sie den Kampf der Arbeiterklasse hemmen und beeinträchtigen, sind doch auf die Dauer zum Scheitern verurteilt. Die Feinde der Arbeiterklasse berücksichtigen nicht, daß die Lehre vom Klassenantagonismus nicht dem Hirn weltfremder Philosophen entsprang, sondern eine genaue Widerspiegelung historischer Gesetzmäßigkeiten, das heißt des wirklichen Lebens, darstellt.

Wenn zum Beispiel in der westdeutschen Firmengeschichte der Kampf der Arbeiter gegen das Kapital sorgfältig übergangen wird und dafür um so mehr das „gute Einvernehmen", die „Harmonie" zwischen beiden Kontrahenten im Mittelpunkt steht, so haben die Historiker der DDR alle Veranlassung, den Fragen des Klassenkampfes in den Betrieben, seinem Zusammenhang mit dem nationalen Kampf des Proletariats, verstärkt ihre Aufmerksamkeit zuzuwenden.

EINIGE BEMERKUNGEN ZU DEN AUFGABEN DER DARSTELLUNG DES KLASSENKAMPFES IN DER BETRIEBSGESCHICHTE

Es bedarf wohl keines Beweises, daß der Darstellung des Kampfes zwischen Kapital und Arbeit in der Geschichte eines Betriebes breiter Raum gegeben werden muß. Die Betriebsgeschichte ist uns nicht Selbstzweck, sie ist ein Mittel zur Erziehung der Werktätigen im Geiste des Sozialismus. Um aber die Gegenwart richtig beurteilen zu können, muß die Vergangenheit in den Köpfen der Menschen lebendig bleiben.

Der Weg zum Sozialismus ist keine glatte Straße. Eine ganze Reihe von objektiven Widersprüchen und Schwierigkeiten, aber auch von Unzulänglichkeiten, die im Menschen selbst liegen, sind von den Erbauern einer neuen Welt zu überwinden. Der Mensch neigt dazu, das Heute kritischer zu sehen als das Gestern. Nur ungern erinnert er sich einer Vergangenheit, in der der anscheinend ewige und unabänderliche Kreislauf Krise, Krieg und kurzlebige Konjunktur, in der Hunger und Not, die ständige Sorge um den Arbeitsplatz, der tägliche Kampf um das Existenzminimum das Dasein bestimmten. Unsere Errungenschaften, Früchte eines opferreichen jahrzehntelangen Kampfes der Volksmassen und insbesondere der Arbeiterklasse, sind selbstverständlich und alltäglich geworden, und man verlernt allmählich, sie als solche einzuschätzen und zu würdigen. Der Mensch strebt vorwärts und richtet den Blick auf neue Ziele.

Trifft dies allgemein zu, so besonders auf große Teile unserer Jugend, welche die kapitalistische Vergangenheit nicht kennengelernt oder jedenfalls nicht bewußt erlebt hat und sich nicht selten von einer blendenden Fassade über die innere Hohlheit des kapitalistischen Systems täuschen läßt.

Das Klassenbewußtsein entwickelt sich in der kapitalistischen Gesellschaft zunächst spontan beim Aufeinanderprallen der objektiven Interessengegensätze zwischen Kapital und Arbeit. Der Klassenantagonismus führt mit Notwendigkeit zu der Erkenntnis, daß nur der Zusammenschluß und der Kampf gegen die kapitalistische Ausbeutung die Lage des Proletariers verbessern können. In der Periode des umfassenden Aufbaus des Sozialismus in der Deutschen Demokratischen Republik aber haben die sozialistischen Produktionsverhältnisse bereits gesiegt. Die Ausbeuterklassen wurden vernichtend geschlagen und der ökonomischen Basis ihrer Herrschaft beraubt.

Mit der Umgestaltung der Eigentumsverhältnisse wandelte sich der Charakter der Arbeiterklasse. Sie entwickelte sich von der unterdrückten zur herrschenden Klasse; aus dem doppelt freien Lohnarbeiter (frei von feudalen Fesseln und frei von Produktionsmitteln) wurde der (kollektive) Besitzer von Produktionsmitteln. Die grundlegend veränderte soziale Stellung und Lage des Arbeiters in der sozialistischen Gesellschaft bedingt die Veränderungen im Bewußtsein. Ein klassenbewußter Arbeiter sein heißt unter unseren Verhältnissen in erster Linie: alles tun für die ökonomische Stärkung der Republik mit dem Ziel, im friedlichen Wettbewerb der beiden Systeme die Überlegenheit der sozialistischen Ordnung überzeugend nachzuweisen.

Zieht man beide Faktoren, die Entmachtung der ehemals herrschenden Klasse auf dem Gebiet der heutigen DDR und die sich daraus ergebenden Veränderungen im Inhalt des Klassenbewußtseins, in Betracht, so wird klar, daß sich ein antikapitalistisches, antiimperialistisches Klassenbewußtsein bei uns nicht mehr spontan entwickeln kann. Bei uns ist der Klassenkampf bereits zugunsten der Arbeiterklasse entschieden, sein Schwergewicht hat sich nach außen verlagert; die innere Seite tritt entsprechend der abnehmenden Widerstandskraft des Klassengegners im sozialistischen Staat hinter der äußeren Seite zurück. Der Klassenkampf ist nicht etwa aufgehoben, er geht weiter, aber unter anderen Voraussetzungen, von denen die wichtigste die grundlegende Veränderung des Kräfteverhältnisses der Klassen in Deutschland ist.

Heute stehen sich in Deutschland zwei Staaten gegenüber, der Staat der Arbeiter-und-Bauern-Macht und der klerikal-militaristische Staat des westdeutschen Imperialismus. Aber die Trennungslinie ist nicht mit der Staatsgrenze identisch, sie geht mitten durch Westdeutschland. Das Monopolkapital muß heute den Kampf gegen die deutsche Arbeiterklasse an zwei Fronten gleichzeitig führen. Vor sich hat es die Deutsche Demokratische Republik und in seinem Rücken das „eigene" ausgebeutete westdeutsche Proletariat. Diese schwierige Position sucht die herrschende Klasse in Westdeutschland durch ein Höchstmaß an Hetze und Verleumdung, an Unterdrückung und Terror gegen alle progressiven Kräfte, aber auch durch Korrumpierung und Bestechung auszugleichen.

Es zeigt sich also, welche große Aufgabe der richtigen, wahrheitsgetreuen und qualifizierten Darstellung des Klassenkampfes im Rahmen der Betriebsgeschichte zukommt. Eine solche Darstellung muß helfen, das Klassenbewußtsein der Betriebsangehörigen nach zwei Seiten hin zu entwickeln.

Bekanntlich baut das Bewußtsein auf dem materiellen Sein als seiner Grundlage auf, und die veränderten Beziehungen innerhalb der Produktion finden ihren Ausdruck in einem neuen Verhältnis zur Arbeit. Dennoch ist das Wissen, daß die Produktionsmittel Eigentum der gesamten Gesellschaft sind und nicht mehr von einigen wenigen für ihre egoistischen und räuberischen Ziele ausgenutzt werden können, bei vielen Werktätigen noch nicht gefestigt oder nur formal vorhanden, so daß es noch nicht immer seinen entsprechenden Ausdruck in steigenden Produktionsleistungen, in höherer Qualität der Erzeugnisse usw. findet. Das ist es, was wir als Zurückbleiben des Bewußtseins hinter dem Sein bezeichnen.

Die kapitalistische Aera gehört in der Deutschen Demokratischen Republik bereits der Vergangenheit an. Das enthebt uns indessen keineswegs der Notwendigkeit, uns mit ihr auseinanderzusetzen. Im Gegenteil, der historische Sonderfall, daß auf dem Boden einer Nation zwei Staaten mit unterschiedlichen gesellschaftlichen Systemen entstanden sind, zwingt uns geradezu, unseren Kampf gegen den Imperialismus verstärkt fortzusetzen.

Das heißt, es kommt uns darauf an, vor allem Klarheit in den Köpfen zu schaffen, Klarheit sowohl über unsere unmittelbare Gegenwart und ihre sozialistische Perspektive als auch über die volksfeindliche Rolle des westdeutschen Imperialismus und Militarismus. Die Bildung, Entwicklung und Festigung des Klassenbewußtseins des sozialistischen Werktätigen ist somit vornehmlich zu einer Frage der politisch-ideologischen Erziehung geworden. Einen hervorragenden Beitrag dazu kann die Betriebsgeschichte leisten.

Eine gute Betriebsgeschichte zeichnet sich dadurch aus, daß sie die große schöpferische und umgestaltende Kraft der Arbeiterklasse darzustellen vermag, wobei die Arbeiterklasse nicht nur als eigentlicher Produzent der materiellen Güter, sondern auch und vor allem als revolutionäre, die Gesellschaft verändernde Kraft gezeigt werden muß. Dem Leser muß klar werden, daß die Errungenschaften unserer Tage auf den Ergebnissen eines langen und opfervollen Kampfes des Proletariats beruhen. Denn jeder soziale Fortschritt in der Zeit des Kapitalismus ist untrennbar verbunden mit dem Kampf der Arbeiterklasse und keineswegs ein Verdienst der herrschenden Klassen oder einzelner Unternehmer, wenn sich westdeutsche Firmenhistoriker auch eifrig bemühen, diese Wahrheit zu verschleiern.

Die Arbeiterklasse hat viele Siege, mitunter aber auch nur Teilerfolge errungen und ebenso viele Niederlagen erlitten, ohne dabei ihr Ziel aufzugeben. Wir können und wollen den Kampf der Arbeiterklasse nicht glorifizieren, ihn als eine einzige Kette von Erfolgen darstellen; denn die Niederlagen waren, so schmerzlich sie auch gewesen sein mögen, eine notwendige Stufe auf dem Wege zum Sieg. Das Proletariat sammelte gerade dabei viele neue Erfahrungen, es lernte Fehler erkennen und damit vermeiden und konnte so, neu gerüstet und erstarkt, mit vermehrter Kraft in den Kampf ziehen.

Das Monopolkapital war zeitweise gezwungen, von seiner Politik der starken Hand im wohlverstandenen eigenen Klasseninteresse zu einer Politik der Konzessionen, der Beschwichtigung überzugehen. Erachtete es der Unternehmer zunächst für unter seiner Würde, die Organisationen der Arbeiter überhaupt als existent zu betrachten, so durfte später der Betriebsrat vielleicht mit ihm an einem Tische sitzen und von seinen Zigarren probieren. Nicht wenige Köpfe wurden durch die „neue" Philosophie des „Wir sitzen alle im gleichen Boot!" verwirrt. Das „big business" florierte besser, wenn, wie man häufig in Inseraten kapitalistischer Unternehmen lesen konnte und auch heute immer wieder lesen kann, ein „gutes Betriebsklima" vorhanden war. Darin kam zum Ausdruck, daß die Arbeiterklasse zu einer Macht geworden war und das Kapital mit ihr rechnen mußte. Betriebsausflüge, Jubilarehrungen usw. sollten die Fiktion von der einzigen, großen Familie untermauern.

Bei einem Teil der Arbeiterklasse entstand das, was wir „Konzernideologie" nennen. Diese Ideologie wirkt bis in unsere Tage nach. Die historischen Tatsachen beweisen eindeutig die Zweckbestimmtheit aller sozialen Maßnahmen des Kapitals. Sie sollen vornehmlich dazu dienen, das proletarische Klassenbewußtsein zu schwächen, um einen ungestörten Fluß des Profits zu gewährleisten. Gelingt es uns, die Überreste der Konzernideologie zu zerschlagen, indem wir mit dem zur Verfügung stehenden Material in der Betriebsgeschichte die wahren Motive und Absichten des Monopolkapitals aufdecken, so leisten wir damit einen wichtigen Beitrag zur Entwicklung des Klassenbewußtseins der Werktätigen.

Eng verbunden mit dieser Problematik ist das Wirken der rechten sozialdemokratischen Partei- und Gewerkschaftsführer, über das auch in unseren Betrieben noch nicht überall Klarheit herrscht. Die Betriebsgeschichte muß deutlich machen, daß sich die Politik dieser Führer faktisch auf der gleichen Linie bewegte wie die des Monopolkapitals, daß im Mittelpunkt ihrer Tätigkeit der Kampf um kleine Zugeständnisse, um Reformen innerhalb des kapitalistischen Systems stand, daß sie auf die Herstellung eines „guten Einvernehmens" zwischen Arbeiterschaft und kapitalistischer Betriebsleitung bedacht waren, den sozialen Frieden predigten und den revolutionären Klassenkampf verwarfen. Ihre Politik war zum Scheitern verurteilt; sie zwang die Arbeiterklasse, über das Fegefeuer der Weimarer Republik durch die Hölle des Faschismus zu gehen.

Dem Wirken dieser „Arbeiterführer" muß der Kampf der Kommunisten lebendig gegenübergestellt werden. Die Kommunisten bezweifelten keineswegs die Nützlichkeit und auch die Notwendigkeit von Reformen, aber ihnen ging es nicht in erster Linie um Zugeständnisse, sondern um das Ganze. Sie ordneten den Kampf um kleine Zugeständnisse dem Kampf um den Sozialismus unter. Am Beispiel des Verhaltens der Arbeiterparteien und Gewerkschaften und ihrer Führer gilt es, die beiden Klassenlinien in der deutschen Arbeiterbewegung sichtbar zu machen und dabei die Rolle der deutschen Linken, der Spartakusgruppe und der Kommunistischen Partei Deutschlands, als der führenden revolutionären Kraft und der einzigen wahren Vertreterin der Interessen der Volksmassen ihrer Bedeutung entsprechend hervorzuheben.

DIE BEZIEHUNGEN ZWISCHEN DEM ÖKONOMISCHEN UND DEM POLITISCHEN KAMPF DER ARBEITERKLASSE IM ZUSAMMENHANG MIT DER NATIONALEN GESCHICHTE

Der Kampf zwischen Proletariat und Bourgeoisie als den beiden Hauptklassen der bürgerlichen Gesellschaft spielt sich auf drei Ebenen – der ökonomischen, der politischen und der theoretisch-ideologischen – ab. Keine dieser Kampfesformen existiert für sich allein, zwischen ihnen bestehen die vielfältigsten Wechselbeziehungen. Jede Arbeit, die sich mit Fragen des Klassenkampfes beschäftigt, muß sich mit all seinen Erscheinungsformen auseinandersetzen.

Naturgemäß werden in einer Betriebsgeschichte die ökonomischen Formen des Klassenkampfes bedeutenden Raum einnehmen. Die Arbeiter kämpften in den Betrieben vor allem um eine Verbesserung ihrer sozialen und wirtschaftlichen Lage, um die Aufrechterhaltung der Lohnhöhe, die Verkürzung der Arbeitszeit, die Verbesserung der Arbeitsbedingungen usw. Aber selbst dieser Kampf kann einen ausgesprochen politischen Charakter annehmen; er kann unter bestimmten Voraussetzungen direkt in den politischen Kampf hinüberwachsen und sich von einem zunächst lokalen Ereignis zu einer Aktion von nationaler Bedeutung entwickeln. Ein Beispiel aus der Geschichte möge das verdeutlichen.

Im Jahre 1889 kam es zum ersten gewaltigen Massenstreik der Bergarbeiter im Ruhrgebiet. Die Forderungen der Streikenden waren rein ökonomischer Natur. Aber schon die Tatsache, daß der Streik ein ganzes Industriegebiet erfaßte, verlieh ihm einen gewissen politischen Charakter und die Bedeutung eines nationalen Ereignisses. Das wurde noch deutlicher sichtbar, als die Grubengewaltigen, die hartnäckig an ihrem „Herr-im-Hause"-Standpunkt festhielten und keinen Fußbreit Boden preisgeben wollten, zur Unterdrückung des Streiks Truppen zu Hilfe riefen und der junge Kaiser Wilhelm II. einer Delegation der Bergarbeiter erklärte, er werde alles über den Haufen schießen lassen, was sich ihm entgegenstelle. Im ganzen Lande erhob sich daraufhin ein Sturm der Entrüstung und der Solidarität mit den tapferen Bergarbeitern. Große Teile der Arbeiterklasse, aber auch des kleinen und mittleren Bürgertums bezeugten offen ihre Sympathie mit den Streikenden.

Nach der militärischen Besetzung des Gebiets wurde es bald aussichtslos, den Ausstand fortzusetzen. Der Streik wurde ohne Ergebnis abgebrochen, scheinbar endete er mit einer totalen Niederlage. Betrachten wir aber nicht nur das unmittelbare Resultat, sondern auch die in der Tiefe weiterwirkenden Kräfte, so wird uns die für die Arbeiterklasse positive Seite des Streiks offenbar. Der Riese hatte sich gereckt und gezeigt, welche Kraft in ihm steckte. Der Zusammenstoß mit der Staatsmacht hatte das Wissen der Bergarbeiter um ihre Klassenlage gefestigt. Ihre Organisierung machte weitere Fortschritte. Der Vormarsch der Arbeiterbewegung konnte auch durch die gewaltsame Unterdrückung des Streiks nicht aufgehalten werden. Im darauffolgenden Jahre fiel das Sozialistengesetz; Bismarck mußte gehen, und Wilhelm II. sah sich gezwungen, einige Verbesserungen in arbeitsrechtlicher und sozialpolitischer Beziehung anzukündigen, von denen freilich nur wenige realisiert wurden.

Die Entwicklung vom ökonomischen zum politischen Klassenkampf, die eine immer stärkere Verschmelzung beider Kampfformen zeigt, je mehr wir uns der unmittelbaren Gegenwart nähern, ist in der Geschichte der Arbeiterbewegung eine gesetzmäßige Erscheinung. In seinen ersten Anfängen war der Kampf des Proletariats fast ausschließlich auf ökonomische Ziele gerichtet; die Arbeiter setzten sich spontan gegen die grausame Ausbeutung zur Wehr und verfügten noch nicht über ständige, organisierte Interessenvertretungen. In der Auseinandersetzung mit dem Kapital kamen sie zu der Erkenntnis, daß sie zur Durchsetzung ihrer Forderungen einer festen Organisation bedürfen. So entwickelten sich im allgemeinen die Gewerkschaften als breiteste Massenorganisation der Klasse, bevor die politische Partei des Proletariats entstand.

Marx und Engels vermittelten dem Proletariat die Erkenntnis, daß es nicht genügt, die schlimmsten Auswüchse des kapitalistischen Systems zu bekämpfen, sondern daß nur seine revolutionäre Überwindung die Perspektive einer besseren menschlichen Ordnung eröffnet. Aus der Verbindung zwischen dem wissenschaftlichen Sozialismus und der spontanen Arbeiterbewegung entstanden politische Parteien, in denen sich die revolutionäre Vorhut des Proletariats organisierte und bewußt auf der politischen Ebene den Kampf für den Sturz der Ausbeutergesellschaft zu führen begann. Je höher die Organisation der gesamten Klasse und das Niveau des Klassenbewußtseins ist, desto entwickelter sind im allgemeinen auch die politischen Formen des Klassenkampfes und die untrennbare Einheit des ökonomischen und politischen Kampfes.

Die ökonomischen Kämpfe wurden schon deshalb immer stärker zu politischen Kämpfen, weil sich die Kapitalisten ebenfalls in Verbänden zusammenschlossen und der vereinten Kraft des Proletariats ihre gesamte Macht entgegenstellten. Waren zunächst die ökonomischen Kämpfe nur Keime, nur schwache Ansätze eines Klassenkampfes im eigentlichen Sinne des Wortes, da sich nur einzelne Arbeiter eines einzelnen Betriebes gegen einen einzelnen Unternehmer zur Wehr setzten, so gingen diese Kämpfe im Laufe der Zeit immer mehr über den lokalen Rahmen hinaus; sie erfaßten ganze Industriezweige und entwickelten sich zu einem wirklichen Kampf der Klasse der Lohnarbeiter gegen das Kapital und die Staatsmacht. Gerade auch weil sich das Kapital der Staatsmacht bediente, gewann der Kampf politischen Charakter, erkannten die Arbeiter, daß sie vor allem diese Macht beseitigen müssen, um zum Ziel zu gelangen. Im Laufe der Entwicklung des Kapitalismus und besonders in der Periode des Imperialismus nahm der Klassenkampf immer entwickeltere Formen an und bestimmte den Verlauf der nationalen Geschichte.

Eine Betriebsgeschichte wird vor allen Dingen dann den Anforderungen entsprechen, die wir an sie stellen, wenn sie es versteht, die Auseinandersetzungen in den Betrieben richtig in das nationale Geschehen einzubetten und das behandelte Ereignis in den historischen Gesamtzusammenhang zu stellen. Allerdings muß sie, wenn sie das Interesse des Lesers wecken will, von konkreten Tatsachen ausgehen und globale Einschätzungen ohne direkte Beziehung zur Geschichte des Betriebes vermeiden.

Unsere besondere Beachtung gilt dabei den politischen Kämpfen als der höchsten Form proletarischen Klassenkampfes. Hier kann es sich sowohl um Kämpfe handeln, die ihren Ausgangspunkt im Betrieb selbst hatten, als auch um solche, deren Ursachen außerhalb des Betriebes lagen und von außen auf ihn einwirkten.

Dafür zwei Beispiele:

Im Jahre 1909 streikten die Mansfelder Bergarbeiter, um das ihnen zwar gesetzlich garantierte, dennoch aber gewaltsam vorenthaltene Koalitionsrecht durchzusetzen. Der Einsatz von Militär unter dem obersten Kommando des Generals v. Hindenburg zwang die Arbeiter, nach sechs Wochen heldenhaften Kampfes den Streik abzubrechen. Also ein Sieg der herrschenden Klasse? Keineswegs! Dieser Streik brachte die Werktätigen in ganz Deutschland in Bewegung. Er war im wahrsten Sinne des Wortes ein Kampf zweier Klassen.

Die Mansfelder Bergarbeiter hatten sich nicht allein mit „ihren" Kapitalisten auseinanderzusetzen, sondern mit den herrschenden Klassen überhaupt – mit den vom Monopolkapital beherrschten Unternehmervereinigungen, die eine Aufnahmesperre für Bergarbeiter aus dem Mansfelder Gebiet verhängten und dadurch den Erfolg der von der Streikleitung organisierten Abwanderung verhinderten, und mit der im Interesse des Kapitals handelnden Staatsmacht, die den bewaffneten Schutz der Streikbrecher übernahm und sich damit erneut als Instrument der Unterdrückung der Massen entlarvte. Im Reichstag wurde der Mansfelder Streik zum Gegenstand lebhafter Auseinandersetzungen. Als in ihrem Verlauf der alte Krautjunker v. Oldenburg-Januschau die ebenso bekannte wie berüchtigte Bemerkung machte, der Kaiser müsse „jeden Moment imstande sein, zu einem Leutnant zu sagen: Nehmen Sie zehn Mann und schließen Sie den Reichstag!"[1], und damit die fortschrittlichen Kräfte offen herausforderte, nahm die demokratische Bewegung gegen den junkerlich-imperialistischen Machtapparat einen neuen Aufschwung.

Die Nachwirkungen des Streiks waren noch lange im politischen Leben Deutschlands spürbar. In Mansfeld selbst aber hatte die proletarische Bewegung einen entscheidenden Durchbruch erzielt. Der Vormarsch der Sozialdemokratie und der Gewerkschaftsbewegung konnte nicht länger aufgehalten werden.

Schon 12 Jahre danach war die politische Bewegung der Arbeiterklasse im Mansfelder Land bereits so weit erstarkt, daß sie zu einem revolutionären Zentrum in Mitteldeutschland geworden war. Die Novemberrevolution hatte den deutschen Imperialismus und Militarismus nicht beseitigt, aber zu einem weiteren Aufschwung hinsichtlich der Organisiertheit und des Klassenbewußtseins des Proletariats geführt. Die reaktionären Kräfte versuchten, ihre immer noch labile Position durch die gewaltsame Unterdrückung der revolutionären Vorhut der Arbeiterklasse zu festigen. Im Zuge entsprechender Maßnahmen besetzten im März 1921 unter dem üblichen Vorwand, Ruhe und Ordnung aufrechterhalten zu müssen, mehrere Hundertschaften Polizei überraschend das Mansfelder Land. Die Arbeiter in den Betrieben traten sofort in den Generalstreik und beantworteten die Provokation, indem sie zum bewaffneten Widerstand übergingen. Die Leuna-Werke schlossen sich den kämpfenden Mansfelder Arbeitern an. Mit Hilfe von Reichswehr-Einheiten, die unter anderem auch Artillerie einsetzten, wurde die Bewegung schließlich unterdrückt. Viele Arbeiter fielen im Kampf oder wurden von der Soldateska ermordet. Aus den Ereignissen der Märzkämpfe 1921 zog die gesamte internationale Arbeiterbewegung ihre Lehren. In der Kommunistischen Partei Deutschlands kam es zu Auseinandersetzungen. Die Verfechter opportunistischer Auffassungen schieden aus der Parteiführung aus. Die Geschichte der Mansfelder Berg- und Hüttenleute liefert ein überzeugendes Beispiel dafür, wie rasch sich eine zur Treue zu Kaiser und Reich erzogene Arbeiterschaft eines großen

1 Verhandlungen des Reichstags, Stenographische Berichte, Bd 258, Berlin 1910, S. 898.

Industriegebietes unter dem Einfluß des Klassenkampfes zur revolutionären Avantgarde entwickeln kann.

Vielfältig sind auch die Beziehungen zwischen dem Klassenkampf in den Betrieben und der internationalen Arbeiterbewegung. Ebenso, wie die Erfolge der deutschen Arbeiterbewegung weit über die Grenzen Deutschlands hinaus die Arbeiter vieler kapitalistischer Länder aktivierten, war natürlich auch umgekehrt der Einfluß der Kämpfe russischer, englischer, französischer, amerikanischer und italienischer Arbeiter in unseren Betrieben wirksam. So war die Bildung des ersten Arbeiter-und-Bauern-Staates der Welt im Oktober 1917 für die deutsche Arbeiterklasse ein leuchtendes Beispiel, dessen Auswirkungen in dem gewaltigen sogenannten Munitionsarbeiterstreik vom Januar 1918 ihren Ausdruck fanden. Die deutschen Arbeiter schlossen sich der Forderung ihrer russischen Klassenbrüder nach sofortigem Friedensschluß ohne Annexionen und Kontributionen an und bildeten Arbeiterräte nach dem Vorbild der Sowjets. In den zwanziger Jahren waren die Aktion der deutschen Arbeiterklasse „Hände weg von Sowjetrußland" und ihr Kampf gegen die Interventionspolitik der imperialistischen Mächte Ausdruck der Solidarität mit der jungen Sowjetmacht.

Daneben verdienen auch Aktionen wie der internationale Kampf um die Rettung von Sacco und Vanzetti, den von der amerikanischen Reaktion unschuldig zum Tode verurteilten Gewerkschaftsführern, eingehende Erörterung. In vielen Betrieben kam es damals zu Kundgebungen, Demonstrationen und Proteststreiks. Eine Betriebsgeschichte, in der über Aktionen zur Verteidigung von Sacco und Vanzetti berichtet werden kann, sollte sich nicht auf die bloße Darstellung der innerbetrieblichen Fakten beschränken, sondern sich eingehender mit diesem Justizmord beschäftigen, der das wahre Gesicht des amerikanischen Imperialismus enthüllte.

Nach dem Sieg des Faschismus in Deutschland wurden die Arbeiterorganisationen zerschlagen. Der illegal in den Betrieben weitergeführte Kampf ist naturgemäß nicht so aktenkundig wie die Auseinandersetzung in den Jahren relativ freier Betätigungsmöglichkeiten. Wir dürfen jedoch vor diesen Schwierigkeiten nicht kapitulieren und müssen uns hier in erster Linie auf die Aussagen der ehemaligen Mitglieder der Kommunistischen und Sozialdemokratischen Partei und der Gewerkschaften stützen. Auf Grund der deutschen Erfahrungen und der auch in anderen Ländern wachsenden faschistischen Gefahr beschlossen der VII. Weltkongreß der Kommunistischen Internationale 1935 und im Anschluß daran die Brüsseler Parteikonferenz der KPD, das Hauptaugenmerk auf die Herstellung einer breiten antifaschistisch-demokratischen Einheitsfront zu richten. Die Basis dafür waren die Großbetriebe. Wir müssen große Anstrengungen unternehmen, um die Anfänge einer solchen Einheitsfront zwischen kommunistischen, sozialdemokratischen, christlichen und parteilosen Arbeitern zu erforschen und ihren unter schwersten Bedingungen geführten illegalen Kampf zu zeigen. Dieser Kampf war eine der Grundlagen für die Errichtung der antifaschistisch-demokratischen Ordnung nach dem Sturz des faschistischen Regimes.

FORMEN UND METHODEN DES KLASSENKAMPFES IN DEN BETRIEBEN

Der Klassengegensatz zwischen Arbeit und Kapital in den Betrieben äußert sich in den verschiedensten Formen und Methoden. Bereits eine Erscheinung wie die Fluktuation, der Wechsel des Arbeitsplatzes durch den Arbeiter, ist eine Form des Kampfes, wenn nicht der Klasse, so doch des einzelnen. Der Arbeiter sucht über den Arbeitsplatzwechsel nach Möglichkeiten, zu besseren Arbeitsbedingungen, höheren Löhnen usw. zu kommen und die Konkurrenz der Kapitalisten untereinander auszunutzen. Die Unternehmer, die dadurch wirtschaftliche Verluste erleiden, setzen sich dagegen zur Wehr; sie treffen Absprachen untereinander, legen schwarze Listen an und sperren die Betriebe. Der Arbeiter spürt bald die ihm gegenüberstehende zusammengefaßte Macht des Kapitals. In ihm reift die Erkenntnis, daß der einzelne allein gegen diese Macht nichts ausrichten kann, sondern daß er sich, um sich zu behaupten, mit anderen zusammenschließen muß.

Die verbreitetste Form des Kampfes der Arbeiter in den Betrieben, die aber schon eine Organisation voraussetzt, ist der Streik, speziell der ökonomische Streik, der zum Ziel hat, entweder die Lage der Arbeiter zu verbessern oder eine Verschlechterung zu verhindern. Diese Form des Kampfes darf keinesfalls unterschätzt werden. Zwar genügt bereits ein relativ niedriges Niveau des Klassenbewußtseins, ein, wie Lenin sagte, „trade-unionistisches“[2] (gewerkschaftliches) Bewußtsein, um die Arbeiter für ihre wirtschaftlichen Forderungen in den Kampf treten zu lassen. Aber die Streiks sind eine Schule des Klassenkampfes. In den Streiks erkennen die Arbeiter die Unversöhnlichkeit der Klassengegensätze, begreifen sie die Notwendigkeit, einen Schritt weiterzugehen und nicht nur ihrem persönlichen Widersacher, sondern dem gesellschaftlichen System als Ganzem den Kampf anzusagen. „Hinter jedem Streik lauert die Hydra der Revolution“[3] – dieser Satz aus dem Munde eines deutschen Innenministers der Kaiserzeit, auf den Lenin verschiedentlich Bezug nimmt[4], zeugt von einer bemerkenswerten Einsicht in die Gesetzmäßigkeiten der gesellschaftlichen Entwicklung.

Viele bedeutende Bewegungen in der Geschichte wurden durch ökonomische Streiks ausgelöst. Die russische Revolution von 1905 begann mit wirtschaftlichen Streiks, die sich binnen weniger Tage zu einer politischen Aktion ausweiteten. In der deutschen Novemberrevolution von 1918 kam es in vielen einzelnen Betrieben zu Streiks, in denen es um Arbeitszeit-, Lohn-, Akkord-, Urlaubsfragen usw. ging. Diese Kämpfe bildeten den Auftakt zu den großen Massenstreiks im Frühjahr 1919, in denen Hunderttausende von Arbeitern

2 Vgl. *Lenin, W. I.*, Werke, Bd 5, Berlin 1959, S. 386.
3 Ebenda, Bd 4, Berlin 1960, S. 313.
4 Vgl. ebenda Bd 27, Berlin 1960, S. 81.

unter politischen Losungen zum Kampf antraten. Die Massen forderten die Kontrolle über die Produktion und die Sozialisierung der wichtigsten Produktionsmittel.

Es gab damals nicht wenige Stimmen in der Arbeiterbewegung, die diesen Kampf als einen „rein wirtschaftlichen" betrachteten, obwohl es sich um einen direkten Angriff auf die Grundlage der kapitalistischen Gesellschaft, auf das bürgerliche Eigentum, handelte. Es ging darum, die Verfügungsgewalt des Kapitals über die Produktionsmittel mit Hilfe der Kontrolle über die Produktion zunächst einzuschränken und schließlich gänzlich zu beseitigen, also um eine Frage hochpolitischen Charakters. Aber auch ganz abgesehen von der Zielsetzung: jeder Massenstreik ist ein politisches Faktum, denn hier stehen sich nicht mehr einzelne Personen oder einzelne Gruppen, sondern Klassen gegenüber. Jeder Klassenkampf aber ist ein politischer Kampf, heißt es schon im Kommunistischen Manifest, und Lenin sagte, daß der Kampf der Arbeiter „notwendigerweise *in dem Maße* politischer Kampf wird, als er zum *Klassen*kampf wird"[5].

Ein Ergebnis des Klassenkampfes waren die Arbeitervertretungen in den Betrieben. Ihre Herausbildung kann überhaupt nur im engsten Zusammenhang mit der politischen und Sozialgeschichte Deutschlands begriffen werden. Die Stellung der einzelnen Klassen und ihrer Organisationen zu den betrieblichen Vertretungen war einem ständigen Wandel unterworfen. Bis in die Zeit des ersten Weltkrieges kämpften die Arbeiter um das Recht, sich gewerkschaftlich zu organisieren. Die Unternehmer weigerten sich, die Gewerkschaften als Vertreter des Proletariats anzuerkennen. Der liberale Flügel der Bourgeoisie versuchte, mit der Bildung von Arbeiterausschüssen ein Instrument der Zusammenarbeit mit dem Kapital, ein Gegengewicht gegen die auf dem Boden des Klassenkampfes stehenden Gewerkschaften zu schaffen. Die sozialdemokratische Partei lehnte die Arbeiterausschüsse damals ab, da sie unter den gegebenen Verhältnissen keine echte und wirksame Interessenvertretung der Arbeiter sein konnten. Das war richtig. Aber ebenso richtig war ihr Bemühen, in einmal gebildeten Arbeiterausschüssen Einfluß zu gewinnen. Das war zum Beispiel der Fall, als nach dem Ruhrbergarbeiterstreik von 1905 die Ausschüsse im preußischen Bergbau gesetzlich eingeführt worden waren.

Nach dem offenen Sieg des Opportunismus am 4. August 1914 war die bedingungslose Bejahung der Ausschüsse die logische Konsequenz der Burgfriedenspolitik. Die deutschen Linken lehnten die Einrichtung der Arbeiterausschüsse nach wie vor energisch ab, ohne aber darauf zu verzichten, die bestehenden zum Kampf gegen den Krieg und die Politik der Klassenzusammenarbeit zu mobilisieren.

In der Novemberrevolution bildete das Proletariat aus eigener Initiative Arbeiterräte in den Betrieben, die sofort auf den schärfsten Widerstand nicht nur des Kapitals, sondern auch der rechten Partei- und Gewerkschaftsführer

5 Ebenda, Bd 4, Berlin 1955, S. 210.

stießen. Selbst die größten Scharfmacher des deutschen Imperialismus, die Vertreter der westdeutschen Schwerindustrie, die sich bis zuletzt geweigert hatten, die Gewerkschaften anzuerkennen und einen erbitterten Kampf gegen die Arbeiterausschüsse geführt hatten, gaben über Nacht ihre bisherige Position auf und fochten Seite an Seite mit den Reformisten für Arbeiterausschüsse und gegen die Arbeiterräte als Instrument der revolutionären Bewegung.

Die Niederlage der Revolution nahm den Arbeiterräten ihre Grundlage. Die Arbeiterklasse verteidigte aber ihre revolutionären Errungenschaften. Es gelang daher der Reaktion nicht, die Räte gänzlich zu beseitigen. Als Ergebnis dieser Kämpfe entstanden die Betriebsräte, mit denen der Kampf um das Mitbestimmungsrecht untrennbar verbunden ist. Die Unternehmer waren ständig bemüht, die ohnehin geringen Rechte der Betriebsräte noch weiter einzuschränken. Unterstützt von ihren Bündnispartnern, den rechten sozialdemokratischen Partei- und Gewerkschaftsführern, gelang es vielfach, den Betriebsrat in ein ausführendes Organ der Gewerkschaftsbürokratie zu verwandeln, das die Politik der Arbeitsgemeinschaft im Betrieb durchsetzen sollte. Dort aber, wo die Kommunisten den Haupteinfluß im Betriebsrat ausübten und den Kampf um die Erweiterung der Arbeiterrechte führten, erwies es sich als möglich, diese Einrichtung zur Hebung des Klassenbewußtseins auszunutzen.

Bei der Beurteilung der Arbeiterausschüsse, Arbeiterräte und Betriebsräte muß also deutlich unterschieden werden zwischen der Entwicklung im nationalen Rahmen und dem konkreten Einzelfall. Entscheidend ist hier vor allem die Frage, wer die führende Rolle in diesen Organen spielte, die Spartakusleute, die Kommunisten oder die opportunistischen Führer. Davon ausgehend, wird man leicht darstellen können, mit welchen Mitteln der Kampf geführt wurde und welche Erfolge er hatte.

ZU DEN QUELLEN UND IHRER BENUTZUNG

Für die Darstellung des Klassenkampfes im Betrieb in seinem Zusammenhang mit der Geschichte der deutschen Nation stehen uns eine ganze Anzahl von Quellen zur Verfügung. Das wichtigste, umfangreichste und aussagekräftigste Material zu einzelnen Ereignissen und Aktionen im Betrieb selbst wird im allgemeinen in den Betriebsarchiven vorhanden sein. Andere Quellen, die wir im Betrieb finden können, sind bereits vorhandene Firmengeschichten, Festschriften und Betriebszeitungen. Da diese gedruckten Quellen aber hauptsächlich zu Propagandazwecken der Bourgeoisie geschaffen wurden und der Untergrabung des Klassenbewußtseins der Betriebsangehörigen dienen sollten, darf man von ihnen nicht erwarten, daß sie ausführlich über Arbeiterbewegungen im Betrieb berichten. Sind Angaben über Konflikte vorhanden, so müssen wir in Betracht ziehen, daß sie den Unternehmerstandpunkt widerspiegeln und

Stärke und Ausdehnung einer Bewegung zu bagatellisieren suchen. Sofern bereits eine in der kapitalistischen Zeit erschienene Firmengeschichte vorhanden ist, wird eine gute Betriebsgeschichte stets die Gelegenheit nutzen, sich mit ihr offensiv auseinanderzusetzen und den Arbeitern zu zeigen, wie weit Dichtung und Wahrheit hier voneinander entfernt sind, wie die Kämpfe der Arbeiter bewußt verschwiegen oder verfälscht wurden. Ungleich besseres Material als die Festschriften und Betriebszeitungen werden in der Regel die Betriebsakten bieten, da der interne Schriftverkehr eines kapitalistischen Unternehmens keine direkte Einflußnahme auf die Öffentlichkeit bezweckte und man daran interessiert war, für den eigenen Gebrauch ein möglichst realistisches Bild zu erhalten.

Mitunter findet sich in den Betriebsarchiven infolge von Kriegseinwirkungen oder Kassationen kein oder nur wenig Material zur Darstellung des Klassenkampfes. Die Notwendigkeit, nach anderen Quellen zu forschen, wird dann um so dringender sein. Es wäre jedoch grundfalsch, wollten wir nur in einem solchen Fall die Materialsuche auf Bereiche außerhalb des Betriebes ausdehnen. Gerade wenn wir über den lokalen Rahmen hinausgehen und die Beziehungen zwischen der Geschichte des einzelnen Betriebes und der Geschichte der Nation herstellen wollen, müssen wir nach Möglichkeit alle Quellen zu erfassen suchen, die uns dabei behilflich sein können. So findet sich zum Beispiel in den Stadtarchiven häufig Material zur Geschichte der Betriebe, besonders, wenn es sich um bedeutende soziale Bewegungen handelt, deren Auswirkungen ja stets breiteste Schichten der Bevölkerung beeinflußten. Das gleiche trifft auf die Kreisarchive zu. Besonders die größeren kapitalistischen Betriebe, in denen der Gegensatz zwischen Kapital und Arbeit in harten Klassenschlachten seinen Ausdruck fand, führten ja nicht nur innerbetrieblichen Schriftwechsel, sondern korrespondierten auch miteinander und mit den städtischen Verwaltungen und den Behörden des Kreises, die ihrerseits an die übergeordneten Organe weiterberichteten. Und gerade in den großen staatlichen Archiven, den Landeshauptarchiven und dem Deutschen Zentralarchiv können wir Material finden, das uns besonders deutliche Hinweise auf die Verflechtung zwischen dem lokalen und dem nationalen Kampf der deutschen Arbeiterklasse gibt – Material, das nicht nur unsere Kenntnis der Tatsachen erweitert, sondern auch gleichzeitig Aufschluß gibt über die durch den Klassenkampf hervorgerufenen Änderungen in der Stellung und der Taktik der herrschenden Klasse.

Neben den archivalischen Quellen, die heute allgemein zugänglich sind, können uns von den gedruckten Quellen besonders Zeitungen und Zeitschriften als Unterlagen für eine Materialzusammenstellung dienen. Neben den ausgesprochenen Lokalblättern, die ausführlich, wenn auch meist aus bürgerlicher Sicht, über örtliche Ereignisse berichten, sollte hier vor allem auf die regionalen Zeitungen der Arbeiterbewegung und auf die Gewerkschaftspresse zurückgegriffen werden. Das bedeutet nicht etwa, Jahrgang für Jahrgang und Seite für Seite durchzusehen; auszugehen ist hier einmal von den bereits vorher festgestellten Bewegungen der Arbeiter eines Betriebes, zum anderen von den entweder ganz Deutschland oder bestimmte Gebiete erfassenden Kämpfen der Arbeiterklasse, wie zum Beispiel Novemberrevolution, Kapp-Putsch usw., von denen angenommen werden kann, daß sie in dem betreffenden Betrieb nicht ohne Auswirkungen geblieben sind, auch wenn bisher nur wenig darüber bekannt war.

Ein wichtiges Mittel zur Erschließung neuen Materials ist die Sammlung von Erlebnisberichten. Sie sind nicht nur bei ungenügender Quellenlage eine bedeutende Hilfe für die Ausarbeitung einer Betriebsgeschichte. Die Geschichte eines Betriebes beschäftigt sich vor allem mit den Menschen, mit den Arbeitern und ihrem Kampf gegen Ausbeutung und Rechtlosigkeit. Es ist also nur logisch, wenn wir uns auf ihre aus eigenem Erleben geschöpften Aussagen stützen und sie auch selbst zu Wort kommen lassen. Als urwüchsig proletarische Quelle bilden die Veteranenberichte gleichzeitig ein Gegengewicht zu den in ihrem Wahrheitsgehalt oft zweifelhaften Quellen bürgerlicher Herkunft, deren Angaben wir keinesfalls unkritisch übernehmen dürfen. Aber auch die Erlebnisberichte bedürfen der Überprüfung, des Vergleichs mit Aussagen anderer Teilnehmer an den Kämpfen der Arbeiter, da die Ereignisse meist weit zurückliegen, die Erinnerung an sie nicht mehr voll gegenwärtig ist und dadurch Irrtümer unterlaufen, wie auch andererseits unbewußt die Tendenz besteht, das Vergangene in einem einseitig verklärten Lichte zu sehen.

Die Dokumente und Beschlüsse der Partei sind für uns das Hilfsmittel, die Klassenauseinandersetzungen in den richtigen historischen Gesamtzusammenhang zu stellen. Mit dem Erscheinen des Grundrisses der Geschichte der deutschen Arbeiterbewegung ist uns diese Aufgabe wesentlich erleichtert worden. Er ermöglicht uns, die jeweils wichtigsten Probleme in den einzelnen Perioden zu erkennen und für die Ausarbeitung der Betriebsgeschichte nutzbar zu machen. Damit sind wir auch besser als je zuvor in der Lage, die Kämpfe in den Betrieben in das große historische Geschehen einzuordnen.

Wenn Lenin schrieb: „Wer sich zur Geschichte seiner Bewegung verhält wie einer, der sich an nichts erinnert, der kann kein klassenbewußter Arbeiter sein“[6], so wird damit sowohl die Aufgabe als auch die große Bedeutung der betriebsgeschichtlichen Forschung klar. Sie vermittelt dem Arbeiter das Wissen um die Vergangenheit seiner Klasse, um ihre Kämpfe, ihre Opfer und Siege. Die gründliche Kenntnis der kapitalistischen Vorgeschichte des Betriebes ist ein wichtiger Hebel zur sozialistischen Bewußtseinsbildung. Es gibt bereits Beispiele dafür, daß die Beschäftigung mit der Betriebsgeschichte zu einem Aufschwung in der Produktion, zu einem direkten materiellen Nutzen führen kann. Denn die ökonomischen Ergebnisse eines Betriebes hängen nicht allein vom allgemeinen Zustand der technischen Ausrüstung, von der Organisation der Arbeit usw. ab. sondern vor allem auch vom Niveau des Klassenbewußtseins seiner Arbeiter. Damit aber ist die Betriebsgeschichte imstande, einen wesentlichen Beitrag im ökonomischen Wettbewerb zwischen den beiden gesellschaftlichen Systemen zu leisten.

6 Ebenda, Bd 20, Berlin 1961, S. 278.

Auswirkungen der Spaltung Deutschlands

VON HANS CZIHAK

Mit dem Eintritt des Kapitalismus in sein letztes Stadium, den Imperialismus, war Deutschland zu einem hochentwickelten Industrieland geworden.
Diese Industrie hatte aber alle Merkmale und Eigenschaften des antagonistischen Charakters der Gesellschaftsordnung. Die Herausbildung der einzelnen Industriezweige im Rahmen der Entwicklung der gesellschaftlichen Arbeitsteilung verlief ungleichmäßig und elementar; sie war in erster Linie vom Profit diktiert und führte zu Disproportionen, die nur zeitweilig ausgeglichen werden konnten. Die Standortverteilung der Produktion erfolgte ebenfalls spontan. Der Einfluß von Konkurrenz und Profitjagd machte sich immer unrationeller und ungleichmäßiger bemerkbar. Die Konzentration der Industrie in einzelnen Zentren nahm mehr und mehr zu, während andere Gebiete in wirtschaftlicher Rückständigkeit verblieben.
Im westlichen Teil Deutschlands konzentrierte sich so der Hauptteil der Stahlproduktion, des Schwermaschinenbaues und des Schiffbaues. Hinzu kam noch ein beträchtlicher Prozentsatz der Chemieproduktion. Im östlichen Teil Deutschlands waren es neben der restlichen Chemieproduktion (Merseburg, Berlin) und dem restlichen Maschinenbau (Berlin, Sachsen, Thüringen) vor allem Zweige der Leichtindustrie, die stärker entwickelt wurden: Textilindustrie (Sachsen, Thüringen), Druckereiwesen und Teile der Nahrungsmittelindustrie.
Der einheitliche deutsche Markt, der sich mit der Entwicklung des Kapitalismus herausbildete, war durch rege Beziehungen zwischen diesen einzelnen Zentren gekennzeichnet. Daneben gab es noch eine Fülle von weiteren Verbindungen, die auch die anderen, nicht so konzentrierten Industriezweige betrafen. So kamen zum Beispiel Rohstoffe für die Verarbeitungsindustrien der östlichen Gebiete aus dem Westen und umgekehrt. Im Absatz der Waren hatten sich im Laufe der Jahrzehnte traditionelle Verbindungen herausgebildet, die oft die Grundlage für eine bestimmte Höhe der Produktion bildeten.
Es ist verständlich, daß ein Eingriff in dieses System von Beziehungen zu ernsten Schäden für den reibungslosen Ablauf der Reproduktion führen mußte. Das zeigte sich schon im zweiten Weltkrieg, als durch den Ausfall von Betrieben, durch Verlagerungen und durch Störungen des Transportsystems eine immer

tiefere Zerrüttung der gesamten Wirtschaft eintrat. Wieviel mehr mußte erst eine Spaltung des Landes zu ernsten Störungen führen – zu Disproportionen in der Volkswirtschaft, die nur sehr schwer zu beseitigen waren und die sich bis zum letzten Betrieb auf die eine oder andere Weise auswirken mußten.

DAS POTSDAMER ABKOMMEN UND SEINE ZIELE

Nach der Niederlage des Faschismus durch den Sieg der Sowjetarmeen und der anderen Kräfte der Anti-Hitler-Koalition begann eine Entwicklung, die sich aus der Stellung der westlichen Alliierten zu den von ihnen selbst gefaßten Beschlüssen ergab und die auf die Spaltung Deutschlands hinauslief.

Das Potsdamer Abkommen sollte die Grundlage für die weitere Entwicklung Deutschlands auf politischem, wirtschaftlichem, gesellschaftlichem und kulturellem Gebiet sein. Seine Durchführung sollte garantieren, daß die Kräfte, die die Welt zweimal in Kriege voll Elend und Leid gestürzt hatten, um selbst immer höhere Profite zu erlangen, nie wieder Gelegenheit erhielten, noch einmal ihr Spiel mit dem Leben von Millionen zu treiben.

Dabei sah das Abkommen vor, Deutschland so zu behandeln, daß der Weg zu einer neuen Blüte des Lebens, der Wirtschaft und der Kultur auf demokratischer Grundlage offenstand. Bei der Abfassung der Vereinbarungen sah man sehr wohl die gegenseitige wirtschaftliche Abhängigkeit der beiden Teile Deutschlands und berücksichtigte sie dementsprechend in den Bestimmungen über die Beziehungen zwischen den einzelnen Zonen. So heißt es in dem Abkommen:

„Während der Zeit der Besetzung ist Deutschland als ein einheitliches wirtschaftliches Ganzes zu betrachten. Zu diesem Zwecke ist eine gemeinsame Politik festzusetzen hinsichtlich:

a) der Produktion und Verteilung der Erzeugnisse des Bergbaues und der verarbeitenden Industrie;
b) der Landwirtschaft, der Forstwirtschaft und des Fischfanges;
c) der Löhne, der Preise und der Rationierung;
d) des Import- und Exportprogramms für Deutschland als Ganzes;
e) des Währungs- und Banksystems, der zentralisierten Steuern und der Zölle;
f) der Reparationen und der Vernichtung des Potentials der Rüstungsindustrie;
g) des Verkehrswesens sowie des Post- und Fernmeldewesens.

Bei der Durchführung dieser Politik sind nach Maßgabe der Notwendigkeit die unterschiedlichen örtlichen Verhältnisse zu berücksichtigen.“[1]

Hätten sich alle Unterzeichner an diese Grundsätze genau gehalten, so hätte sich in den bis dahin bestehenden Beziehungen zwischen den einzelnen Zentren und Teilen der Industrie in Deutschland wenig geändert. Die Kriegsfolgen

1 Das Potsdamer Abkommen vom 2. August 1945 – wirtschaftliche Grundsätze, Punkt 14, abgedr. bei: *Bittel, Karl*, Vom Potsdamer Abkommen zur Viermächte-Konferenz, Berlin 1953, S. 74.

hätten durch das Zusammenwirken aller Industriezweige allmählich überwunden werden können; die Kriegsindustrie sollte nach dem Potsdamer Abkommen vernichtet oder nach dem von der interalliierten Reparationskommission empfohlenen und von den interessierten Regierungen bestätigten Reparationsplan eingezogen werden.
Aber die westlichen Vertragspartner waren nicht im geringsten an einer derartigen demokratischen Entwicklung interessiert, die die ökonomische Basis des deutschen Imperialismus auch im Westen Deutschlands beseitigt oder zumindest stark geschwächt hätte. Sie wollten sich den vorgeschobenen Stützpunkt im Kampf gegen die Sowjetunion und die anderen Länder des Sozialismus auf jeden Fall erhalten. Systematisch verstärkten sie ihre Politik der Spaltung, die mit der Bildung des westdeutschen Separatstaates im Jahre 1949 ihren ersten Höhepunkt fand. Diese Kette von Maßnahmen konnte nicht ohne ernsthafte Wirkung auf die wirtschaftliche Gemeinschaft Deutschlands bleiben und mußte zu schweren Störungen im Wirtschaftsleben führen. Die Auswirkungen dieser Politik auf die betriebliche Entwicklung zu verfolgen ist eines der Hauptanliegen dieser Untersuchung.

ERSTE AUSWIRKUNGEN DER SPALTUNG DEUTSCHLANDS

In den Gebieten, die zeitweilig von amerikanischen Truppen besetzt waren (Thüringen und Teile Sachsens), waren die Auswirkungen der Spaltung zuerst und am deutlichsten erkennbar; auch die Betriebe, die direkt an der Zonengrenze lagen, wurden sofort und unmittelbar von der Teilung Deutschlands betroffen.
Welche ersten Auswirkungen die sofort nach der Besetzung Zwickaus erfolgte Spaltung der Stadt, die später durch den Rückzug der amerikanischen Truppen wieder rückgängig gemacht wurde, auf die Situation im jetzigen Steinkohlenwerk „Karl Marx“, Zwickau hatte, welche Faktoren bei der Wiederinbetriebnahme eine Rolle spielten und welche Schwierigkeiten sich sofort aus der Spaltung ergaben, berichtet die Betriebsgeschichte dieses Werkes:
„Bewußte Bergleute, die an ein neues, kommendes Deutschland glaubten, fanden sich unter großen Schwierigkeiten im Betrieb ein und hielten die Wasserhaltung, die notwendige Dampferzeugung, die Bewetterung und den Kokereibetrieb aufrecht. Durch die willkürliche Spaltung der Stadt entlang der Mulde durch die amerikanischen Besatzungstruppen war das Werk von den Bergarbeitern, die westlich der Mulde wohnten, abgeschnitten. Viele Kumpel konnten so nicht wieder nach Hause. Sie blieben kurzentschlossen im Werk, schliefen in alten Luftschutzbunkern und bereiteten sich das kärgliche Essen selbst ... Als nach einer Woche die Verkehrsbeschränkungen fielen, kamen die Kumpel in der Mehrzahl wieder zur Arbeit ...“[2] Solange die ersten Auswir-

2 *Von den Brückenbergschächten zum VEB Steinkohlenwerk „Karl Marx“*, Zwickau 1859–1959, hg. v. d. Leitung der Betriebsparteiorganisation und der Werkleitung des VEB Steinkohlenwerk „Karl Marx“, Zwickau, o. O., o. J., S. 102.

kungen der amerikanischen Besatzungsmacht sich nur auf solche relativ harmlosen Dinge beschränkten, wirkten sie sich nicht wesentlich auf die weitere Entwicklung des Betriebes aus. Handelte es sich aber um einen Betrieb, der das direkte Interesse der zeitweiligen Besatzungsbehörden fand, weil er in der Vergangenheit mit den amerikanischen Monopolen scharf konkurriert oder sie zu bestimmten Zugeständnissen gezwungen hatte, so waren die Maßnahmen weit umfangreicher und weniger harmlos. Sie waren eindeutig auf eine größtmögliche Schwächung dieser Konkurrenz bei gleichzeitiger Stärkung der eigenen Positionen gerichtet. Das versuchte man auf die verschiedenste Weise, besonders durch den illegalen Abbau wichtiger Betriebsteile, durch den Raub von Patenten und Fertigungsmethoden, durch den Abtransport von Spezialisten in den westlichen Teil Deutschlands oder direkt nach den USA usw. zu erreichen.

Das zeigt ganz deutlich das Beispiel der Zeiss-Werke in Jena. Amerikanische Spezialisten in Uniform erkundeten die wissenschaftlichen und technischen Erfahrungen des Werkes und eigneten sich deren Ergebnisse an. Entgegen den Abmachungen über die Reparationslieferungen und Demontagen verlangten die zeitweiligen amerikanischen Besatzungsbehörden die Auslieferung von Konstruktionsunterlagen, der Bibliothek, des Archivs, von Maschinen, Patentunterlagen und anderen wertvollen Dingen. Dazu nahm die Besatzungsmacht eine Reihe führender Fachkräfte aus Jena mit und evakuierte sie nach den USA. „Am 23., 24. und 25. Juni erfolgte der Abtransport der Konzernleitung mit rund achtzig Wissenschaftlern, Ingenieuren, Technikern und anderen wichtigen Betriebsfachleuten aus dem Zeiss-Werk. Über vierzig Personen des leitenden Personals wurden aus dem Glaswerk Schott & Gen. abtransportiert."[3] Noch weitere Teile des Werkes sollten nach Westdeutschland verlagert werden, jetzt schon mit Unterstützung der Konzernleitung. Diese Bestrebungen wurden durch die Übergabe des Territoriums an die sowjetische Besatzungsmacht zunichte gemacht.

Aber auch so war der Schaden für die Zeiss-Werke groß genug; der Verlust eines Teiles der Wissenschaftler, unersetzbarer Anlagen und Sammlungen bedeutete eine nicht zu unterschätzende Schwächung des Werkes.

Derartige Maßnahmen übten einen mehr oder weniger starken Einfluß auf die weitere Entwicklung der Betriebe auf dem Territorium der Deutschen Demokratischen Republik, der damaligen Sowjetischen Besatzungszone, aus. Dabei geschah dies alles noch vor der offiziellen Spaltung Deutschlands, ja zum Teil vor Inkrafttreten des Potsdamer Abkommens.

In allen Fällen dürfte es den zeitweiligen amerikanischen oder englischen Besatzungsbehörden und den ihnen beigeordneten Konzernvertretern darum gegangen sein, wenn nicht die weitere Produktion ganz unmöglich zu machen, so doch zumindest die Ausgangspositionen für eine Umstellung der Betriebe

3 *Carl Zeiss Jena — einst und jetzt*, v. einem Autorenkollektiv u. Leitung v. Wolfgang Schumann, Berlin 1962, S. 600.

auf Friedensproduktion oder für die Aufnahme der Friedensproduktion zu schwächen, um so der Entwicklung im Osten Deutschlands auch auf diese Weise einen Hemmschuh vorzulegen.
Bei den Betrieben, die an der Zonengrenze lagen, ergaben sich Schwierigkeiten vielfältigster Art: Viele Arbeiter konnten nicht mehr zum Werk kommen, da sie in einer anderen Zone wohnten, der Strom oder die Rohstoffe mußten aus einem Gebiet bezogen werden, das unmittelbar hinter der Zonengrenze lag, usw.
Aber die Auswirkungen beschränkten sich nicht auf diese Gruppe von Betrieben; in der einen oder anderen Form wirkte sich die Zerstörung der natürlichen Beziehungen zwischen beiden Teilen Deutschlands hemmend auf die Entwicklung eines jeden Betriebes aus.

UMFASSENDERE AUSWIRKUNGEN DER SPALTUNG

Da die westlichen Vertragspartner das Potsdamer Abkommen nur als ein Stück Papier betrachteten und schon bei der Unterzeichnung nicht daran dachten, sich an die darin getroffenen Vereinbarungen einschließlich derjenigen über die einheitliche wirtschaftliche Entwicklung zu halten[4], wirkte sich schon 1945 bei der Überwindung der ärgsten Kriegsschäden und beim Wiederanlaufen der Produktion in fast allen Betrieben die immer deutlicher werdende Spaltungspolitik aus und rief neben den Folgen, die sich aus der totalen Niederlage ergaben, zusätzliche Schwierigkeiten hervor.
In vielen Betriebsgeschichten wird mehr oder weniger ausführlich auf diese Probleme eingegangen. Einige Beispiele, die jeweils für einen ganzen Fragenkomplex sprechen, mögen dies verdeutlichen: Ein Hauptproblem waren die fehlenden *Importe* bzw. der *Rohstoffmangel.*
So heißt es in der Betriebsgeschichte von Zeiss, daß der Beginn der Produktion, der an und für sich schon durch die Umstellung auf Friedensproduktion mit mannigfaltigen Schwierigkeiten verbunden war, durch fehlende Importe stark behindert wurde. Es mangelte an so wichtigen ausländischen Rohstoffen wie Bergkristall, Kalkspat, Diamanten und an Sonderstählen, Schrauben, Glas, Federstahl, verschiedenen Metallen, Uhrfedern, elektrotechnischen Teilen usw.[5], die aus Westdeutschland bezogen werden mußten. War das Ausbleiben der Importe aus dem Ausland durch das Kriegsende und die noch nicht wieder angeknüpften Handelsbeziehungen zu erklären, so zeigten die fehlenden Lieferungen aus den Westzonen – und das wurde in der Folgezeit immer deutlicher, daß die Entwicklung der Wirtschaft in der DDR bewußt sabotiert wurde; damit sollte dann die Unfähigkeit der Arbeiterklasse, die Macht auszuüben, auch auf ökonomischem Gebiet „bewiesen“ werden.

4 *Bittel, Karl,* a. a. O., S. 20f.
5 *Carl Zeiss Jena — einst und jetzt,* a. a. O., S. 625.

In den meisten Fällen erwiesen sich diese Störmaßnahmen jedoch als wirkungslos, und im Grunde richteten sie sich, da andere westliche Firmen bereitwillig einsprangen, gegen die Wirtschaft der Westzonen selbst.

Ein weiteres Problem bei Warenlieferungen aus dem Westen war die *teilweise Nichterfüllung geschlossener Verträge*, die zu Schwierigkeiten in der Erfüllung der Lieferverpflichtungen der volkseigenen Betriebe führen mußte, weil der jeweilige Betrieb bei seiner Planung mit den vertraglich zugesicherten Lieferungen rechnete.

Die *Trennung von den Zulieferbetrieben* konnte so weit führen, daß wichtige Betriebsteile umorientiert werden mußten, wie das die Entwicklung der Hütte Halsbrücke zeigt:

„Mit dem Zusammenbruch nach dem zweiten Weltkrieg ergab sich für die Goldscheideanstalt der Hütte Halsbrücke eine besondere Lage. Sie war nach der Teilung Deutschlands der einzige größere Edelmetallscheidebetrieb auf dem Gebiet unserer heutigen Republik. Die Hauptaufgabe bestand bis dahin in der Umarbeitung großer Posten von Edelmetallscheidegütern für ganz Deutschland und sogar für das Ausland, wobei überwiegend die daraus gewonnenen Edelmetalle, vornehmlich Silber und Gold als Barren oder Granalien (unregelmäßig geformte Edelmetallkügelchen) zurückgeliefert wurden. Vor allem wurden Aufträge für die großen westdeutschen Edelmetallbetriebe, wie Degussa, Heraeus, die Pforzheimer Scheideanstalten, Heimerle und Meule, Dr. Walter und Schmitt, die Scheidschen Affinierien Prag und Wien, ferner für Norwegen, Holland, Schweden, für die englische Münze u. a. durchgeführt. Diese Aufträge fielen nun weg, und die Produktionsarbeiter mußten weitgehend mit Ausweicharbeiten beschäftigt werden, bis sich eine neue Perspektive für das Werk und damit auch für die Abteilung ergab.“[6]

Ähnliche Situationen gab es in vielen Betrieben.

Wesentliche Probleme ergaben sich auch, wenn Teile des Werkes nach den Westzonen verlagert worden waren oder Zweigwerke der hiesigen Stammbetriebe dort bestanden. Das wirkte sich früher oder später auf den Absatz nach dem westlichen Ausland aus, der durch diese Werke stark behindert und oft durch Repressalien gegen die Abnehmer fast unmöglich gemacht wurde. In den meisten Fällen ging der westliche Betrieb so weit, daß er den Ausschließlichkeitsanspruch stellte. Das führte dann zu *Schwierigkeiten mit den Firmenmarken, in Patent- und Lizenzfragen* usw. Wenn es zu Gerichtsverhandlungen bei den jeweils zuständigen westdeutschen Gerichten kam, war es selbstverständlich, daß die „unabhängige“ Justiz das Recht im Interesse der Kapitalisten zu beugen wußte. Dabei wurden die Tatsachen mehr oder weniger offensichtlich auf den Kopf gestellt, wobei die staatlichen Stellen der Westzonen aktiv mitwirkten.

6 *350 Jahre Hütte Halsbrücke 1612–1962.* Chronik der Geschichte der Hütte Halsbrücke von ihrem Ursprung bis zur Gegenwart, zus.-gest. v. d. Kollektiv Heinz Schlegel, Helmut Malz u. Günter Wünsche u. Mitwirkung weiterer Mitarbeiter, Halsbrücke 1962, S. 57.

Soweit die betreffenden Betriebe unserer Republik an einem weiteren Export in die westlichen Länder und besonders nach Westdeutschland interessiert waren, mußten sie die Entscheidungen der Gerichte anerkennen. Die Firmenmarken, die zum Teil eine lange Tradition hatten, wurden gegen neue Zeichen ausgetauscht, die erst wieder in den Absatzgebieten bekannt werden mußten.

Ein beinahe klassisches Beispiel für all diese Probleme ist die Geschichte des Kampfes, den die Zeiss-Konzernherren gegen die Enteignung ihrer Betriebe im Osten Deutschlands und gegen die Entwicklung des volkseigenen Betriebes Carl Zeiss Jena führten. Sie ist in der schon erwähnten Darstellung ausgezeichnet in allen Einzelheiten beschrieben.

„In den Bemühungen der in Jena zurückgebliebenen Gruppe von Vertrauenspersonen lassen sich zwei Etappen unterscheiden, die Zerschlagung des Konzerns zu verhindern. Die erste Etappe umfaßt die Zeit vom Beginn der Sequestierung bis zum Volksentscheid in Sachsen über den Gesetzentwurf zur Bestrafung der Kriegsverbrecher und Naziaktivisten und zur Beseitigung der Macht der Konzerne Ende Juni 1946. Während dieser Zeit versuchte die Gruppe nicht nur das Jenaer Werk, sondern auch die wichtigsten Konzernbetriebe im Gebiet der Sowjetischen Besatzungszone dem Konzern zu erhalten. In der zweiten Etappe, die vom sächsischen Volksentscheid bis zur Überführung des Werkes in Volkseigentum im Jahre 1948 geht, konzentrierten sich die Vertrauenspersonen hauptsächlich auf die Werke Zeiss und Schott in Jena, in der Absicht, wenigstens den Grundstock des ehemaligen Konzerns zu erhalten ... Nach der Überführung in Volkseigentum wechselten sie die Taktik ihres Kampfes. Sie setzten alles in Bewegung, um sich sämtliche Vermögenswerte, die sich in den von den westlichen Alliierten besetzten Gebieten befanden, anzueignen. Sie mißbrauchten ihre von Jena (1945 – d. V.) ausgestellten Vollmachten dazu, die Schuldner der Carl-Zeiss-Stiftung im In- und Ausland aufzufordern, nicht mehr an Zeiss und Schott in Jena zu zahlen, sondern an die Bevollmächtigten in Westdeutschland. Plötzlich entdeckten sie wieder, daß ihre Stellung als Geschäftsleitungsmitglieder erhalten geblieben sei und ihre Evakuierung durch „höhere Gewalt" stattgefunden habe. Jetzt zeigte sich völlig offen, daß sie bisher nur geheuchelt hatten, um zunächst ihre Positionen zu festigen.

Am 30. Juli 1948 beantragten sie beim Kultusministerium des Landes Württemberg-Baden, der Carl-Zeiss-Stiftung einen neuen Sitz in Heidenheim/Brenz anzuweisen, wobei sie sich auf die ausgestellten rechtsgeschäftlichen Vollmachten beriefen."[7]

Nach einigen Spiegelfechtereien der bundesdeutschen Justiz erfolgte dann 1949 der erste offene Rechtsbruch. Heidenheim wurde neben Jena zum rechtlichen Sitz der Stiftung bestimmt. Das genügte den Konzernherren aber noch nicht; der Kampf ging weiter. Bald darauf erfolgte eine weitere Änderung: Heidenheim wurde zum einzigen Sitz der Stiftung erklärt. Das hatte dann zur Folge,

7 *Carl Zeiss Jena – einst und jetzt*, a. a. O., S. 637f. u. 665.

daß ein Antrag an das Patentamt gestellt werden konnte, die Patente auf die Heidenheimer Zeiss-Firma umzuschreiben. Nach kurzer Zeit wurde auch das genehmigt. Somit war erst einmal alles getan worden, um Zeiss Jena totzuschweigen. Einen direkten Kampf gegen Jena scheute man zu dieser Zeit noch, da durch besondere Umstände aus Jena noch Lieferungen an das westliche Werk erfolgten.

Man versuchte damals noch mit Hilfe im Werk zurückgelassener Konzernvertreter, die Waren aus der Deutschen Demokratischen Republik nach und nach aus dem Handel im kapitalistischen Ausland und in Westdeutschland zu verdrängen. So kam es noch 1951 zu einem Vorschlag über die Aufteilung der Märkte zwischen den beiden Zeiss-Firmen. 1953 begannen die Konzernherren mit einer neuen Taktik, nachdem sie die Fruchtlosigkeit ihrer bisherigen Bemühungen eingesehen hatten. Ihre Hilfstruppen in Jena waren entlarvt; die Produktion stieg, und das Sortiment wuchs. Dazu sanken in dieser Zeit die Profiterwartungen des westdeutschen Kapitals. Ein letzter Vorschlag zur Exportaufteilung im Jahre 1953 blieb auf der gleichen irrealen und unannehmbaren Basis wie die früheren Vorschläge. Nun erfolgte der Großangriff auf den Bestand des Werkes und seines Weltrufes auch in den westlichen Ländern. 1954 wurde das traditionelle Warenzeichen, der weltbekannte Linsenrahmen mit dem Namen Carl Zeiss, durch eine weitere Rechtsbeugung geraubt und dem VEB Carl Zeiss Jena die Benutzung des Firmenzeichens gerichtlich verboten. So sollte dem volkseigenen Betrieb die weltbekannte Tradition genommen werden, um ihn vom Weltmarkt auszuschalten. Aber das genügte dem Konzern noch nicht. Man verdrängte Zeiss-Jena aus den noch bestehenden gemeinsamen Vertriebsorganisationen und bedrohte die Auslandsvertreter mit Repressalien, falls sie weiter Jena Erzeugnisse führen sollten. Dazu wurde durch systematische Pressekampagnen eine Flut von Falschmeldungen über Jena im Ausland verbreitet, um den volkseigenen Betrieb zu diskreditieren.

Ähnliche Methoden wurden auch gegenüber einer Reihe anderer Betriebe angewendet; erinnert sei hier nur an die Eisenacher Motorenwerke und ihr Firmenzeichen EMW.

INNERE FAKTOREN, DIE SICH AUS DER SPALTUNG ERGABEN

Diese äußeren Schwierigkeiten wurden fast immer durch eine Reihe innerer Faktoren vorbereitet und verstärkt. Einer dieser Faktoren, die nicht zu unterschätzen sind, ist der *desorganisierende Einfluß von Vertrauensleuten der Konzerne*, die jahrelang zum Teil führende Positionen in den volkseigenen Betrieben innehatten, ein gewisses Ansehen genossen und es verstanden, unter diesem Deckmantel im Interesse ihrer Auftraggeber die Volkswirtschaft der DDR zu desorganisieren. In fast jedem Betrieb gibt es solche Beispiele, die ausgewertet werden sollten, damit der Einfluß dieser Elemente und die durch sie verursachten Schäden in der Betriebsgeschichte deutlich dargestellt werden können. Gut ist das den Verfassern der Jena-Betriebsgeschichte gelungen, die die Machenschaften einer Gruppe von leitenden Angestellten, welche dem Konzern jahrelang in die Hand arbeiteten, nicht nur registrieerten, sondern ihre negative Rolle durch konkrete Beispiele veranschaulichten – die Verbreitung falscher Losungen, die Desorientierung der Belegschaft, Fehlentscheidungen, offensichtliche Verlustgeschäfte, andere für Jena nachteilige Vereinbarungen und nicht zuletzt die Organisierung der Republikflucht.

Ein weiterer nicht zu unterschätzender Faktor, der genau untersucht werden muß, ist *der imperialistische Einfluß auf die Ideologie der Arbeiter und Angestellten*[8], der sich unmittelbar in den Ergebnissen der Produktion widerspiegelt. Die in der kapitalistischen Vergangenheit bewußt gezüchtete „Konzernideologie" hat ihre Auswirkungen bis in die sozialistische Gegenwart der Betriebe. Zwar wird man eine so ausgeprägte und zählebige Erscheinung wie die „Zeiss-Ideologie" nicht häufig antreffen, aber in abgeschwächter oder veränderter Form gab es solche Probleme in jedem Betrieb.

Bei Zeiss bewirkte die Verkennung des Charakters der Stiftung eine lang andauernde, tiefverwurzelte Unklarheit in den Köpfen eines Teils der Belegschaft. Das führte wiederum dazu, daß es in den Zeiss-Betrieben zu langwierigen Auseinandersetzungen anläßlich der Überführung der Stiftungsbetriebe in Volkseigentum kam. Die Tätigkeit der schon erwähnten Gruppe von Konzernvertrauensleuten wurde durch solche Anschauungen ermöglicht und begünstigt. Selbst Betriebsräte, die in alten sozialdemokratischen Ansichten befangen waren, sprachen sich eine Zeit lang offen gegen die Überführung in Volkseigentum aus.

„Zwischen Februar und April 1948 inszenierten die Konzernbeauftragten noch einmal Unruhen in der Belegschaft, wobei ihnen nicht energisch entgegengetreten wurde. Eine Reihe von Betriebsfunktionären im Zeiss-Werk sah nur die Gefahr, der Betrieb könne untergehen. Sie hatten kein rechtes Vertrauen in die Kraft der Arbeiter. So unterstützten sie objektiv die reaktionären Elemente, die vor ‚Experimenten' warnten."[9]

Trotz der Versuche der fortgeschrittensten Kräfte, Klarheit in die Köpfe der Belegschaft zu bringen, wirkten die negativen Einflüsse weiter, ja sie kamen zu bestimmten Zeiten offen zum Ausdruck. Ein neuer Anlaß war 1951 gegeben. Die Vorlage des neuen Betriebskollektivvertrages, der Abänderungen des Statuts der Stiftung vorsah, erwies sich für den Gegner als geeignet, wieder Unruhen zu erregen.

Da einerseits in der Vergangenheit nicht mit genügender Überzeugungskraft die Menschen über Rolle und Ziel der Stiftung aufgeklärt worden waren und andererseits die Konzernvertrauensleute alles taten, um die alten Ansichten noch zu erhalten, waren viele Zeiss-Arbeiter nach wie vor in den alten Vor-

8 Vgl. zu Fragen der Ideologie den Beitrag von *Baudis, Dieter*, Der Klassenkampf im Kapitalismus, in diesem Band, S. 419 ff.

9 *Carl Zeiss Jena — einst und jetzt*, a. a. O., S. 645.

stellungen über das Werk befangen. Das ermöglichte es dem Gegner, Stimmung gegen den Betriebskollektivvertrag zu machen. Die Tätigkeit der Gruppe im Werk wurde durch den RIAS und durch andere Einwirkungen von außen unterstützt. Erst Ende des Jahres 1951 konnte durch beharrliche Überzeugungsarbeit der Widerstand gegen den BKV überwunden werden.

Dann gaben die Konzernvertreter planmäßig die Losung von der angeblichen Perspektivlosigkeit des Werkes aus, um die Initiative der Arbeiter zu lähmen und die Republikflucht von Fachkräften zu organisieren. Die Auswirkungen waren erschreckend:

„Alle diese Faktoren in ihrer Gesamtheit bewirkten, daß die Arbeitsproduktivität in den letzten Jahren des Fünfjahrplans langsamer anstieg als in den Jahren zuvor. Die Parteiorganisation, die Gewerkschaft und die Werkleitung des Betriebes vermochten es nicht in genügendem Maße, die Initiative der Werktätigen zur Überwindung der genannten Schwierigkeiten zu entfalten, was sich vor allem in der nicht erreichten Planerfüllung des Jahres 1954 bemarkbar machte. Daß jedoch die Bereitschaft der Arbeiter, Angestellten, Ingenieure und Wissenschaftler dazu vorhanden war, zeigte sich sehr eindrucksvoll immer dann, wenn jeweils am Jahresende der Betrieb zum Endspurt um die Planerfüllung ansetzte. Durch Wettbewerbe, Produktionsberatungen, Kampf- und Maßnahmepläne gelang es fast immer, die Planrückstände aufzuholen. Rechtzeitige Beratungen aller Probleme und Schwierigkeiten mit den Werktätigen hätten die komplizierte Situation im Werk im Jahre 1954 sicher nicht eintreten lassen.“[10]

Auf die Intelligenz richtete der Gegner sein besonderes Augenmerk. Er erkannte deutlich, wie wichtig ihre Arbeit für den Aufbau unserer Wirtschaft ist, aber er sah auch die vielen Ansatzpunkte, die es ihm ermöglichten, sie zu beeinflussen. Viele Angehörige der Intelligenz standen noch in mehr oder weniger enger Verbindung zu ihren ehemaligen Direktoren oder Kollegen, die in Westdeutschland wieder in gleichen oder ähnlichen Werken tätig waren. Mit vielen Fäden an die Vergangenheit gebunden, zum Teil in alten Lebensgewohnheiten befangen, konnten sie das Wesen der gesellschaftlichen Veränderungen nicht immer verstehen. So gehörte oft nicht viel dazu, solche Menschen zum Verlassen der Republik zu bewegen. Es bedurfte auch nicht immer solcher Argumente, wie sie unter anderem bei Zeiss angewendet wurden, daß unser Staat ihnen nach Heranbildung der neuen Intelligenz den Laufpaß geben werde. Manchmal genügte schon ein kleiner subjektiver Anlaß.

Ein deutlicher Gradmesser des Bewußtseins der Werktätigen und der Stärke des Einflusses der überlebten Kräfte war *das Verhalten der Belegschaft am 17. Juni 1953*, das in der Darstellung der Betriebsgeschichten nicht übergangen werden darf. Es nutzt allerdings wenig, wenn man jene Ereignisse mit folgenden Worten abtut:

„Unsere Erfolge sind ihnen ein Dorn im Auge. Doch um so größer die Erfolge der Werktätigen in der Deutschen Demokratischen Republik waren, um so

10 Ebenda, S. 717.

breiter entfalteten die reaktionären Kräfte in Westdeutschland – unterstützt und finanziert vom ausländischen Kapital – ihre Sabotage- und Diversionstätigkeit gegen die friedliche Aufbauarbeit in unserer Republik. Auf ihre Initiative wurde der faschistische Putsch am 17. Juni 1953 organisiert, der zum Ziele hatte, die Macht des Kapitalismus auch in der Deutschen Demokratischen Republik und darüber hinaus in den Volksdemokratien wieder zu errichten."[11]
In einer anderen, ebenso kurzen Betriebsgeschichte findet sich dagegen eine bessere Darstellung der Situation: „Gestreikt wurde nicht, obwohl es eine Streikleitung gab, doch die Feinde unserer Republik entlarvten sich entweder selbst, wie der Abteilungsleiter Zersch, der Betriebsleiter Strauß und der Hauptmechaniker Naefe, durch ihre Flucht nach dem Westen, oder sie wurden auf Grund ihres arbeiterfeindlichen Auftretens vom Kollektiv entlarvt und verurteilt."[12]
Sehr eingehend werden die Wechselbeziehungen zwischen den Unklarheiten in den Köpfen eines Teiles der Arbeiter und den Möglichkeiten ihrer Ausnutzung für die Interessen der Monopole in der Betriebsgeschichte von Zeiss untersucht.
Noch ein letzter Faktor sei erwähnt, der bei der Untersuchung der gegnerischen Einflüsse berücksichtigt werden muß: *die Aktionen der Bonner Ultras nach dem 13. August*, als der Arbeiter- und Bauernstaat ihre Pläne energisch durchkreuzte. Zu dieser Zeit setzte eine neue Welle von Boykottmaßnahmen auf politischem und wirtschaftlichem Gebiet ein mit dem Ziel, die DDR vom Ausland zu isolieren und ihr größtmöglichen Schaden zuzufügen. Das zeigte sich unter anderem in der kurzfristigen Kündigung von Handelsabkommen zu dem Zweck, die DDR politisch zu erpressen, und in der verstärkten Behinderung des Handels mit anderen westeuropäischen Ländern, wobei Westdeutschland die NATO und andere Organisationen in ihrem Interesse einschaltete. Zweifellos hatten diese Maßnahmen einen zeitweiligen Einfluß auf die Lage einer Reihe von Betrieben, bis durch die breite Initiative der Werktätigen und die Maßnahmen der Regierung der DDR ihre Folgen weitestgehend überwunden wurden.

MASSNAHMEN ZUR ÜBERWINDUNG DER SCHWIERIGKEITEN

Die Darstellung der Probleme, die sich aus der Spaltung Deutschlands für die Entwicklung des Betriebes ergeben, sollte mit einer Analyse beginnen, in der gezeigt wird, wie sich die Spaltung im jeweiligen Falle auswirkte und welche Maßnahmen der Gegner ergriff, um unsere Entwicklung zu hemmen. Im

11 *Unser Doppeljubiläum am Tag des deutschen Bergmanns in Großkayna*, hg. v. d. Betriebsparteiorganisation der SED des Braunkohlenwerkes Großkayna o. O., o. J., S. 42.

12 *Im Wandel der Zeit*. Zur Geschichte des Braunkohlenwerkes Berzdorf a. d. E., verf. v. Gottfried Wolf, Herbert Berndt, Norbert Schröter, o. O., o. J., S. 92.

zweiten Teil einer solchen Darstellung sollten die Maßnahmen, die zur Überwindung dieser Schwierigkeiten führten, eingehend untersucht werden.

Ein erster Komplex, der bei der Darstellung Beachtung finden müßte, ist die *Überwindung der anfänglichen Schwierigkeiten*, die sich aus den zerrissenen Verbindungen zu den Liefer- und Abnahmebetrieben im westlichen Teil Deutschlands ergeben. In der Betriebsgeschichte des VEB Steinkohlenwerk „Karl Marx", Zwickau, heißt es dazu:

„Angefangen beim Grubenholz bis zu den kompliziertesten Geräten fehlte eine genügende Reserve. Es gab keine Ersatzteile für Abbauhämmer, Rutschenantriebe, Bänder, Schrämmaschinen und elektrische Ausrüstungen. In den Jahren bis zum Zweijahrplan (1949/50) und auch noch bis zum Beginn des ersten Fünfjahrplans stellten wir im Werk viele Maschinenelemente und Geräte für den Grubenbetrieb selbst her, da die meisten Ausrüstungen, die der sächsische Bergbau bis 1945 aus dem Ruhrgebiet bezog, von dort an uns nicht mehr geliefert wurden. Die Förderung entwickelte sich deshalb vorerst nur langsam; die Förderstörungen waren aus den angeführten Gründen nicht auszuschalten. – Zu dieser Zeit bauten wir die Bandkonstruktionen für den Untertagebetrieb aus Holz (!), weil es eben keine Bleche gab; wir stellten viele hundert Meter Gummiband in unserer Vulkanisierwerkstatt und Bandrollen, Schrauben, Drahtnägel, Bandverbindungsstäbe, Niloshaken, Pumpenteile usw. in unseren Metallwerkstätten her. Doch auch diese schwierige Situation wurde in härtester Arbeit gemeistert ... Die alten Lieferfirmen (der Energieversorgung – H. C.) befanden sich meistens im Westen unserer Heimat. Unsere Ingenieure und Arbeiter mußten erst die notwendigen Erfahrungen beim Bau von Kraftwerken sammeln. Doch es wurde geschafft."[13]

An diese Darstellung der anfänglichen Schwierigkeiten und ihrer Überwindung muß sich als nächster Komplex die *teilweise Strukturänderung der Betriebe* anschließen, die sich aus der Spaltung Deutschlands ergab, ferner die Umstellung der Produktion auf neue Erzeugnisse und die dabei auftretenden Probleme. Eine derartige Änderung der Richtung der Produktion finden wir zum Beispiel im VEB Werkstoffprüfmaschinen Leipzig, wo bis 1945, laut Verpflichtung dem Deutschen Prüfmaschinenverband gegenüber, nur Maschinen bis zu zehn Mp Prüfkraft hergestellt werden durften. Jetzt stand man vor der Notwendigkeit, auch Prüfmaschinen über zehn Mp Prüfkraft herzustellen, was zu einer Erweiterung des Maschinenparkes und zu Umstellungen im Werk führen mußte.[14]

Auch im Falle der Hütte Halsbrücke werden Änderungen im Profil der Produktion angegeben:

„So ergab sich nach dem Zusammenbruch die Aufgabe, die Edelmetallverarbeitung in Halsbrücke praktisch von Grund aus aufzubauen und so zu entwickeln, daß die aufstrebenden Industriezweige in der Republik mit den lebenswichtigen Edelmetallerzeugnissen versorgt und von Importen und den

13 *Von den Brückenbergschächten zum VEB Steinkohlenwerk „Karl Marx"*, a. a. O., S. 110/111 u. 130.

14 *10 Jahre Werkstoffprüfmaschinen Leipzig 1952–1962*, o. O., o. J., S. 9.

damit verbundenen Schwierigkeiten unabhängig gemacht werden konnten."[15]
1945 wurde die Bleiwarenfabrik des Werkes demontiert. Der Wiederaufbau war notwendig, weil durch das Fehlen der Verbindung zu den Betrieben im Westen Deutschlands bei uns eine eigene derartige Metallverarbeitung entwickelt werden mußte.

Ein weiterer Komplex sind die *konkreten Maßnahmen, die eingeleitet wurden, um die genannten Störmaßnahmen des Westens unwirksam zu machen*. Dabei muß geprüft werden, wie sich die Gestaltung der nationalen Wirtschaft der DDR auf die Entwicklung des einzelnen Betriebes auswirkte. Diese Wirtschaft „ist die planmäßig, klug und zweckmäßig aufgebaute Wirtschaft eines modernen, hochentwickelten sozialistischen Industriestaates, der seinen festen Platz im Weltwirtschaftssystem des Sozialismus hat ... Als bestimmend für die Entwicklung der Wirtschaft der Deutschen Demokratischen Republik werden im Programm genannt:

- die chemische Industrie, besonders die Petrolchemie,
- die metallurgische Industrie der zweiten Verarbeitungsstufe,
- die Elektrotechnik, vor allem die Elektronik, und jene Zweige des Maschinenbaus, die den raschen Fortschritt der Mechanisierung und Automatisierung bestimmen,
- die Entwicklung und Produktion des wissenschaftlichen Gerätebaus,
- die rasche Entwicklung der Energiewirtschaft und des Verkehrswesens,
- die weitere Intensivierung und schrittweise Industrialisierung landwirtschaftlicher Produktionsprozesse.

Die Veränderung der Struktur der Rohstoffbasis der DDR (Erzeugnisse der Petrolchemie und andere neuartige Rohstoffe) und die wirksame Ausnutzung dieser Rohstoffe sind wesentliche Merkmale für die Entwicklung der Volkswirtschaft in den nächsten Jahren."[16]

Bei dieser Darstellung ist dem Übergang zur stärkeren Orientierung auf die sozialistischen Länder besondere Aufmerksamkeit zu schenken. Die Auswirkungen der internationalen Arbeitsteilung im Rahmen des Rates für Gegenseitige Wirtschaftshilfe (RGW), auf die Spezialisierung der Produktion oder die Neuorientierung des Absatzes sind Faktoren, die in die Untersuchung einbezogen werden sollten.

Ein besonderes Kapitel sollte der Hilfe der Sowjetunion bei der Überwindung der Schwierigkeiten der Spaltung Deutschlands und der daraus entstandenen Disproportionen der Wirtschaft gewidmet werden. Dazu heißt es in der Geschichte der Zeiss-Werke:

„Die großen Schwierigkeiten in der Materialversorgung konnten durch die sich zwischen der Deutschen Demokratischen Republik und den sozialistischen Ländern entwickelnde freundschaftliche Zusammenarbeit wesentlich gemildert

15 *350 Jahre Hütte Halsbrücke 1612–1962*, a. a. O., S. 58.

16 *Ulbricht, Walter*, Das Programm des Sozialismus und die geschichtliche Aufgabe der Sozialistischen Einheitspartei Deutschlands, Referat auf dem 6. Parteitag der SED, Berlin 1963, S. 52.

werden. Vor allem aus der Sowjetunion und aus der Tschechoslowakischen Republik kamen wertvolle Stahl- und Blechlieferungen, die es ermöglichten, Engpässe in der Produktion zu überwinden. Die sozialistischen Bruderstaaten leisteten Hilfe, obwohl sie noch an den Folgen des Krieges zu tragen hatten."[17]

Der Hauptfaktor bei der Überwindung der Schwierigkeiten ist die Arbeit der Werktätigen, die bei der Planerfüllung und -übererfüllung, in Massenaufgeboten zur Steigerung der Arbeitsproduktivität, zur Senkung der Selbstkosten, zum sozialistischen Arbeiten, Lernen und Leben ungeahnte Erfolge erzielen konnten.

Bei der Darstellung dieser ganzen Entwicklung muß sich die Kraft der Partei zeigen, die die führende Rolle innehatte und innehat. Das bedeutet, daß auch hier der enge, unlösbare Zusammenhang zwischen der Darstellung der Rolle der Partei im Betrieb und den jeweiligen Maßnahmen, die zu einer Steigerung der Produktion, zur Überwindung von Schwierigkeiten oder zu anderen Erfolgen führten, sichtbar werden muß. Nur so kann in der Betriebsgeschichte die Rolle der Partei als der führenden Kraft real dargestellt werden.[18]

Es bleibt noch die Frage zu klären, wo man Material über diese ganze Problematik finden kann. Aus dem Umfang des Komplexes ergibt sich die Mannigfaltigkeit der Quellen, die darüber Aufschluß geben können. Faktisch läßt sich überall solches Material finden, denn die vielfältigen Auswirkungen der Spaltung Deutschlands machten sich ja auf allen möglichen Gebieten bemerkbar. Es kann daher kein für alle Betriebe gültiges Rezept des Quellennachweises geben, sondern die Kollektive zum Schreiben der Betriebsgeschichte müssen sorgfältig prüfen, auf welchen Gebieten man in ihrem Werk Auswirkungen der Spaltung Deutschlands spüren konnte und kann. Erste Hinweise dazu müßten in den Berichten der Werkleitung über die Planerfüllung und in den Beschlüssen der Leitung der Betriebsparteiorganisation zur Planerfüllung bzw. zur Überwindung von Schwierigkeiten, Planrückständen und anderen Mängeln zu finden sein. Die Grundlage bilden selbstverständlich die Beschlüsse des Zentralkomitees der Sozialistischen Einheitspartei zu all diesen Fragen und die Beschlüsse der Bezirks- bzw. Kreisleitungen. Davon ausgehend kann man dann in den betreffenden Abteilungen die erforderlichen Unterlagen finden, in den Einkaufsabteilungen, aber auch in den Rechtsabteilungen oder Forschungsabteilungen zum Beispiel nähere Angaben über verweigerte Rohstofflieferungen und über die Beseitigung der daraus resultierenden Mängel (Beschaffung von Ersatzlieferungen oder Entwicklung von Austauschmaterial). Die Kaderabteilungen werden Auskunft über die Entwicklung des Belegschaftsstandes, besonders über Mangel an Facharbeitern und Spezialisten und

17 *Carl Zeiss Jena — einst und jetzt*, a. a. O., S. 702.

18 Vgl. zur Rolle der Partei und zur richtigen Darstellung dieses Problems *Radandt, Irmgard*, „Wie muß sich in einer Betriebsgeschichte die führende Rolle der Partei widerspiegeln?" In: Jahrbuch für Wirtschaftsgeschichte 1963, T. 1, Berlin 1963, S. 165f.

über die Wege zur Überwindung von Schwierigkeiten auf diesem Gebiet geben können. Protokolle von Gewerkschafts- und anderen Versammlungen und auch von Produktionsberatungen können Aufschluß über ideologische Unklarheiten in den betreffenden Abteilungen geben, die dann materiell in mangelnder Planerfüllung und anderen Erscheinungen zum Ausdruck kamen. Die gleichen Quellen kann man aber auch heranziehen, wenn die konkreten Maßnahmen zur Überwindung solcher Mängel dargestellt werden sollen. Bei dem Studium des Wortlauts von Verpflichtungen sozialistischer Brigaden, von Abteilungen usw. wird viel Material zu finden sein; Beschlüsse und Maßnahmen der Gewerkschaftsleitungen runden das Bild ab.
Aus diesen Beispielen ist zu ersehen, daß es unmöglich ist, das Problem der Spaltung Deutschlands und der sich daraus ergebenden Situation im Betrieb losgelöst von den anderen Problemen der ökonomischen und gesellschaftlichen Entwicklung unserer Republik zu behandeln. Wenn das bei der Erarbeitung der Betriebsgeschichte berücksichtigt wird, trägt sie direkt dazu bei, daß der einzelne Werktätige größere Klarheit über die inneren Zusammenhänge der Entwicklung in seinem eigenen Betrieb gewinnt; das wieder läßt ihn seine Arbeit bewußter als bisher als Arbeit für die Gesellschaft sehen.

Die Aktivisten- und Wettbewerbsbewegung

von Helmut Seidl

Die mit dem Sturz des Kapitalismus sich vollziehende Befreiung von der Ausbeutung legt die schöpferischen Kräfte der Werktätigen im Produktionsprozeß frei, die sich im Prozeß des sozialistischen Aufbaus immer umfassender und bedeutsamer entfalten. Das zeigt sich gerade am Beispiel der Aktivisten- und Wettbewerbsbewegung. Doch ihre Geschichte läßt auch deutlich werden, daß zu ihrer Entwicklung die bewußte und planmäßige leitende und organisierende Tätigkeit der Partei und der Massenorganisationen nötig ist.

Die Aktivisten- und Wettbewerbsbewegung wird im Sozialismus nicht nur zu einem wesentlichen Faktor für die Entwicklung der Produktivkräfte und die Erfüllung der Produktionsaufgaben, sondern auch für die Herausbildung und Festigung des sozialistischen Bewußtseins. Sie ist eine der wichtigsten Formen des Klassenkampfes. Sie hilft die alte, aus dem Kapitalismus resultierende und ihm entsprechende Einstellung zur Arbeit, zur Produktion und zur Gesellschaft zu überwinden und im Kampf gegen alte Gewohnheiten die neuen, dem Sozialismus entsprechenden Beziehungen der Werktätigen zum gesellschaftlichen Leben zu entwickeln.

Die Betriebsgeschichtsschreibung stärker auf diese Problematik hinzulenken soll Aufgabe des vorliegenden Beitrages sein, in dem einige Probleme der Untersuchung und Darstellung der Aktivisten- und Wettbewerbsbewegung und ihres Zusammenhangs mit den Parteibeschlüssen in den Betriebsgeschichten behandelt werden.

I. ZUR PERIODISIERUNG DER AKTIVISTEN- UND WETTBEWERBSBEWEGUNG

In fast allen bisher erschienenen Betriebsgeschichten wird bei den Untersuchungen ab 1945, zumindest ab 1949, noch zu wenig periodisiert. Eine stärkere Periodisierung ist erforderlich, um den Entwicklungsprozeß der sozialistischen Verhältnisse in unseren Betrieben deutlicher herausarbeiten zu können.

Im folgenden wird der Versuch unternommen, eine Periodisierung für unsere Thematik zu geben[1]:

1. Periode: 1945 bis 1949

a) Schaffung der antifaschistisch-demokratischen Ordnung durch die Arbeiterklasse und ihre Verbündeten unter Führung der marxistisch-leninistischen Partei, Vereinigung der Kommunistischen Partei Deutschlands und der Sozialdemokratischen Partei Deutschlands zur Sozialistischen Einheitspartei Deutschlands, Herstellung der Gewerkschaftseinheit;
Bewegung der Aktivisten der ersten Stunde, die auf den Beginn eines neuen politischen, wirtschaftlichen und kulturellen Lebens gerichtet war. In den Betrieben stand die Wiederingangbringung der Produktion aus eigener Kraft unter oft schwierigsten Bedingungen im Vordergrund.
b) II. Parteitag der Sozialistischen Einheitspartei Deutschlands unter der Losung: „Mehr produzieren, gerecht verteilen, besser leben!" Aufruf zur Überwindung der wirtschaftlichen Schwierigkeiten und der unzureichenden Versorgung und zur Verbesserung der Lebenslage der Bevölkerung. Der Parteitag stellt die Aufgaben, die industrielle Erzeugung zu entfalten, diese gründlich zu kontrollieren, die Erfassung zu verbessern und eine gerechte Verteilung vorzunehmen. Zur Erfüllung der Wirtschaftspläne wird die Steigerung der Produktivität gefordert.
Auf der Grundlage des Beschlusses des II. Parteitages entwickelten sich 1948 Anfänge einer Aktivistenbewegung innerhalb der Produktion.[2] Ihre Krönung

1 Folgende Parteidokumente wurden als Quellen benutzt: *Protokoll der Verhandlungen des II. Parteitages der Sozialistischen Einheitspartei Deutschlands*, Berlin 1947; *Protokoll der Verhandlungen des III. Parteitages der Sozialistischen Einheitspartei Deutschlands*, Berlin 1950; *Protokoll der Verhandlungen des V. Parteitages der Sozialistischen Einheitspartei Deutschlands*, Berlin 1958; *Protokoll der Verhandlungen der 2. Parteikonferenz der Sozialistischen Einheitspartei Deutschlands*, Berlin 1952; *Protokoll der Verhandlungen der 3. Parteikonferenz der Sozialistischen Einheitspartei Deutschlands*, Berlin 1956; *Dokumente der Sozialistischen Einheitspartei Deutschlands*, Bde 1–8, Berlin 1951 bis 1962; *Ulbricht, Walter*, Das Programm des Sozialismus und die geschichtliche Aufgabe der Sozialistischen Einheitspartei Deutschlands, Referat auf dem VI. Parteitag, Berlin 1963; *Programm der Sozialistischen Einheitspartei Deutschlands*, Berlin 1963; *Grundriß der Geschichte der deutschen Arbeiterbewegung*, in: Einheit, Sonderheft August 1962; *Ulbricht, Walter*, Vergangenheit und Zukunft der deutschen Arbeiterbewegung. Referat auf der 2. Tagung des Zentralkomitees der SED, in: Neues Deutschland, Nr 103 v. 14. 4. 1963, Ausg. B.

2 In einer demnächst von Lucas und Wetzel erscheinenden Arbeit über den Kampf der Bergarbeiter unter Führung der SED für die antifaschistisch-demokratische Umwälzung und den Aufbau des Sozialismus in der DDR

fand diese Entwicklung in der beispielgebenden Tat Adolf Henneckes, die zu einer raschen Ausbreitung der Aktivistenbewegung führte und zum Ausdruck der schöpferischen Kraft der Arbeiterklasse wurde. Damit entstanden wesentliche Voraussetzungen für die erfolgreiche Verwirklichung des von der 11. Tagung des Parteivorstandes der Sozialistischen Einheitspartei Deutschlands im Juni 1948 beschlossenen Zweijahrplanes.
Die Aktivistenbewegung war in dieser Periode vor allem auf eine Erhöhung der Arbeitsproduktivität durch die verbesserte Organisation der Arbeit gerichtet. Veränderungen in der Technologie der Produktion standen im Mittelpunkt. Auf der Grundlage der Aktivistenleistungen wurden die ersten Wettbewerbe in den Betrieben ausgetragen.

2. Periode: 1949 bis 1955

Gründung der Deutschen Demokratischen Republik, Kampf der Arbeiterklasse und ihrer Verbündeten unter Führung der Partei für die Festigung der Arbeiter-und-Bauern-Macht und den Aufbau der Grundlagen des Sozialismus.
Vor allem durch die erfolgreiche Durchführung des ersten Fünfjahrplanes wurden wichtige Grundlagen des Sozialismus geschaffen. Der vom III. Parteitag der Sozialistischen Einheitspartei Deutschlands im Juli 1950 beschlossene Fünfjahrplan sah vor, durch eine rasche Entwicklung der Produktivkräfte die durch die Spaltung Deutschlands in der Wirtschaft der Deutschen Demokratischen Republik hervorgerufenen Disproportionen und Schwierigkeiten zu überwinden. Zur Erfüllung des Planes wurde unter anderem die Aufgabe gestellt, die Aktivisten- und Wettbewerbsbewegung zu entfalten, die Arbeit besser zu organisieren und die Arbeitszeit voll auszunutzen, neue Arbeitsmethoden anzuwenden und Material einzusparen.
Die 2. Parteikonferenz beschloß im Juli 1952 den bewußten und planmäßigen Aufbau der Grundlagen des Sozialismus. Die Aktivisten- und Wettbewerbsbewegung wuchs quantitativ und qualitativ. Der Wettbewerb entwickelte sich mit der Zielsetzung, den Sozialismus aufzubauen, zum sozialistischen Wettbewerb. Steigerung der Arbeitsproduktivität und Senkung der Selbstkosten wurden zu seinem Hauptinhalt. Eine große Rolle spielten dabei die Entwicklung von Neuerermethoden und ihre breite Anwendung. Die Vermittlung der eigenen Arbeitserfahrungen an andere Kollegen war ein wichtiges Kennzeichen des wachsenden sozialistischen Bewußtseins, wie es zum Beispiel in der Franikbewegung zum Ausdruck kam. So entwickelte sich die kollektive Aktivistenarbeit. Die kameradschaftliche Hilfe übersprang die Betriebsgrenzen und führte zur gegenseitigen Unterstützung der miteinander im Wettbewerb stehenden Werke.

wird untersucht, wie sich seit Anfang 1948, wenn auch zögernd, im Bergbau eine Aktivistenbewegung zu entwickeln begann.

3. Periode: 1956 bis 1961

Ausgehend von der 3. Parteikonferenz im März 1956, führten die Arbeiterklasse und ihre Verbündeten erfolgreich den Kampf für den Sieg der sozialistischen Produktionsverhältnisse in der Deutschen Demokratischen Republik. Auf dem V. Parteitag im Juli 1958 beschloß die Sozialistische Einheitspartei Deutschlands den Siebenjahrplan zur Entwicklung unserer Volkswirtschaft. In dieser Periode entwickelte sich aus der kameradschaftlichen Zusammenarbeit der Werktätigen die sozialistische Gemeinschaftsarbeit. Sie ermöglichte die Lösung der neuen ökonomischen, politischen und kulturellen Aufgaben. Durch die sozialistischen Brigaden und Arbeitsgemeinschaften gelang eine bessere Anwendung des wissenschaftlich-technischen Fortschritts und damit eine ständige Steigerung der Arbeitsproduktivität. Charakteristisch für diese Periode war auch die Verstärkung der Zusammenarbeit zwischen Arbeitern, Wissenschaftlern und Technikern für die Anwendung der neuesten Erkenntnisse von Wissenschaft und Technik auf allen Gebieten der Volkswirtschaft. Durch die Gemeinschaftsarbeit festigte sich der sozialistische Charakter der Arbeit.

4. Periode: 1961 bis zur Gegenwart

Mit dem Siege der sozialistischen Produktionsverhältnisse und den Sicherungsmaßnahmen an unserer Staatsgrenze am 13. August 1961 begann die Periode des umfassenden Aufbaus des Sozialismus in der Deutschen Demokratischen Republik, dessen Programm im Januar 1963 vom VI. Parteitag der Sozialistischen Einheitspartei Deutschlands beschlossen wurde.

Der Wettbewerb erreichte im Produktionsaufgebot eine höhere Stufe. Unter der Losung „In der gleichen Zeit für das gleiche Geld mehr produzieren!“ führten die Arbeiter, die Wissenschaftler und die Angehörigen der technischen und ökonomischen Intelligenz den bewußten Kampf für die Durchsetzung der ökonomischen Gesetze des Sozialismus, besonders für ein richtiges Verhältnis zwischen Akkumulation und Verbrauch und zwischen der Entwicklung der Arbeitsproduktivität und der des Lohnes. In der Weiterentwicklung des Produktionsaufgebotes ging es vor allem um die Durchsetzung des wissenschaftlich-technischen Fortschritts auf der Grundlage des Planes der neuen Technik.

Das Charakteristische der Periode des umfassenden Aufbaus des Sozialismus ist die immer stärkere Verwissenschaftlichung der Produktion, an der Arbeiter, Ökonomen und Techniker gleichermaßen Anteil haben. Zum Hauptinhalt des Wettbewerbs sind die umfassende Anwendung der modernen Naturwissenschaft und die bewußte Ausnutzung der ökonomischen Gesetze in der Produktion geworden.

II. EINIGE PROBLEME DER ERFORSCHUNG UND DARSTELLUNG DER AKTIVISTEN- UND WETTBEWERBSBEWEGUNG

1. Die neue sozialökonomische Stellung der Arbeiterklasse und ihre Auswirkungen

Eines der wichtigsten Probleme, das untersucht werden muß, ist die neue sozialökonomische Stellung der Arbeiterklasse unter den Bedingungen der Übergangsperiode zum Sozialismus, wie sie sich in der Aktivisten- und Wettbewerbsbewegung zeigt. Hierbei genügt es nicht, wie das in vielen Betriebsgeschichten noch geschieht, einmalig festzustellen, daß die Befreiung von der kapitalistischen Ausbeutung die schöpferischen Kräfte der Arbeiter freigelegt hat, sondern es gilt zu zeigen, wie dieser Prozeß verlief, wie sich Inhalt und Charakter der Arbeit verändert haben und wie das gerade in der Entwicklung der Aktivisten- und Wettbewerbsbewegung zum Ausdruck kommt.

In der erst unlängst erschienenen Festschrift „350 Jahre Hütte Halsbrücke" wird über die Tätigkeit der Aktivisten der ersten Stunde gesagt: „Das hinterlassene Chaos des zweiten Weltkrieges erforderte den Einsatz aller verfügbaren Kräfte. Viele Arbeiten mußten in freiwilligen Einsätzen durchgeführt werden, besonders die Be- und Entladearbeiten auf dem Bahnhof. Trotz der schlechten Ernährung und Wetterunbilden leisteten unsere Kollegen eine sehr gute Arbeit."[3] Obwohl noch vermerkt wird, daß die Werktätigen durch das antifaschistisch-demokratische Aktionsprogramm der Kommunistischen Partei Deutschlands vom Juni 1945 beflügelt worden seien, läßt die Darstellung doch das Wesentliche vermissen: eine Untersuchung der Ursachen dieser Leistungen. Daher wird das Handeln der Arbeiter auch nicht als das dargestellt, was es war, als Keim einer sich herausbildenden neuen Einstellung zur Arbeit und als Anfang einer neuen, den sich verändernden gesellschaftlichen Verhältnissen entsprechenden Form des Klassenkampfes.

Mit der Zerschlagung des faschistischen Staates, der Vernichtung von Imperialismus und Militarismus und der Schaffung einer antifaschistisch-demokratischen Ordnung begann sich die historische Rolle der Arbeiterklasse zu wandeln. Aus dem ausgebeuteten und unterdrückten Proletariat entwickelte sich die herrschende Klasse der neuen Gesellschaft. Unter diesen Bedingungen änderte sich auch die Stellung der Arbeiterklasse in der Produktion, und der wirtschaftliche Aufbau wurde zu einer der vordringlichsten Aufgaben im Klassenkampf. Den Aktivisten der ersten Stunde – vorwiegend waren es die bewußtesten Arbeiter, die jahrzehntelang gegen die kapitalistische Ordnung gekämpft hatten – fällt das Verdienst zu, diesen den historischen Erfordernissen entsprechenden Weg gewiesen zu haben. Die Orientierung für diese

3 *350 Jahre Hütte Halsbrücke 1612–1962.* Chronik der Geschichte der Hütte Halsbrücke von ihrem Ursprung bis zur Gegenwart, zus.-gest. v. d. Kollektiv Heinz Schlegel, Helmut Malz u. Günther Wünsche unter Mitwirkung weiterer Mitarbeiter, Halsbrücke 1962, S. 43.

Bewegung gab die Kommunistische Partei Deutschlands in ihrem Aufruf vom 11. Juni 1945, in dem unter anderem gefordert wurde:
„Allseitige aktive Unterstützung der Selbstverwaltungsorgane in ihrem Bestreben, rasch ein normales Leben zu sichern und die Erzeugung wieder in Gang zu bringen ... Wirkungsvolle Maßnahmen zum Wiederaufbau der zerstörten Schulen, Wohn- und Arbeitsstätten."[4]
Durch die Bewegung der Aktivisten der ersten Stunde wurde diese Aufgabenstellung der Partei verwirklicht. Gemeinsam gingen Kommunisten mit Sozialdemokraten, Gewerkschaftlern und bürgerlichen Antifaschisten an die Wiederingangbringung der Volkswirtschaft und die Schaffung der neuen gesellschaftlichen Ordnung.
Eine recht treffende Darstellung der betrieblichen Entwicklung und ihres Zusammenhangs mit der Veränderung der gesellschaftlichen Verhältnisse, der entstehenden neuen Einstellung zur Arbeit, der Politik der Partei und der Tätigkeit der Gewerkschaften gibt die „Festschrift zum 100jährigen Bestehen des RAW ‚Ernst Thälmann' Halle (Saale)"[5].
Einer Darlegung der gesellschaftlichen Veränderungen folgt die Einschätzung der Rolle der Partei und der Bedingungen, unter denen sich der Wiederaufbau vollziehen mußte:
„Die Partei ergriff die Initiative zur Wiederherstellung der Volkswirtschaft und begann mit Hilfe der Gewerkschaften im festen Bündnis mit der werktätigen Bauernschaft und den anderen werktätigen Schichten den planmäßigen Aufbau der Friedenswirtschaft.
Bei der Lösung dieser Aufgaben galt es, gewaltige Schwierigkeiten zu überwinden. Die wirtschaftliche Not der Bevölkerung war sehr groß. Es fehlte an den notwendigsten Lebensmitteln und Gütern des Massenbedarfs."[6]
Bei diesen noch recht allgemeinen Bemerkungen bleibt die Betriebsgeschichte nicht stehen, vielmehr wird anschließend gezeigt, wie das im Krieg zerstörte Werk von wenigen Maurern und vielen berufsfremden, aber mit dem Bewußtsein der Notwendigkeit erfüllten Arbeitern und Büroangestellten wieder aufgebaut wurde und wie und unter welchen Bedingungen die Produktion anlief. So heißt es zum Beispiel:
„Mit der Enttrümmerung des Werkes wurde gleichzeitig die Aufarbeitung der Lokomotiven eingeleitet. Unter den schwierigsten Bedingungen mußten die Ausbesserungsarbeiten durchgeführt werden. Die Arbeiter standen unter freiem Himmel, nur die Werkzeugmaschinen wurden notdürftig mit Dachpappe gegen

4 *Aufruf der Kommunistischen Partei Deutschlands vom 11. Juni 1945*, in: Ulbricht, Walter, Zur Geschichte der neuesten Zeit, Bd 1/1 Berlin 1955, S. 376.

5 Vgl. *1863–1963, 100 Jahre Reichsbahnausbesserungswerk „Ernst Thälmann"*. 100 Jahre Kampf um Mitbestimmungsrecht und Sozialismus, Festschrift zum 100jährigen Bestehen des RAW „Ernst Thälmann" Halle (Saale), (Halle/S. 1963), Kap. 6, Aktivisten der ersten Stunde.

6 Ebenda, S. 47.

die Witterung geschützt. Aber sie arbeiteten, um dem Eisenbahnbetrieb Fahrzeuge zur Verfügung stellen zu können.
Am 1. September 1945 wurden dem Verkehr die ersten drei Lokomotiven zugeführt."[7]
Hier werden dem Leser die Schwierigkeiten deutlich, aber er begreift auch, welche Kraft in der befreiten Arbeiterklasse zu wachsen begann, wo der heute so breite Strom seine bescheidene Quelle hatte. An der Spitze des Wiederaufbaus standen auch im Reichsbahnausbesserungswerk Halle die bewußtesten Arbeiter, denen der Aufruf der Kommunistischen Partei Deutschlands vom Juni 1945 die Orientierung gab. Wir erfahren davon in der Festschrift:
„Die aktivsten und besten Kräfte der deutschen Arbeiterklasse erhielten ihre politische Anleitung durch die Kommunistische Partei Deutschlands. Von Anfang an orientierte die Kommunistische Partei darauf, die breite Masse der Bevölkerung zu aktivieren und sie bei der Mitgestaltung des Neuaufbaues heranzuziehen."[8]
Hier wird allerdings die Darstellung wieder zu allgemein. Ein Beispiel aus dem Betrieb, vielleicht der Erlebnisbericht eines Aktivisten der ersten Stunde, über die Stellungnahme der Belegschaft zum Aufruf der Kommunistischen Partei Deutschlands hätte die Aussagekraft dieser Abhandlung nur verstärken können.
Mit der Durchführung der demokratischen Reformen, insbesondere mit der Entmachtung der Monopole und der Überführung ihrer Werke in die Hände des Volkes entstanden bereits Keime der sozialistischen Produktionsverhältnisse und – wie das genannte Beispiel zeigt – mit der Bewegung der Aktivisten der ersten Stunde schon Ansätze einer neuen Einstellung zur Arbeit.
Die Vereinigung der beiden Arbeiterparteien zur Sozialistischen Einheitspartei Deutschlands schuf die Voraussetzung, daß die neue Ökonomik bewußt und planmäßig weiterentwickelt werden konnte. Auf ihrem II. Parteitag rief die Sozialistische Einheitspartei Deutschlands alle Werktätigen unter der Losung: „Mehr produzieren, gerecht verteilen, besser leben!" zur Lösung der wirtschaftlichen Probleme auf. Im Beschluß des Parteitages werden die geschaffenen ökonomischen Bedingungen analysiert und daraus die Aufgaben der Arbeiterklasse und ihrer Verbündeten abgeleitet:
„Die Wirtschaftspläne können nur erfüllt werden, wenn die Erzeugung durch Hebung der Produktivität gesteigert wird, um mit den vorhandenen Produktionsanlagen und Arbeitskräften mehr Bedarfsgegenstände für unser Volk herzustellen. In dieser Arbeit müssen die landeseigenen Betriebe eine führende Rolle spielen. In diesen Betrieben entsteht ein neues Verhältnis der Arbeiter, Angestellten und Ingenieure zu ihrer Arbeit. Sie sind unmittelbar an der Produktion und Leistungssteigerung interessiert. Ihre Aufgabe ist es, die landeseigenen Betriebe zu vorbildlichen Betrieben in bezug auf Arbeits-

7 Ebenda, S. 49.
8 Ebenda, S. 51.

leistung als auch Arbeitsbedingungen zu machen, um die wirtschaftlichen und verwaltungstechnischen Fähigkeiten der neuen demokratischen Ordnung zu beweisen."[9]

Die neue Einstellung zur Arbeit allen Werktätigen bewußtzumachen und sie dazu zu erziehen, war nicht nur eine umfangreiche und beharrliche Überzeugungsarbeit, sondern auch die Schaffung einer entsprechenden materiellen Interessiertheit erforderlich. Die Lösung dieser Aufgaben vollzog und vollzieht sich als ein Prozeß in der sozialistischen Gesellschaftsordnung, natürlich entsprechend den konkreten Bedingungen und Erfordernissen in den einzelnen Perioden jeweils in modifizierter Form. Es muß ein Anliegen der Betriebsgeschichten werden, die diesbezügliche Arbeit der Partei- und Gewerkschaftsorganisationen und der Betriebsleitungen für die einzelnen Perioden gründlich zu untersuchen und darzustellen.

Bisher werden in den meisten Betriebsgeschichten die Tat Adolf Henneckes und die erste Aktivistenleistung im Betrieb gewürdigt und als Ausdruck einer bewußten neuen Einstellung zur Arbeit gewertet, doch die folgende Entwicklung wird oft nur sehr allgemein und global geschildert. Der Leser erfährt so nicht, wie sich Aktivisten- und Wettbewerbsbewegung in den einzelnen Perioden unseres sozialistischen Aufbaus weiterentwickelten, wie um die Verwirklichung der Parteibeschlüsse im Betrieb gerungen wurde und welche Schwierigkeiten und Hemmnisse überwunden werden mußten. In der Betriebsgeschichte des Kaliwerkes Staßfurt werden diese Probleme nur formal angeführt, wenn es dort heißt:

„Es wurde ihr (der Belegschaft – H. S.) klargemacht, daß ihr durch die Übernahme des Werkes in die Hände des Volkes besondere Verpflichtungen entstanden sind. So entwickelte sich die Aktivistenbewegung ..."[10]

Dabei waren und sind die Entwicklung und Ausbreitung der Aktivisten- und Wettbewerbsbewegung in jedem Betrieb Klassenkampf für den Sozialismus, das heißt Auseinandersetzung mit alten Einrichtungen, Organisationsformen, Anschauungen und Vorstellungen. Das war und ist kein reibungslos und glatt verlaufender Prozeß, sondern ein ständiger Kampf des Neuen gegen das Alte, das sich in Form von Unverständnis, Trägheit, Bequemlichkeit ihm entgegenstellt und überwunden werden muß.

Die Ergebnisse dieses Klassenkampfes gründlich zu untersuchen, aber auch die Art und Weise der Auseinandersetzung, die auftretenden Schwierigkeiten und Hemmnisse und deren Überwindung ausführlich darzustellen ist eine wesentliche Aufgabe der Betriebsgeschichtsschreibung, will sie ihre politisch-ideologische Funktion erfüllen.

Die Arbeiten Lenins, besonders seine Schrift „Die große Initiative", sind eine wichtige Anleitung bei der Behandlung der hier skizzierten Problematik. Wenn

9 *Entschließung des II. Parteitages zur politischen Lage*, in: Dokumente der Sozialistischen Einheitspartei Deutschlands, Bd 1, Berlin 1952, S. 224.

10 *Hundert Jahre Staßfurter Salzbergbau*, Anhang, Kaliwerk Staßfurt, VEB, Staßfurt, o. J., S. 88.

Lenin schreibt: „Der Kommunismus beginnt dort, wo einfache Arbeiter in selbstloser Weise, unter Überwindung harter Arbeit sich Sorgen machen um die Erhöhung der Arbeitsproduktivität, um den Schutz eines jeden Puds Getreide, Kohle, Eisen und andere Produkte, die nicht den Arbeitenden persönlich und nicht den ihnen ‚Nahestehenden' zugute kommen, sondern Fernstehenden, d. h. der ganzen Gesellschaft in ihrer Gesamtheit . . ."[11], so ist das nicht nur die historische Würdigung selbstloser Arbeit, es zeigt darüber hinaus, wie hier schon die ersten wesentlichen Schritte in der Bewußtseinswandlung getan werden. Die sich im Kampf der Werktätigen für eine höhere Arbeitsproduktivität, die letztlich über den Sieg der neuen Gesellschaftsordnung entscheidet, widerspiegelnden gesellschaftlichen Entwicklungstendenzen aufzudecken und sichtbar zu machen, darauf kommt es an.

Am besten gelungen ist in den bisher erschienenen Betriebsgeschichten die Darstellung der Aktivisten- und Wettbewerbsbewegung, ihrer Beziehung zu den gesellschaftlichen Ereignissen und der Politik der Partei für die jüngste Vergangenheit. Das zeigt sich zum Beispiel in der erwähnten Festschrift des Reichsbahnausbesserungswerkes Halle. Einer gründlichen Schilderung der am 13. August 1961 getroffenen Schutzmaßnahmen unserer Regierung folgt eine ausführliche Behandlung der Reaktion der Belegschaft. Es wird am Beispiel einer Brigade gezeigt, wie im ganzen Betrieb das Produktionsaufgebot organisiert wurde:

„Die Einstellung der Kollegen unserer Gewerkschaftsgruppe zur Politik unseres Arbeiter-und-Bauern-Staates wollen wir untermauern durch Zielsetzung und Aufgabenstellungen zur allseitigen Erfüllung der Produktionsaufgaben"[12], heißt es in der vollständig abgedruckten Verpflichtung dieser Brigade, in der weiter gesagt wird, auf welche Weise die Werktätigen die 7,1 Prozent betragenden Verlustzeiten um 30 Prozent senken, eine Steigerung der Arbeitsproduktivität um 11 Prozent ohne Erhöhung des Durchschnittslohnes erreichen, verschiedene Angehörige der Brigade sich qualifizieren, eine Materialeinsparung durch vollständigen Übergang zur Schweißtechnik erzielen und die Werksverpflichtung, überplanmäßig sechs Lokomotiven einer Generalreparatur zu unterziehen, erfüllen wollten.[13]

Die Betriebsgeschichte vermerkt, daß diese Brigade alle anderen ihres Betriebes sowie die der übrigen Reichsbahnausbesserungswerke der Republik zur Organisierung des Produktionsaufgebotes aufrief.

Die Ursachen des erfolgreichen Verlaufs des Produktionsaufgebotes im Werk untersuchend, gelangen die Autoren zu dem Schluß: „In allen Brigaden des Werkes wurde die Aufgabe der Arbeiterklasse im Werk bei der Lösung der nationalen Frage in Deutschland herausgearbeitet und die Verantwortung

11 *Lenin, W. I.*, Die große Initiative, in: Lenin, Werke, Bd 29, Berlin 1961, S. 417.

12 *1863–1963, 100 Jahre Reichsbahnausbesserungswerk „Ernst Thälmann"*, a. a. O., S. 73.

13 Ebenda, S. 73.

jedes Kollegen im Kampf um den Aufbau des Sozialismus und im Kampf um die Sicherung des Friedens in den Mittelpunkt der Diskussion gerückt."[14] Diese Darstellung widerspiegelt den Zusammenhang zwischen dem betrieblichen Geschehen und der Politik der Partei; das Zitat der Brigadeverpflichtung gibt einen guten Einblick in das Leben im Betrieb und zeigt die Probleme, die zu lösen waren.

Das gleiche gilt auch für die Behandlung der Auswirkungen des VI. Parteitages auf die Wettbewerbsbewegung in der Betriebsgeschichte des volkseigenen Kaliwerkes „Karl Liebknecht" Bleicherode. Das Programm, das vom VI. Parteitag angenommen wurde, erhebt die Forderung, die wirtschaftlichen Grundaufgaben „. . . in Übereinstimmung mit den Hauptrichtungen des technischen Fortschritts . . ." zu lösen.[15] Die genannte Betriebsgeschichte zeigt, wie Ingenieure, Techniker und Arbeiter die Diskussion über die Parteitagsdokumente nutzten, um durch eine breite Entfaltung der Neuererbewegung im Werk die Durchsetzung der neuen Technik und die Kleinmechanisierung zu forcieren. Zahlreiche konkrete Beispiele demonstrieren den Umfang und die Wirkung der Neuererbewegung auf die Technologie der einzelnen Betriebsbereiche und zeigen die Stellung der Arbeiter bei der Verwissenschaftlichung der Produktion in der Periode der Vollendung des sozialistischen Aufbaus.[16]

2. *Der Zusammenhang zwischen der Masseninitiative und der Politik der Partei*

Ein zweites Problem, das in den Betriebsgeschichten im Zusammenhang mit der hier behandelten Problematik aufgegriffen werden muß, ist der wechselseitige Zusammenhang zwischen der Masseninitiative und der Politik der Partei. Von einer Seite, nämlich von der Auswirkung der Parteiarbeit auf die Aktivisten- und Wettbewerbsbewegung, war schon die Rede.

Ein wichtiger Problemkreis kommt noch hinzu: Es muß auch untersucht werden, wie die Partei mit Hilfe der Massenorganisationen alle Werktätigen für die Lösung der jeweiligen Aufgaben gewinnt. Im Mittelpunkt wird dabei die Darstellung der Rolle und der Arbeit der Gewerkschaften stehen, die sich unter Führung der bewußtesten Arbeiter zu einer einheitlichen Massenorganisation der Arbeiterklasse entwickelten und zur zuverlässigen Transmission zwischen Partei und Massen wurden. So wird zum Beispiel die Untersuchung über die Organisierung des sozialistischen Wettbewerbs durch die Betriebs-

14 Ebenda.

15 *Programm der Sozialistischen Einheitspartei Deutschlands*, in: Ulbricht, Walter, Das Programm des Sozialismus und die geschichtliche Aufgabe der Sozialistischen Einheitspartei Deutschlands, Berlin 1963, S. 326.

16 *Betriebsgeschichte des VEB Kaliwerk „Karl Liebknecht" Bleicherode 1899–1962*, hg. v. VEB Kaliwerk „Karl Liebknecht" Bleicherode, Bleicherode 1963, S. 195–197.

gewerkschaftsorganisation zeigen, wie die auf den ökonomischen Gesetzen des Sozialismus basierenden Parteibeschlüsse von allen Werktätigen im Betrieb – also auch von den Parteilosen – verwirklicht werden.
Andererseits gilt es aber auch zu zeigen, wie die Initiative der Volksmassen ihren Niederschlag in der Aufgabenstellung der Parteidokumente findet. Die Behandlung beider Seiten läßt die völlige Übereinstimmung der Interessen des Volkes mit den Zielen der führenden Kraft des sozialistischen Aufbaus in unserer Republik, der Sozialistischen Einheitspartei Deutschlands, deutlich werden.
In der Geschichte des Steinkohlenwerkes „Karl Marx" Zwickau wird auf dieses Problem eingegangen. Der Leser erfährt, daß sofort nach der Befreiung durch die alliierten Truppen im April 1945 die Arbeiter die Geschicke des Betriebes in ihre Hände nahmen. Es heißt in der genannten Arbeit:
„Bewußte Bergleute, die an ein neues kommendes Deutschland glaubten, fanden sich unter großen Schwierigkeiten im Betrieb ein und hielten die Wasserhaltung, die notwendige Dampferzeugung, die Bewetterung und den Kokereibetrieb aufrecht."[17]
Mit ihrem Beschluß vom Juni 1945 stützte sich also die Kommunistische Partei Deutschlands bereits auf die ersten Erfahrungen der Arbeiter.
Bei der Begründung des bewußten und planmäßigen Aufbaues der Grundlagen des Sozialismus in der Deutschen Demokratischen Republik konnte die 2. Parteikonferenz der Sozialistischen Einheitspartei Deutschlands in ihrem Beschluß feststellen: „Die politischen und die ökonomischen Bedingungen sowie das Bewußtsein der Arbeiterklasse und der Mehrheit der Werktätigen sind soweit entwickelt, daß der Aufbau des Sozialismus zur grundlegenden Aufgabe in der Deutschen Demokratischen Republik geworden ist."[18]
In seinem Referat auf der 2. Parteikonferenz hatte Walter Ulbricht den immer größeren Umfang annehmenden Wettbewerb als Ausdruck des wachsenden Bewußtseins der Werktätigen gewertet. Der neue Inhalt der Wettbewerbsverpflichtungen zu Ehren der Parteikonferenz zeigte sich in den Verpflichtungen zur Steigerung der Qualität der Produktion, Senkung des Ausschusses, Verminderung des Materialverbrauchs, Anwendung neuer Materialverbrauchsnormen und neuer Arbeitsmethoden, Senkung der Selbstkosten usw.[19] Die

17 *Von den Brückenbergschächten zum VEB Steinkohlenwerk „Karl Marx", Zwickau 1859–1959*, hg. v. d. Leitung der Betriebsparteiorganisation und der Werkleitung des VEB Steinkohlenwerk „Karl Marx", Zwickau, o. O., o. J., S. 102.

18 *Beschluß der 2. Parteikonferenz der Sozialistischen Einheitspartei Deutschlands zur gegenwärtigen Lage und zu den Aufgaben im Kampf für Frieden, Einheit, Demokratie und Sozialismus*, in: Protokoll der Verhandlungen der 2. Parteikonferenz der Sozialistischen Einheitspartei Deutschlands, Berlin 1952, S. 492.

19 *Ulbricht, Walter*, Die gegenwärtige Lage und die neuen Aufgaben der Partei, in: ebenda, S. 85.

Massenbewegung der Werktätigen in der Produktion, die zur Erfüllung und Übererfüllung des Zweijahrplanes und des Volkswirtschaftsplanes 1961 geführt hatte, war eine wesentliche Voraussetzung für die weitere Aufgabenstellung der Partei. Ähnliches gilt für die 1956 durch die 3. Parteikonferenz eingeleitete Periode des Sieges der sozialistischen Produktionsverhältnisse und die Periode des umfassenden Aufbaus des Sozialismus seit 1961.
So war es aber auch in zahlreichen anderen Fällen. Erwähnt sei hier nur die Stellungnahme des Sekretariats des Zentralkomitees der Sozialistischen Einheitspartei Deutschlands zum Wettbewerb in der Grobblechproduktion aus dem Jahre 1951, in dem aus der Masseninitiative der Werktätigen eines Produktionszweiges Lehren für die Wettbewerbsbewegung allgemein gezogen wurden.[20]
In den Betriebsgeschichten muß untersucht werden, von welchem Einfluß und welcher Bedeutung die jeweiligen betrieblichen Ereignisse für die gesamte gesellschaftliche Entwicklung in unserer Republik waren.

3. Die Auswirkungen der Aktivisten- und Wettbewerbsbewegung auf die Entwicklung der Betriebe

Ein drittes zu untersuchendes Problem sind die Auswirkungen der Aktivisten- und Wettbewerbsbewegung auf die Gesamtentwicklung im Betrieb.[21] Dazu gehört der Einfluß auf die Entwicklung der Produktivkräfte (zum Beispiel sozialistische Gemeinschaftsarbeit und Neuererbewegung), der Produktionsverhältnisse (zum Beispiel Durchsetzung des Prinzips der materiellen Interessiertheit), der Produktion und der ökonomischen Leistung (zum Beispiel Steigerung der Produktion, Arbeitsorganisation, Qualität der Produktion, Arbeitsproduktivität, Planerfüllung, Rentabilität), der Lage der Werktätigen (zum Beispiel Lohnentwicklung und Prämien) und des Klassenkampfes (zum Beispiel Festigung des sozialistischen Bewußtseins, Kampf um höhere Quantität und Qualität der Produktion).
Aus der Vielfalt des Aufgezählten ergibt sich schon, daß es nicht ausreicht, in den Betriebsgeschichten der Aktivisten- und Wettbewerbsbewegung ein Kapitel zu widmen. Vielmehr müssen darüber hinaus einzelne Seiten und Momente ihrer Entwicklung im Zusammenhang mit den anderen Problemen der betrieblichen Entwicklung behandelt werden. Wie das erfolgreich geschehen kann, dafür seien hier einige Beispiele aus bisher erschienenen Betriebsgeschichten angeführt.

20 *Zum Wettbewerb zur Erhöhung der Grobblechproduktion,* in: Dokumente der Sozialistischen Einheitspartei Deutschlands, Bd 3, Berlin 1952, S. 633–635.
21 Vgl. dazu auch den von Radandt gegebenen Überblick über die in den Betriebsgeschichten zu behandelnden Probleme in der Epoche des Aufbaus des Sozialismus, in: *Radandt, Hans,* Wie schreiben wir Betriebsgeschichte? Berlin 1963, S. 41–43.

Bei der Untersuchung der Entwicklung der Produktivkräfte im Kaliwerk Bleicherode wird gezeigt, wie auf Grund bestimmter objektiver Bedingungen die Technologie verbessert werden mußte: „Auch die beträchtliche Erhöhung des Feinkornanteils im Fördergut infolge neuer Schieß- und Gewinnungsmethoden übte einen ungünstigen Einfluß auf die Verarbeitungstechnologie aus. Zur Verringerung des aus dem Absinken des K_2O-Gehaltes, dem Ansteigen des Carnallit-Gehaltes und der Erhöhung des Feinkornanteils für den Löseprozeß entstehenden Schwierigkeiten galt es daher Maßnahmen zur Steigerung der Leistungsfähigkeit der Fabrik sowohl in bezug auf die Quantität als auch auf die Qualität durchzuführen. Eine große Zahl von Verbesserungsvorschlägen aus den Kreisen der Fabrikarbeiter und besonders der Ingenieure war das Ergebnis von gelenkten Aufgabenstellungen für die Schwerpunkte. Als Ergebnis brachten die vielen Verbesserungsvorschläge eine Verbesserung des technologischen Prozesses in der Fabrik."[22] Das wird in der Betriebsgeschichte dann geschildert.

Eine andere Arbeit verfolgt die jährliche Zunahme der Zahl der Verbesserungsvorschläge und ihres ökonomischen Nutzens für den Betrieb. Wir erfahren zum Beispiel, daß sich die Zahl der Verbesserungsvorschläge von 28 im Jahre 1950 mit einem Jahresnutzen von 70420 DM auf 399 im Jahre 1961 mit einem Jahresnutzen von 315780 DM erhöhte.[23]

Die Zahl der Beispiele ließe sich um ein Vielfaches vermehren. Dies zeigt, daß die Beziehungen zwischen der Aktivisten- und Wettbewerbsbewegung und der Gesamtentwicklung der Werke in den Betriebsgeschichten schon Berücksichtigung finden. Bei der künftigen Arbeit kommt es vor allem auf die umfassende und allseitige Untersuchung dieses Zusammenhangs für das gesamte betriebliche Geschehen an.

III. ZUR METHODE DER ERFORSCHUNG UND DARSTELLUNG DER AKTIVISTEN- UND WETTBEWERBSBEWEGUNG UND IHRES ZUSAMMENHANGS MIT DEN PARTEIBESCHLÜSSEN

Wie bereits festgestellt, wurden die jüngsten Ereignisse der Aktivisten- und Wettbewerbsbewegung in den Betriebsgeschichten bisher am besten dargestellt, während die Erforschung der weiter zurückliegenden Ereignisse ungenügend ist. Die Betriebsgeschichtsschreibung muß daher jetzt die entsprechenden wissenschaftlichen Methoden entwickeln, um eine gründlichere Forschung zu gewährleisten.

Zum Klassenkampf der Arbeiter im Kapitalismus werden zum Beispiel Streik-

22 *Betriebsgeschichte des VEB Kaliwerk „Karl Liebknecht" Bleicherode 1899 bis 1962*, a. a. O., S. 178.

23 *Chronik 1862–1962, 100 Jahre Betriebsgeschichte.* Vom kapitalistischen zum sozialistischen Industriebetrieb, VEB Roßweiner Achsen-, Federn- und Schmiedewerke „Hermann Matern", Roßwein 1962, S. 57.

tabellen angelegt, die alle entsprechenden Aktionen erfassen und die Auskunft über Zeit, Dauer, Zahl der Beschäftigten und der Streikenden, über Forderungen, Verlauf und Erfolg und Einfluß von Arbeiterorganisationen geben.[24] Man muß versuchen, die Probleme des Klassenkampfes im Sozialismus ähnlich gründlich zu untersuchen. Einen wichtigen Hinweis dazu gibt Lenin in seiner Schrift „Die große Initiative". Lenin stellt eine Tabelle über die Kommunistischen Subbotniks zusammen, in der Arbeitsstelle, Art der Arbeit, Zahl der Arbeiter, Zahl der geleisteten Stunden und der Erfolg der Arbeit verzeichnet sind.[25]

Mit gleicher Sorgfalt ließen sich Ereignisse der Aktivisten- und Wettbewerbsbewegung erfassen, und es kann den Betriebsgeschichtskommissionen nur empfohlen werden, entsprechende Versuche zu unternehmen.

Man könnte zum Beispiel eine Statistik sämtlicher betrieblichen Wettbewerbe aufstellen. Sie müßte etwa enthalten:

1. Zeit und Dauer des Wettbewerbs
2. Anlässe für den Wettbewerb
3. Zahl der Beschäftigten im Betrieb
4. Zahl der bestehenden Brigaden und Kollektive
5. Zahl der am Wettbewerb Beteiligten
6. Zahl der beteiligten Brigaden und Kollektive
7. Ziele des Wettbewerbs
8. Ergebnisse des Wettbewerbs

Die Neuererbewegung ließe sich vielleicht nach folgenden Gesichtspunkten erfassen:

1. Zahl der jährlichen Verbesserungsvorschläge im Vergleich zur Zahl der Beschäftigten
2. Hauptziele der Verbesserungsvorschläge
3. Zahl der realisierten Verbesserungsvorschläge
4. Dauer der Realisierung, untergliedert nach bestimmten Zeiteinheiten
5. Ergebnisse und Nutzen der Verbesserungsvorschläge

Eine weitere Untergliederung nach technologischen Bereichen, nach der Beteiligung von Frauen und Jugendlichen oder nach anderen Gesichtspunkten kann die Aussage der Statistik nur verbessern.

In ähnlicher Weise könnten auch andere Probleme, zum Beispiel die Tätigkeit der Aktivisten oder die Wirksamkeit sozialistischer Arbeitsgemeinschaften, statistisch bearbeitet werden. Solche Statistiken wären nicht nur ein gutes Arbeitsmaterial für die Autoren der Betriebsgeschichte, sondern könnten auch im Text oder im Anhang abgedruckt werden.

Es ist auch zu empfehlen, als Hilfsmittel für die Betriebsgeschichte einmal eine statistische Gegenüberstellung der wichtigsten gesellschaftlichen Ereignisse

24 Vgl. *Radandt, Hans*, a. a. O., S. 21.
25 *Lenin, W. I.*, a. a. O., S. 401.

und Parteibeschlüsse und der gleichzeitigen Begebenheiten in der Aktivisten- und Wettbewerbsbewegung des Werkes anzufertigen. Das wird das Erkennen der Probleme, die Periodisierung und die Erfassung der Zusammenhänge erleichtern und eine Unterlage für das Schreiben sein. Zur Veröffentlichung ist eine solche Statistik dagegen kaum geeignet, da die Problematik von ihr nur teilweise erfaßt wird.

IV. ÜBER DIE QUELLEN ZUR GESCHICHTE DER AKTIVISTEN- UND WETTBEWERBSBEWEGUNG

Die theoretischen Grundlagen für die Geschichte der Aktivisten- und Wettbewerbsbewegung sind Lenins Arbeiten, „Die nächsten Aufgaben der Sowjetmacht", „Die große Initiative" und „Wie soll man den Wettbewerb organisieren?", die zugleich viele methodische Hinweise enthalten und ein Musterbeispiel für eine gründliche Analyse der Ereignisse und deren plastische Schilderung darstellen.

Für die Behandlung der Aktivisten- und Wettbewerbsbewegung in unserer Republik bilden die Dokumente der Partei die grundlegende Quelle. In bisher acht Bänden liegen unter dem Titel „Dokumente der Sozialistischen Einheitspartei Deutschlands" Beschlüsse und Erklärungen des Zentralkomitees sowie seines Politbüros und seines Sekretariats vor. Von gleicher Wichtigkeit sind die Protokolle der Parteitage und -konferenzen und die Materialien über die Tagungen des Zentralkomitees sowie die unter dem Titel „Zur Geschichte der deutschen Arbeiterbewegung" erschienenen Schriften und Reden Walter Ulbrichts.

Für die spezielle Entwicklung im einzelnen Werk liefert das Betriebsarchiv die wichtigsten Quellen. Sorgfältig müssen zum Beispiel folgende Unterlagen ausgewertet werden:

Berichte und Analysen über die Planerfüllung, Dokumente über die Vorbereitung und Durchführung ökonomischer Konferenzen, Monats-, Quartals- und Jahresberichte der Werkleitung, Rechenschaftsberichte der Werkleitung vor der Belegschaft, Operativpläne und Anordnungen zur Sicherung der Planerfüllung, Kaderakten von Aktivisten, Verdienten Aktivisten, Verdienten Technikern, Neuerern, Erfindern, Helden der Arbeit usw., Vorschläge, Entwürfe und Berichte zum Betriebskollektivvertrag wie auch die Verträge selbst, Protokolle über die Rechenschaftslegung, Wettbewerbsverträge, Analysen und Protokolle der Auswertung, Berichte über Wettbewerbe, Verpflichtungen der Belegschaft, Begründungen für Prämienzahlungen und staatliche Auszeichnungen, Aktivisten-Karteien, Akten über Brigaden der sozialistischen Arbeit und sozialistische Arbeitsgemeinschaften sowie Akten über die Tätigkeit des Büros für Neuererwesen.

In den Aktenbeständen der Betriebsgewerkschaftsleitung, die zum Teil in die Betriebsarchive aufgenommen wurden, zum Teil aber auch selbständig bei der Betriebsgewerkschaftsleitung bestehen, müssen vor allem folgende Dokumente

beachtet werden: Protokolle der Betriebs- und Abteilungsgewerkschaftsleitungen, Tätigkeitsberichte und andere Schriftstücke der Gewerkschaftskommissionen für Produktionsmassenarbeit, Rationalisierungs- und Erfindungswesen, Protokolle der Produktionsberatungen, Akten über sozialistische Brigadearbeit sowie Vorschläge für staatliche Auszeichnungen und Prämien.
Besondere Bedeutung haben die Akten der Betriebsparteiorganisationen. Die Protokolle, Berichte und andere Dokumente enthalten vor allem wertvolles Material über den Zusammenhang der Aktivisten- und Wettbewerbsbewegung mit der gesamten gesellschaftlichen Entwicklung im Werk.
Beachtung verdienen auch – soweit vorhanden – Akten der Freien Deutschen Jugend (zum Beispiel zur Jungaktivistenbewegung), des Frauenausschusses (zum Beispiel über den Anteil der Frauen an der Aktivisten- und Wettbewerbsbewegung), der Gesellschaft für Deutsch-Sowjetische Freundschaft (zum Beispiel über die Anwendung sowjetischer Neuerermethoden) und der Betriebssektionen der Kammer der Technik.
Guten Einblick in die schöpferische Arbeit unserer Werktätigen geben die Brigadetagebücher, die demzufolge auch für die Ausarbeitung der Betriebsgeschichte als Quelle heranzuziehen sind.
Sehr wichtig sind die Betriebszeitungen für die hier behandelte Problematik. Es gibt kaum eine Nummer einer Betriebszeitung, in der nicht über Produktionsverpflichtungen, Brigadearbeit, Neuererwesen, Wettbewerbe und ähnliches in sehr konkreter Form berichtet würde. Eine systematische Auswertung dieser Quelle wird für die Betriebsgeschichte umfangreiches und wertvolles Material bieten.
Erlebnisberichte von Arbeitern und Funktionären der Arbeiterbewegung lieferten für die Betriebsgeschichten schon oft Unterlagen. Aber diese Quelle wird für die Untersuchung der betrieblichen Entwicklung nach 1945 noch zu wenig genutzt. Erlebnisberichte der ersten Aktivisten des Werkes können zum Beispiel wichtige Aufschlüsse über die Situation im Betrieb zur damaligen Zeit, über die Entwicklung des sozialistischen Bewußtseins und vieles andere geben.
Man könnte sich auch sehr gut die Organisierung eines Rundtischgespräches vorstellen, das selbstverständlich auf Tonband aufgenommen werden muß und an dem die ersten Aktivisten und Aktivisten aus späterer Zeit, die anfangs vielleicht selbst über die ersten Aktivistenleistungen lächelten, teilnehmen. Hier ließe sich zum Beispiel Material über die Herausbildung der neuen Einstellung zur Arbeit sammeln.
Diese Beispiele sollen alle Betriebsgeschichtskommissionen anregen, auch für die Behandlung der Zeit nach 1945 mehr Erlebnisberichte zu sammeln und auszuwerten. Auch hier gilt der Grundsatz, daß die Erlebnisberichte nicht in erster Linie zum Schließen der Lücken in den anderen Quellen dienen, sondern daß sie eigenständige Quellen sind, die durch keine anderen ersetzt werden können. In ihnen spiegeln sich die Arbeit und der Kampf für den Sozialismus im Erleben des einzelnen wider.

Der sozialistische Betrieb und die Weltmarktprobleme

VON KARIN LEHMANN

Im Kampf um die Verwirklichung der friedlichen Koexistenz, im Wettbewerb der beiden Weltsysteme spielen die Vorgänge auf den beiden Weltmärkten und die Beziehungen zwischen ihnen eine große Rolle. Hier spiegelt sich die Überlegenheit der sozialistischen Wirtschaft in zunehmendem Maße wider. Für den sozialistischen Betrieb ergeben sich daraus sehr wichtige Aufgaben in bezug auf seine Arbeitsweise. Höchstes Niveau in der Qualität und in den technischen Daten bedingt die Weltmarktfähigkeit der Erzeugnisse des Produktionsbetriebes. Die Berücksichtigung der Entwicklungstendenzen, die sich aus der Nachfrage auf dem Weltmarkt ablesen lassen, ist eine weitere Voraussetzung dafür. Weltmarktfähigkeit aber stärkt die Autorität und die ökonomische Kraft des Betriebes, des Landes und darüber hinaus des gesamten sozialistischen Lagers. Sie wird zum politischen Faktor im Kampf um den Frieden. Ein Erzeugnis, dessen technische Daten veraltet sind, das qualitativ nicht genügt, den Anforderungen der Verbraucher nicht mehr entspricht oder aber mit zu hohen Selbstkosten produziert wird, fügt der gesamten Volkswirtschaft unseres Staates Schaden zu. Es können darum Schwierigkeiten bei der Finanzierung von Investitionen, bei der Bezahlung von Importen und ähnlichem entstehen. Dadurch erhöht sich die Verantwortung jedes einzelnen Betriebes vor der Gesellschaft. Darüber hinaus schadet jeder ökonomische Verlust objektiv unserem internationalen Ansehen. Aus all diesen Gründen muß den Marktproblemen große Aufmerksamkeit gewidmet werden.

Die Betriebsgeschichten sollten diesen Punkt nicht vernachlässigen. Es sollte aufgezeichnet werden, wie im Betrieb über die internationale Position unserer Republik entschieden wird, wie um gute Qualität und modernes Niveau gerungen wurde, wie Schwierigkeiten, die sich aus falscher Einstellung zu diesen Zielen oder aus veralteter Technik ergeben haben, überwunden wurden.

DIE ENTWICKLUNGSETAPPEN SEIT 1945

In den ersten Jahren nach 1945, während des Zweijahrplans und des ersten Fünfjahrplans gab es für die meisten Betriebe große Schwierigkeiten, die sich aus der Spaltung der deutschen Wirtschaft durch die Westmächte ergaben. Das Gebiet der damaligen Sowjetischen Besatzungszone (später der DDR) war willkürlich aus seinem Wirtschaftsgefüge herausgerissen worden. Lebenswichtige Marktverbindungen waren zerstört. Für viele Betriebe fehlten die Rohstoffe, deren Lagerstätten in Westdeutschland oder im kapitalistischen Ausland waren. Ein Problem bildeten fehlende Ersatzteile und Halbzeuge. Patentfragen hemmten den Wiederaufbau oder die Aufnahme der Produktion. Manche Industriezweige waren von ihren herkömmlichen Abnehmern abgeschnitten. Diese Situation wurde noch durch die Kriegszerstörungen und die allgemeine Deformation verschärft, die durch die Militarisierung der Wirtschaft verursacht worden war.[1] Unter gewaltigen Anstrengungen war die Produktion wieder in Gang gebracht worden. Umstellungen im Sortiment wurden nötig; auf einheimische Rohstoffe mußte zurückgegriffen werden. Vorrichtungen und Maschinen, die früher aus Westdeutschland bezogen wurden, mußten selbst angefertigt werden. Ingenieure und Wissenschaftler arbeiteten neue Verfahren zur Verarbeitung von Ersatzstoffen aus. Ein ganzes Knäuel von Schwierigkeiten war zu entwirren.

Walter Ulbricht sagte zu diesen Schwierigkeiten auf dem IV. Parteitag der Sozialistischen Einheitspartei Deutschlands: „Sie bestehen vor allem in den Folgen der Spaltung Deutschlands, in der ungenügenden Menge und Qualität der Warenproduktion, in den Schwächen unseres Außenhandels, der sich noch nicht auf den Bedarf der Handelspartner eingestellt hat. Unsere Schwierigkeiten bestehen weiter in dem formal-bürokratischen Verhalten mancher Mitarbeiter des Staatsapparats, in dem Einfluß kapitalistischer Elemente und in der Sabotage- und Schädlingstätigkeit feindlicher Elemente. Die Schwierigkeiten können nur überwunden werden durch eine exaktere wissenschaftliche und operative Arbeit der leitenden Staatsorgane, durch die Förderung der Kritik von unten und die Entfaltung der schöpferischen Initiative der Werktätigen.“[2]

Die Betriebsgeschichte muß berichten, wie die Werktätigen ihre Kraft für die Wiederherstellung der Marktfähigkeit ihrer Betriebe eingesetzt haben. In jedem Betrieb gibt es viele Beispiele dafür, wie Aktivisten und Neuerer darangingen, die Produktion zu verbessern und gediegene Erzeugnisse mit angemessenem Aufwand herzustellen. In der Zeit des ersten Fünfjahrplanes entfaltete sich die Bewegung „Spare mit jedem Gramm, jedem Pfennig und jeder Minute!“ In vielen Betrieben bedeutete das Einsparung von Devisen, Verringerung der Selbstkosten für Exportaufträge und Einhaltung der Termine. Die Erweiterung des Exports im ersten Fünfjahrplan ist eines der wichtigen Ergebnisse dieser Bewegung.

1 Siehe *Czihak, Hans*, Auswirkungen der Spaltung Deutschlands, in diesem Band, S. 433.

2 *Ulbricht, Walter*, Bericht des ZK an den IV. Parteitag der SED, Protokoll, T. 1, Berlin 1954, S. 81.

Im zweiten Fünfjahrplan standen solche Bereiche wie die Chemieindustrie, die Braunkohlenförderung und die Energieerzeugung im Mittelpunkt. Es handelt sich um Zweige, welche die Grundlage für den Export und für die Versorgung unserer Bevölkerung bilden und die von großer Bedeutung für die relative Unabhängigkeit unserer Industrie von Westdeutschland und dem kapitalistischen Außenmarkt sind. Die Produktion wurde teilweise umgestellt, neue Betriebe wurden errichtet. Hierbei spielte die sozialistische Rekonstruktion eine große Rolle, die viele Möglichkeiten für die Erhöhung der Arbeitsproduktivität, der Verbesserung der Technologie, der Senkung der Selbstkosten und damit unter anderem für eine günstige Position auf dem Weltmarkt bietet. Die Markt beziehungen wirken also auf die Entwicklungsetappen seit 1945, um die es hier geht, ein. Dieser Einfluß muß sich in der Betriebsgeschichte niederschlagen.
Es wurde schon erwähnt, daß auch politische Fragen in der Beziehung zwischen Betrieb und Weltmarkt zu berücksichtigen sind. Manches in der Geschichte unserer Betriebe wäre unverständlich, würde es nicht aus dem Kampf der beiden Weltsysteme erklärt werden. Die imperialistischen Kräfte waren sehr bemüht, unsere Wirtschaft zu stören. Indem sie die Marktbeziehungen zu treffen suchten, zielten sie auf eine sehr empfindliche Stelle. Unsere Wirtschaft konnte dadurch zwar zeitweilig gehemmt werden, dank der sozialistischen Produktionsverhältnisse konnte sie aber die größten Schwierigkeiten bald überwinden.

SOZIALISTISCHE INTERNATIONALE ZUSAMMENARBEIT

Die Embargopolitik der kapitalistischen Länder führte zu einem festeren Zusammenschluß des sozialistischen Lagers, zu einer schnellen Erschließung der nationalen Ressourcen und zur Ausdehnung und Vertiefung der sozialistischen internationalen Arbeitsteilung. Das brachte zum Teil sogar sehr tiefgehende Veränderungen für einzelne Betriebe oder Industriezweige mit sich, da die sozialistische internationale Arbeitsteilung umfassender als die kapitalistische und vor allem planmäßig ist. Der Austausch zwischen den sozialistischen Ländern wurde ein wichtiger Bestandteil der nationalen Wirtschaft. Die Exportaufgaben gegenüber den Bruderländern bilden einen Teil der Planaufgaben der sozialistischen Betriebe und sind wiederum für die anderen Länder die Voraussetzungen zur Erfüllung ihrer Wirtschaftspläne. Deshalb gebietet die Solidarität der Arbeiterklasse, den Verpflichtungen gegenüber den Bruderländern in der Produktion, an jedem Arbeitsplatz und in jedem Betrieb, nachzukommen. In den ersten Jahren erstreckten sich die Beziehungen und Abmachungen zwischen den sozialistischen Ländern vor allem auf Handelsfragen. Der Sieg der sozialistischen Produktionsverhältnisse in allen Ländern des sozialistischen Lagers führte zu einer neuen Qualität der Arbeitsteilung. Dadurch erstreckt sich die gemeinsame Planung nicht mehr nur auf den Außenhandel, sondern auch auf die Produktion. Die Entwicklung der Volkswirtschaften wird seitdem planmäßig koordiniert. Das muß in den einzelnen Betrieben zu Umstellungen auf technisch-ökonomischem Gebiet führen. Für die DDR zeigt sich das vor allem im Werkzeugmaschinenbau, bei der Herstellung von Ausrüstungen für die Chemie-, die Nahrungs- und Genußmittelindustrie, im Textil- und polygraphischen Maschinenbau und in der Feinmechanik/Optik.

„Die richtungweisenden Beschlüsse der Beratung der Vertreter der kommunistischen und Arbeiterparteien der Teilnehmerländer des Rates für Gegenseitige Wirtschaftshilfe zur weiteren Entwicklung des sozialistischen Wirtschaftssystems, zur allseitigen Entwicklung und Vervollkommnung der Formen der wirtschaftlichen Zusammenarbeit zwischen den sozialistischen Ländern erfordern auch von den zentralen staatlichen Organen der DDR, von den Vereinigungen Volkseigener Betriebe, den Wirtschaftsräten bei den Räten der Bezirke, von den Betrieben und Instituten große Anstrengungen auf dem Gebiet der Wirtschaft, der Wissenschaft und Technik, sowie ein neues Herangehen an viele Fragen der internationalen wirtschaftlichen und wissenschaftlich-technischen Zusammenarbeit. Das müssen insbesondere auch die Parteiorganisationen in ihrer parteierzieherischen Arbeit und in der täglichen politischen Massenarbeit beachten. Das Wichtigste ist jetzt, daß die internationale Zusammenarbeit von allen Staats- und Wirtschaftsorganen streng auf der Basis und in Übereinstimmung mit den international koordinierten Plänen zur Entwicklung der Rohstoff-, Brennstoff- und Energiewirtschaft, der Investitionen, der wissenschaftlichen und technischen Forschung u. a., auf der Basis internationaler Vereinbarungen, Abkommen und Verträge durchgeführt wird. Gleichzeitig müssen die immer noch vorhandenen unkoordinierten Einzelaktionen, vor allem auf dem Gebiet der wissenschaftlich-technischen Zusammenarbeit, beseitigt werden."[3]

Das ist ein ganzes Programm von Forderungen. Ihre Realisierung mußte die Entwicklung vieler Betriebe beeinflussen. Hier gilt es, genaue Untersuchungen im einzelnen anzustellen.[4]

Erstens muß untersucht werden, wie die ökonomische Entwicklung aller Mitgliedstaaten des Rates für Gegenseitige Wirtschaftshilfe auf das Profil des Betriebes eingewirkt hat und welche Ziele und Aufgaben gestellt wurden (zum Beispiel Einschränkung der Typenzahl in den Betrieben des Maschinenbaus).

Zweitens spielte die internationale Zusammenarbeit bei der Entstehung neuer Industriezweige eine große Rolle. Für einige Betriebe, wie für das Erdölkombinat Schwedt, fängt die Geschichte erst mit den ökonomischen Prozessen an, die sich im gesamten sozialistischen Lager vollziehen.

3 *Schürer, Gerhard/Kunz, Helmut,* Eine neue Stufe der Zusammenarbeit der sozialistischen Länder, in: Einheit, 7/1962, S. 18.

4 Zur Orientierung bei der Behandlung dieser Problematik sei auf eine Broschüre verwiesen, die viele Aspekte aus der Arbeit des Rates für gegenseitige Wirtschaftshilfe behandelt, statistische Materialien und eine Zeittafel hierzu bringt und zahlreiche Literaturhinweise enthält: Der Rat für gegenseitige Wirtschaftshilfe. Kleine Dokumentensammlung, hg. v. *Bittel, Karl,* Berlin 1960.

Drittens müssen die Methoden aufgezeichnet werden, mit denen diese Aufgaben verwirklicht wurden. Solche Maßnahmen bestanden zum Beispiel in der Standardisierung und Typisierung.
Viertens – und das ist besonders wichtig für die Betriebsgeschichte – darf man sich nicht nur auf eine Beschreibung der ökonomischen und technischen Veränderungen beschränken, sondern muß auch den Kampf derer schildern, die sie durchsetzten.
Wieviel Anstrengungen, wieviel Leben steckt beispielsweise in Protokollen von Produktionsberatungen, in den kargen Mitteilungen über Erfolge sozialistischer Arbeitsgemeinschaften, in den Berichten, die in den Brigadetagebüchern zu finden sind! Es gilt, dieses Leben in den Betriebsgeschichten wieder spürbar zu machen. Es gilt, den Beweis anzutreten, daß die Tat jedes Arbeiters und jedes Ingenieurs im vereinten Wettstreit des sozialistischen Lagers mit dem kapitalistischen System eine Rolle spielt.

WELTNIVEAU UND QUALITÄT

Die Kenntnis des wissenschaftlich-technischen Weltstandes und seine Berücksichtigung in der Perspektivplanung des Betriebes spielt für die internationale sozialistische Zusammenarbeit und für den Außenhandel mit den kapitalistischen Ländern eine große Rolle. Um einerseits im gesamten sozialistischen Lager die Wirtschaft und das Lebensniveau der Bevölkerung auf einen höheren Stand zu bringen und um andererseits auf dem kapitalistischen Weltmarkt erfolgreich auftreten zu können, müssen unsere Betriebe aufmerksam alle Entwicklungstendenzen der Wissenschaft und Technik auf der ganzen Welt studieren. Die neuesten Forschungsergebnisse müssen in der Produktion berücksichtigt werden; denn nur moderne, qualitativ hochstehende Erzeugnisse werden Käufer auf dem Außenmarkt finden. Da sich auf dem kapitalistischen Weltmarkt ein harter Konkurrenzkampf abspielt und die Tendenz vorherrscht, die Konkurrenten durch das Anbieten einer Ware besserer Qualität zu schlagen, hängt auch der Absatz unserer Erzeugnisse von ihrer Qualität ab. Somit kann jeder Betrieb Einfluß auf den Weltmarkt nehmen, indem er sich auf diese Fragen orientiert. Es gibt wohl in jedem Betrieb Beispiele dafür, wie um ein hohes Niveau gerungen wurde, die in den Betriebsgeschichten angeführt werden müssen.

DER 13. AUGUST 1961

Für unsere wirtschaftliche Entwicklung war der 13. August 1961, der auch in der Zirkulationssphäre die Voraussetzungen für eine festere Ordnung schuf, ein wichtiges Datum. Der unkontrollierte Warenverkehr von und nach Westberlin wurde beendet. Die Partei rief zur Störfreimachung unserer Wirtschaft auf. In den Betrieben entstand eine Massenbewegung, deren Beschreibung in den Betriebsgeschichten nicht fehlen darf. Die Bewegung setzte sich das Ziel, unsere Wirtschaft widerstandsfähiger gegen westdeutsche Störmaßnahmen zu machen. Das konnte nur erreicht werden, wenn auf vorhandene Rohstoffe zurückgegriffen wurde und Arbeitsproduktivität und Qualität gesteigert wurden. Ein Beispiel[5] aus dem VEB Spezialglaswerk „Einheit," Weißwasser, verdeutlicht diese Bestrebungen. Für diesen Betrieb war die Herstellung von Häfen[6] aus einheimischen Tonen bei gleichzeitigem Übergang von der Hand- zur maschinellen Fertigung ein brennendes Problem.

„Alle gebräuchlichsten Verfahren der Hafenherstellung wurden studiert und sondiert. Über das Streich-, Löffel- und Schälverfahren ähnlicher Fabrikationszweige kamen wir zum Pressen von Körpern, die aus einem handbereiteten Batzen herausgepreßt wurden. Viel Kleinarbeit und Geduld ließen uns die Bedeutung der Muffenrohrpresse für unsere Aufgabe erkennen, wenn auch nicht gleich für Häfen, so doch vorerst für Kränze. Ende 1955 wagten wir den kühnen Schritt, Häfen zu pressen. Von fachlicher Seite hatten wir alle Möglichkeiten reiflich erwogen, fehlten doch die Erfahrungen über die Form, Wandstärken usw. des gepreßten Hafens; denn diese Herstellungsart war etwas völlig Neues.

Vor dem ersten Versuch hatten wir systematisch die Beweisführung über die Richtigkeit dieser Neuerung angetreten. 1956 kam der erste gepreßte Hafen in unseren Betrieb. Bei diesem Hafen war der Boden handaufgestrichen und die Glocke gepreßt. Dieser kleine Hafen von 75 Zentimeter Durchmesser wurde auf Ofen zwei mit Erfolg eingesetzt. Damit wurde unsere Theorie in der Praxis bestätigt und das berechtigte uns, den eingeschlagenen Weg weiterzugehen. In unermüdlicher Arbeit, begründet durch die Richtigkeit der Erkenntnisse und mit der vorbildlichen Unterstützung durch die Kollegen im Steinzeugwerk Krauschwitz, wurden die Versuche trotz aller Schwierigkeiten weitergeführt...

... Als Krönung der Versuche wurden 1959 mehrere Häfen mit einem Durchmesser von 125 Zentimeter gepreßt. Bei allen Preßversuchen wurde die Masse M 77 von unserem Werk verwendet. Auch diese Häfen rechtfertigten unsere Arbeit und bewährten sich besonders bei Bleiglas. Die vereinzelten Fehlschläge waren größtenteils auf unsachgemäße Behandlung im Temperofen bzw. im Schmelzofen zurückzuführen.

Die Versuche der Jahre 1955–1960 hatten solche Ergebnisse gezeigt, daß vom Fachausschuß der Hafen- und Düsenmacher die Anfertigung der Nullserie gefordert wurde. Das Steinzeugwerk Krauschwitz war wegen der Aufgaben des Chemieprogramms nicht in der Lage, uns diese Menge zu fertigen. Durch Überzeugung unserer vorgesetzten Dienststelle und deren Einschaltung war es dann

5 Vgl. *Der Scheinwerfer*. Betriebszeitung der Belegschaft des VEB Spezialglaswerk „Einheit", Weißwasser, Nr 5, v. 6. 3. 1962.

6 Hafen – Gefäß zum Glasschmelzen.

möglich, im Herbst 1960 in der Hafenwerkstatt unseres Werkes eine Vakuum-muffenrohrpresse und eine liegende Strangpresse aufzustellen.
Die Kollegen der sozialistischen Brigade der Abteilung Hafenwerkstatt hatten sich im Steinzeugwerk Krauschwitz soweit qualifiziert, daß sie aus eigener Initiative bereits im September 1960 mit einer Presse, unter primitivsten Verhältnissen, die ersten Häfen in unserer Hafenstube preßten . . .“
Zur Gesamteinschätzung der Versuche heißt es dann weiter:
„. . . Ziel und Aufgabe der Kollegen der Abteilung Hafenstube war: Die Nullserie von etwa dreihundert Häfen im ersten Quartal 1961 herzustellen. Dieses Ziel wurde erreicht. Bereits im September 1961 kamen die ersten Häfen zum Einsatz. Eine große Initiative bei Einsatz der gepreßten Häfen zeigten die verantwortlichen Kollegen der VEB Oberlausitzer Glaswerke. Sie erzielten einwandfreie Ergebnisse. Fast die gleiche Menge gepreßter Häfen wurde mit Erfolg in unserem Werk eingesetzt . . .
. . . Der bisherige Einsatz der Häfen hat die Richtigkeit des eingeschlagenen Weges bewiesen. Das ist um so bedeutungsvoller, weil das Pressen der Nullserie unter ungünstigen Verhältnissen in bezug auf die erforderlichen Werkzeuge, den Zubehör und den Zustand der Hafenmasse, durchgeführt wurde.“[7]
In diesem Bericht wird deutlich, wie durch mühevolle, jahrelange kollektive Arbeit Devisen eingespart werden konnten. Er schildert uns, wie gewissenhaft die eigene Fertigungstechnik mit der internationalen verglichen wurde und wie die Angehörigen anderer Betriebe dieses Vorhaben unterstützten.

DIE JUNGEN NATIONALSTAATEN

Bisher hatten wir uns vor allem mit den Faktoren beschäftigt, die vom kapitalistischen und vom sozialistischen Weltmarkt auf die Betriebe der Deutschen Demokratischen Republik einwirken. Neben den kapitalistischen und den sozialistischen Ländern ist jedoch der Block der jungen, unabhängigen Nationalstaaten entstanden, der in der Weltwirtschaft eine wachsende Bedeutung hat. Die politische Unabhängigkeit der ehemals kolonialen und abhängigen Länder ist gefährdet, wenn sie nicht ihre eigene Wirtschaft entwickeln und ökonomisch relativ selbständig werden. Dazu brauchen sie Maschinen und Ausrüstungen, die sie nicht selbst herstellen können. Sie wollen sie zu solchen Bedingungen importieren, daß sie nicht noch tiefer in die alte Abhängigkeit von den imperialistischen Staaten geraten. Diese Möglichkeit besteht im Handel mit den sozialistischen Ländern, der sich auf gleichberechtigter Grundlage vollzieht. Hier ergibt sich insbesondere für die Betriebe des Maschinenbaus in der Deutschen Demokratischen Republik die Möglichkeit, den Export zu steigern. Dabei geht es jedoch nicht nur um den Export im alten, üblichen Sinne, sondern in unseren Beziehungen spielen politische und moralische Fragen eine erheb-

7 *Der Scheinwerfer*, a. a. O.

liche Rolle. Aus einer Bemerkung von Lenin geht hervor, welche große Verpflichtung die Arbeiterklasse der hochentwickelten Staaten gegenüber den ehemals kolonialen und halbkolonialen Ländern hat[8]:
„Wir werden alle Anstrengungen machen, um eine Annäherung an die Mongolen, Perser, Inder, Ägypter und eine Verschmelzung mit ihnen zu erreichen, wir sind der Meinung, daß es unsere Pflicht ist und daß es in *unserem Interesse* sein wird. Wir werden uns bemühen, diesen Völkern, die noch rückständiger und unterdrückter sind als wir, ‚uneigennützige Kulturhilfe' zu gewähren – um einen prächtigen Ausdruck der polnischen Sozialdemokraten zu gebrauchen –, d. h. ihnen beim Übergang zur Benutzung von Maschinen zwecks Erleichterung der Arbeit, zur Demokratie und zum Sozialismus behilflich zu sein."
Hier ein Beispiel für die Hilfe der sozialistischen Länder. Früher exportierte Ägypten fast seine gesamte Baumwolle und führte Fertigwaren ein. Heute exportiert die Vereinigte Arabische Republik neben der traditionellen Baumwolle in zunehmendem Maße Baumwollgarne und Textilien. Die Deutsche Demokratische Republik half bei der Ausstattung einer großen Spinnerei in Shibin el Kom, indem sie die Spindeln lieferte und die Montage übernahm. Als Gegenleistung liefert Ägypten für mehrere Jahre den Produktionsausstoß dieses Betriebes, das heißt, wir erhalten für unsere Webereien dringend benötigte qualitativ hochwertige Baumwollgarne.
In den schwachentwickelten Ländern spielt sich ein erbitterter Konkurrenzkampf unter den Kapitalisten ab. Die Monopolgruppen der imperialistischen Länder versuchen, einander vom Markt der ehemaligen Kolonien und abhängigen Länder zu verdrängen. Sie werden dabei durch die Politik der imperialistischen Staaten unterstützt, die Subventionen und Abfindungen zahlen und einen Teil des Risikos übernehmen. Während die Monopole zum Teil über alte Verbindungen zu der Wirtschaft dieser Länder verfügen, müssen die sozialistischen Länder erst neue Beziehungen anknüpfen. Während die imperialistischen Staaten eine hochentwickelte, vielseitige Industrie besitzen, mußten die sozialistischen Staaten diese erst entwickeln. Bei einigen Zweigen ist dieser Prozeß noch nicht abgeschlossen. Daraus ergibt sich, daß der Handel mit den jungen unabhängigen Staaten sehr schwierig ist und auf den Widerstand der Monopole stößt, die ihre Absatzmärkte verteidigen. Der Handel mit diesen Staaten stellt hohe Anforderungen an unsere Industrie. Es ergibt sich für unsere Betriebe die Pflicht, alle Möglichkeiten für die Exportproduktion auszuschöpfen. Es müssen hochwertige Güter hergestellt werden, für die in diesen Staaten eine Nachfrage herrscht. Das sind solche Güter, die dem Aufbau einer eigenen Wirtschaft dienen.

8 *Lenin, W. I.*, Über eine Karikatur auf den Marxismus und über den „imperialistischen Ökonomismus", in: Werke, Bd 23, Berlin 1960, S. 61.

DIE LEIPZIGER MESSE

Ein Höhepunkt im Leben vieler Betriebe unserer Republik ist die Leipziger Messe. Die Betriebe erfahren hier, ob und wo für ihre Erzeugnisse eine Nachfrage besteht bzw. ob und wie sie ihre Produktion verändern müssen. So lesen wir zum Beispiel in einer Betriebszeitung[9], daß für die Erzeugnisse des Spezialglaswerkes „Einheit" auf der Leipziger Frühjahrsmesse 1962 eine sehr hohe Nachfrage herrschte, die jedoch nicht befriedigt werden konnte, weil die Produktionskapazität nicht ausreichte. Ähnlichen Beispielen können die Verfasser von Betriebsgeschichten wichtige Hinweise auf die Gründe der Entwicklung des Betriebes entnehmen, zum Beispiel in bezug auf den Ausbau, die Erweiterung des Produktionsumfanges oder über Änderungen im Sortiment.
Nicht nur die Leipziger Messe, sondern auch die Vormessen spielen im Leistungsvergleich unserer Betriebe eine große Rolle und weisen sie auf Mängel hin. So stand die Vormesse im VEB Stickstoffwerk Piesteritz unter dem Motto „Technologie – Technik – Qualität" und diente der Vorbereitung der Leipziger Messe. Auf diese Leistungskontrollen sei deswegen hingewiesen, weil hier die Belegschaft selbst ihre Arbeit überprüfen und unmittelbar Schlußfolgerungen für die Verbesserung der Exportproduktion ziehen kann.

QUELLENHINWEISE

Wo finden wir nun Hinweise für diese Fragen? Zuerst sind die Dokumente der Sozialistischen Einheitspartei zu nennen, von den Beschlüssen der Parteitage und des Zentralkomitees bis zu denen der Betriebsparteiorganisationen. Sie sind eingehende Analysen bestimmter Fragen und deshalb ein gutes und unentbehrliches Hilfsmittel für die Betriebshistoriker. Ihre Aufgabe ist es nun, im einzelnen zu untersuchen und darzustellen, wie sich diese Beschlüsse auf *ihren* Betrieb auswirkten.
Über die Bedeutung der Betriebs- und Tageszeitungen ist schon einiges gesagt worden. Man muß sich jedoch klar darüber sein, daß nicht alles kritiklos übernommen werden darf. Die Einschätzungen sind zuweilen unterschiedlich, weil jeder Verfasser die Dinge von seinem Gesichtspunkt aus betrachtet. So konnte man in der Betriebszeitung des VEB Spezialglaswerk „Einheit", Weißwasser, am 28. März 1962 lesen[10]: „Als besonders positiv kann erwähnt werden, daß unser Werk bisher stets seinen Pflichten nachgekommen ist und die Exportartikel pünktlich geliefert werden konnten. Das zeigt unter anderem auch die volle

9 *Tzschernick*, Leipziger Frühjahrsmesse 1962, in: Der Scheinwerfer, Nr 7, v. 8. 4. 1962.
10 *Menzel, M.*, Technische Gläser aus Weißwasser haben Weltniveau, in: Der Scheinwerfer, Nr 6, v. 28. 3. 1962.

Exportplanerfüllung im Jahr 1961." Am 8. April 1962 aber hieß es[11], daß die Kapazität des Betriebes nicht ausreichte: „Das hatte zur Folge, daß für das Jahr 1962 unserem Werk eine Exportauflage erteilt wurde, die nur zirka sechzig Prozent des in der Vergangenheit erreichten Exports entspricht." Natürlich hatte auch der erste Verfasser recht, wenn er von einer hundertprozentigen Erfüllung des Exportplanes sprach. Aber dahinter verbarg sich doch eine Herabsetzung des Planzieles, obwohl der Bedarf, die Nachfrage, gestiegen war. Während im zweiten Artikel darauf hingewiesen wird, daß sehr bald die Kapazität erhöht werden müsse, läßt der erste Artikel diese sehr ernste Frage völlig außer acht, und man hat den Eindruck, als sei alles in Ordnung. Dieses Beispiel soll zeigen, daß man den Dingen auf den Grund gehen muß.

Aber es gibt noch weitere Quellen, die wichtige Aufschlüsse über das Verhältnis zwischen sozialistischem Betrieb und Weltmärkten geben. Als methodische Anleitung kann in vielem die Geschichte des VEB Carl Zeiss Jena dienen.[12] Für Betriebshistoriker wird ein Vergleich zwischen der Produktion ihres Betriebes mit der Weltproduktion immer wichtig sein. Statistisches Zahlenmaterial hierzu finden wir in den statistischen Jahrbüchern (der DDR oder anderer Erzeugerländer und der UN). Aus den Zahlenreihen lassen sich wichtige Relationen ableiten, die über die Rolle eines Betriebes in der Weltproduktion Auskunft geben. Das ist besonders wichtig für Spezialbetriebe.

Hinweise und Material für diese Probleme finden die Verfasser von Betriebsgeschichten ferner in den Archiven der VVB, in den Zeitungsausschnittmappen des Deutschen Wirtschaftsinstitutes und in den Veröffentlichungen des Instituts für Marktforschung. Wir empfehlen den Betriebsarchiven, sich selber eine Sammlung von Zeitungsausschnitten anzulegen. Die Marktbeziehungen spielen auch in den Fachzeitschriften eine große Rolle, besonders, wenn es um Fragen des technisch-wissenschaftlichen Höchststandes geht.

Es macht natürlich viel Mühe, alle diese Quellen durchzuarbeiten. Wenn jedoch exakt nachgewiesen werden kann, wie jeder Betrieb, wie jeder Arbeiter dazu beiträgt, das Ansehen unserer Republik auf dem Weltmarkt zu stärken, lohnt sich die Mühe.

11 Siehe *Tzschernick*, a. a. O.

12 *Carl Zeiss Jena – einst und jetzt*, v. einem Autorenkollektiv u. Leitung v. Wolfgang Schumann, Berlin 1962.

Kampf um den Aufbau des Sozialismus

VON BERTHOLD PUCHERT

Viele Betriebsgeschichten leiden an dem Mangel, daß in ihnen der Klassenkampf, besonders für die Zeit seit 1945, nicht ausführlich und lebendig genug dargestellt wird. Wenn wir die bürgerliche Unternehmensgeschichtsschreibung mit Recht kritisieren[1], weil sie die Firmengeschichte lediglich als eine Aufeinanderfolge guter und richtiger Ideen und Handlungen der Unternehmer und ihrer engsten Mitarbeiter darstellt und dagegen die Hauptproduktivkraft, nämlich die Arbeiter, gar nicht oder nur am Rande erwähnt, so ist es natürlich für unsere sozialistische Betriebsgeschichtsschreibung um so wichtiger, daß sie die Rolle der Arbeiterklasse in der Gesellschaft und in den Betrieben richtig zeigt.

Bei aller Würdigung des Einflusses, den eine Einzelpersönlichkeit (in unserem Falle der Werkleiter oder auch der Unternehmer) im positiven oder negativen Sinne auf den Verlauf der Geschehnisse ausübt, müssen wir doch daran denken, daß es in der Geschichte stets darauf ankommt, wie die Volksmassen reagieren, ob sie gute, fortschrittliche Ideen aufgreifen, in die Tat umsetzen und dabei aus ihrer Mitte neue Helden, neue Führer, neue Vorbilder hervorgehen, oder ob sie reaktionäre Ideen, dem Volke schädliche Anweisungen in ihrem Wesen nicht erkennen und blind befolgen oder aber ob sie diese durchschauen und sich zur Wehr setzen. Es ist der Klassenkampf, der eine bedeutende Rolle in der Entwicklung der menschlichen Gesellschaft spielt. „Die [schriftlich überlieferte] Geschichte aller bisherigen Gesellschaft ist die Geschichte von Klassenkämpfen."[2] In jeder Betriebsgeschichte muß diese grundlegende Erkenntnis des Marxismus-Leninismus zum Ausdruck kommen.

Im folgenden wollen wir auf einige Aspekte der Darstellung des Klassenkampfes in unseren Betrieben seit dem Mai 1945 eingehen. Es versteht sich von selbst, daß es sich dabei nur um einige Anregungen handeln kann, die in der praktischen Arbeit zur Erforschung und Darstellung der Geschichte jedes einzelnen

1 Vgl. *Kuczynski, Jürgen,* Westdeutsche Unternehmensgeschichte über den Wiederaufbau der Formen in Westdeutschland nach dem zweiten Weltkrieg, in: Jahrbuch für Wirtschaftsgeschichte 1963, T. 2, Berlin 1963, S. 143.

2 *Manifest der Kommunistischen Partei,* in: Marx/Engels, Ausgewählte Schriften, Berlin 1958, Bd 1, S. 23.

Betriebes beträchtlich erweitert und konkretisiert werden können und sollen. In allen diesen Fragen muß in der Betriebsgeschichte die führende Rolle der Betriebsparteiorganisation dargestellt werden.[3]

DER BEGINN UNSERER REVOLUTION

1945 war das Jahr des großen Umbruchs im deutschen Volke. Nicht nur deshalb, weil der Faschismus zerschlagen und der Krieg beendet war. Nach dem Sieg der Sowjetarmee und ihrer Verbündeten über die Hitlerwehrmacht wurde unter Führung der fortschrittlichsten, bewußtesten Kräfte der Arbeiterklasse ein anderer Sieg errungen, der nicht minder bedeutungsvoll für das deutsche Volk war: Immer mehr Menschen faßten den Mut zum Weiterleben und zur Wiedergutmachung. Je mehr sich diese Einstellung festigte, desto bereitwilliger halfen breite Scharen der Werktätigen mit, die Ursachen der schrecklichen Katastrophe, der unsere Heimat und ganz Europa zum Opfer gefallen waren, zu beseitigen, damit sich das Weiterleben auch lohne und von Dauer sei. Anstelle des zusammengebrochenen faschistischen Staatsapparats entstand eine neue, zur Leitung und Koordinierung dieser gewaltigen Aufgaben fähige demokratische Verwaltung.
Die materiellen Zerstörungen waren ungeheuer groß. Im Jahre 1945 gab es in unserem Land kaum einen Bezirk, der nicht durch den von Deutschland ausgegangenen Krieg verwüstet worden war. Was aber die materiellen Zerstörungen noch übertraf, war die geistige Verwüstung, die der Hitlerfaschismus im deutschen Volke angerichtet hatte. Wohl war, besonders seit 1943, in immer stärkerem Maße die Sehnsucht nach der Beendigung des Krieges gewachsen („Lieber ein Ende mit Schrecken als einen Schrecken ohne Ende!"), doch das Gift der Nazipropaganda saß so fest in den Hirnen der meisten Deutschen, daß sie keinen Weg in die Zukunft mehr sahen. Die faschistische Führung hatte so geredet und gehandelt, als ob ihr Untergang zugleich den Untergang der ganzen deutschen Nation nach sich ziehen werde, und große Teile unseres Volkes waren dieser Demagogie erlegen. Wie hoch war im Frühjahr und Sommer 1945 die Zahl der Selbstmorde! Nicht nur Verbrecher gegen Frieden und Menschlichkeit, die ihrer gerechten Aburteilung zuvorkommen wollten, legten Hand an sich und ihre Familien. Auch mancher andere tat diesen letzten Verzweiflungsschritt. Die Lethargie, der Unglaube an die Zukunft der deutschen Nation und an die persönliche Zukunft, die Furcht, daß die von den deutschen Faschisten überfallenen, dezimierten Völker Europas Gleiches mit Gleichem vergelten

3 Vgl. dazu u. a. *Radandt, Irmgard,* Wie muß sich in einer Betriebsgeschichte die führende Rolle der Partei wiederspiegeln? In: Jahrbuch für Wirtschaftsgeschichte 1963, T. 1, Berlin 1963, S. 165; *Puchert, Berthold/Radandt, Hans,* Walter Ulbricht, Vorkämpfer der Betriebszellen der KPD, und die Geschichte der Fabriken und Werke, in: Jahrbuch für Wirtschaftsgeschichte 1963, T. 2, Berlin 1963, S. 11.

würden, lähmten die Menschen noch mehr, als es die materiellen Verwüstungen zu tun vermochten.

In dieser Situation waren es die wenigen überlebenden aktiven Antifaschisten, die die letzten im Volke glimmenden Hoffnungsfunken entfachten und mit Hilfe der sowjetischen Besatzungsmacht die dringlichste, allernotwendigste Arbeit organisierten, um das Leben der Gesellschaft, von dem das Leben jedes Einzelmenschen abhängt, wieder in Gang zu bringen.

Mit dem Augenblick, als man den Trümmern zuleibe ging und die Arbeit wieder anfing, setzte auch die Auseinandersetzung um das „Wofür" ein. Unverbesserliche Nazis streuten wilde Gerüchte aus, und mancher durch die jahrelange Hetzpropaganda urteilsunfähig gewordene Bürger kolportierte ihre Parole: „Alles nur für die Russen". Es galt also, in enger Verbindung mit der Beseitigung der materiellen Trümmer und der Wiederaufnahme der lebensnotwendigsten Produktion auch den gröbsten und gefährlichsten geistigen Schutt – den Völkerhaß, den wilden Antisowjetismus – fortzuräumen und den Volksmassen zu zeigen, daß und wie sich das deutsche Volks ein neues, besseres, auf die Dauer gesichertes Leben schaffen könnte. Diese Aufgabe erfüllte im großen Rahmen der Aufruf des Zentralkomitees der KPD vom 11. Juni 1945, bei dessen Erläuterung vor der ersten Groß-Berliner Funktionärkonferenz der KPD Walter Ulbricht unter anderem betonte: „Erst wenn unser Volk von tiefer Scham erfaßt ist über die Verbrechen des Hitlerismus, erst wenn es von tiefer Scham erfaßt ist darüber, daß es diese barbarischen Verbrechen zugelassen hat, erst dann wird es die innere Kraft aufbringen, einen neuen, einen demokratischen, einen fortschrittlichen Weg zu gehen, der allein die Zukunft der Nation sichern kann."[4] In Millionen von Gruppen- und Einzelgeprächen, überall, wo Menschen beisammen waren – natürlich auch in den Betrieben – wurden damals die Gedanken dieses Aufrufs diskutiert; die Aktivisten der ersten Stunde erläuterten sie, Faschisten bekämpften sie, und immer mehr Arbeiter begannen nachzudenken und die Richtigkeit des gewiesenen Weges zu begreifen. Das demokratische Bewußtsein, das Klassenbewußtsein entwickelte sich wieder und breitete sich aus, und es vermittelte Kraft und Lust zur Arbeit, trotz Hungers und mannigfaltiger Not. Weshalb produzierten damals die Arbeiter, wenn nicht aus diesem sich entwickelnden und wachsenden Bewußtsein heraus? Infolge der völligen Zerrüttung der Finanzen durch das Naziregime konnten viele Betriebe ihren Beschäftigten keinen Lohn oder aber nur Lohnabschläge auszahlen.

Diese äußerst komplizierte Ausgangssituation muß in der Betriebsgeschichte ihren Niederschlag finden. Es genügt dabei nicht, den Aufruf der KPD zu zitieren und lediglich festzustellen, daß und wann der Betrieb wieder zu arbeiten begann. Man soll nachforschen, was für Diskussionen damals im Betrieb und im Ort geführt wurden und wie es gelang, immer größere Teile der Belegschaft

4 *Ulbricht, Walter*, Zur Geschichte der deutschen Arbeiterbewegung, Bd 2, Berlin 1955, S. 430.

zu mobilisieren – was für Diskussionen darüber geführt wurden, welche Produkte der Betrieb als erste herstellen könnte, und welche Auseinandersetzungen es gab, weil zwar das eine Produkt einträglicher, ein anderes aber für das Volk als Ganzes notwendiger und dringlicher war.

Ein wichtiges Problem waren damals in vielen Betrieben die Demontagen zur teilweisen Wiedergutmachung der von den Faschisten in den überfallenen Ländern angerichteten Schäden. Die über diese Fragen geführten Diskussionen waren ein wichtiger Bestandteil des Klassenkampfes. In der Betriebsgeschichte muß die Kompliziertheit der Auseinandersetzungen, um diese Frage lebendig dargestellt werden.

Wie argumentierten die klassenbewußtesten Arbeiter, um ihre Kollegen zur ordentlichen Erfüllung der Verpflichtungen zu bewegen und sie gerade auch in dieser Hinsicht zum proletarischen Internationalismus zu erziehen? Die bewußte Mitwirkung an der Wiedergutmachung setzte die Erkenntnis voraus, daß der Hitlerkrieg verbrecherisch war, daß das deutsche Volk mitschuldig geworden war, weil es die Verbrechen duldete und, wenn auch auf Befehl und nicht selten mit schlechtem Gewissen, an der Verwüstung der fremden Länder teilgenommen hatte.

Die ideologischen Auseinandersetzungen im Betrieb in den Jahren 1945 und 1946 dürfen in der Betriebsgeschichte auf keinen Fall vernachlässigt werden. Ohne sie wäre es unmöglich gewesen, später an den Aufbau des Sozialismus heranzugehen. Der Bau eines Hochhauses in einem ehemals sumpfigen Gebiet wirft gewiß Probleme aller Art auf, aber die schwierigste und verantwortungsvollste Aufgabe ist die Herrichtung des Baugrundes. Wenn unsere Deutsche Demokratische Republik heute bei den Völkern Europas und darüber hinaus hohe Achtung genießt, so hat dazu gewiß unsere große industrielle Leistungsfähigkeit sehr beigetragen. Doch diesen Ruf genießt auch Westdeutschland. Was aber so entscheidend zu unseren Gunsten spricht, ist die 1945 energisch in Angriff genommene und in den folgenden Jahren vollkommen und endgültig erreichte Überwindung der faschistischen Ideologie, des Völker- und Rassenhasses, der nationalistischen Überheblichkeit, die Ausrottung aller gesellschaftlichen Wurzeln dieser Übel, die Umerziehung der ganzen Bevölkerung zu aktiver Friedensliebe, Menschlichkeit und Völkerfreundschaft.

Dieser Prozeß sollte in der Betriebsgeschichte auch an Hand der konkreten Auseinandersetzungen um die Enteignung der Kriegsverbrecher untersucht werden (Volksentscheid in Sachsen, Tätigkeit der Betriebsvertreter in den Sequestrierungskommissionen in allen Ländern und Provinzen der Sowjetischen Besatzungszone und dergleichen).

Wenn man die Betriebsgeschichte für die Zeit des Mai und Juni 1945 erforscht, muß man noch ein weiteres Problem untersuchen. Nicht das ganze Territorium der heutigen Deutschen Demokratischen Republik war im Mai und Juni 1945 von sowjetischen Truppen besetzt. In Leipzig, Magdeburg, Schwerin und westlich dieser Linie standen zunächst amerikanische und englische Truppen. Aus diesem Gebiet waren damals nicht alle Konzernherren geflohen. Sie waren zum

Teil auf ihren leitenden Betriebsposten geblieben und konnten zunächst noch ihren Einfluß ausüben. Wie spielte sich dort in diesen Wochen der Klassenkampf ab? War die Aktivität der Arbeiter zur Wiederaufnahme der Produktion dort auch Ausdruck des proletarischen Klassenkampfes wie in den östlichen Gebieten? Diese Frage muß man konkret für jeden Betrieb untersuchen. Im allgemeinen kann man wohl sagen: Obwohl den Arbeitern kaum bekannt war, daß die bereits festgelegten Besatzungsgrenzen anders als die zunächst faktisch bestehenden verliefen, ging die Initiative zur Wiederaufnahme der Produktion auch dort von den klassenbewußtesten Vertretern der Arbeiterklasse aus, und zwar mit dem klaren Ziel, die Versorgung der Bevölkerung zu gewährleisten.
So wichtig Untersuchung und Darstellung des Klassenkampfes in den Jahren 1945 und 1946 für die Betriebsgeschichte sind, so schwierig ist die Auffindung von Quellen. Während für die späteren Jahre systematisch aufgebaute Registraturen der Werkleitung und Akten der Betriebsparteileitung, der Betriebsgewerkschaftsleitung und anderer betrieblicher Organisationen existieren, sind die Aktenbestände aus den ersten Monaten nach Kriegsende äußerst lückenhaft. Das hat verschiedene Gründe: Ein Teil der damals angefertigten Aufzeichnungen wurde gewiß von konzerntreuen Angestellten beiseite geschafft. Über viele wichtige Vorgänge wurden gar keine Akten angelegt, weil die Antifaschisten, die die Leitung und Verwaltung der Betriebe übernahmen, oftmals nicht von Anfang an die nötigen Büroerfahrungen besaßen und daher ihre mündlichen Anweisungen, ihre Verhandlungen sowie die mündlich erstatteten Berichte und Meldungen nicht schriftlich festhielten. Nicht selten machte sich auch die falsche Ansicht bemerkbar, daß ordentliche Büroarbeit und Aktenführung Äußerungen des Bürokratismus wären.
Wertvolle schriftliche Quellen aus jener Zeit, die in den Kreisarchiven und Heimatmuseen, vielleicht auch bei Aktivisten der ersten Stunde noch vorhanden sein müßten, sind Bekantmachungsplakate und die ersten Zeitungen, die zunächst meist an Häuserwänden und Zäunen angeklebt wurden. Das sind nicht nur die „Tägliche Rundschau" und die Plakate mit Befehlen des Obersten Chefs der Sowjetischen Militärverwaltung (SMA), sondern mehr noch die lokalen Zeitungen, die damals meist reine Bekanntmachungsblätter der Stadt- und Kreisverwaltungen waren, sowie die durch Maueranschläge veröffentlichten Befehle der jeweiligen sowjetischen Ortskommandanten. Hier und da haben Arbeiter, Lehrer, Buchhalter und andere Einzelpersonen auch persönlich Tagebuch geführt. Solche Aufzeichnungen müssen zwar oft sehr vorsichtig und kritisch geprüft werden, können aber wertvolle Hinweise geben. Doch wohl keine schriftliche Quelle wird ausreichenden Aufschluß über den lebendigen Prozeß der ideologischen Auseinandersetzungen geben, die damals überall geführt wurden. Mehr noch als für die späteren Jahre sind wir hier darauf angewiesen, Arbeiterveteranen nach ihren Erinnerungen an jene Zeit zu fragen. In manchen Fällen stehen unsere Aktivisten der ersten Stunde heute noch mit sowjetischen Genossen, die damals in der SMA tätig waren, in Briefwechsel. Wir sollten auch diese Beziehungen für die Erforschung der Betriebsgeschichte ausnutzen

Die Materialsammlung über die erste, schwerste Zeit des Wiederaufbaus der Betriebe ist also äußerst mühsam, auf jeden Fall aber notwendig und auch möglich.

KLASSENKAMPF UND PRODUKTION

Schon in diesen ersten Monaten nach dem Kriege, als die antifaschistisch-demokratische Ordnung in Ostdeutschland geschaffen wurde, als die Demokratisierung der zwar noch nicht volkseigenen, aber doch schon der Verfügungsgewalt der Konzernherren entzogenen Betriebe erfolgte, bestand ein enger direkter Zusammenhang zwischen Klassenkampf und Produktion. Hauptrichtung des Klassenkampfes waren die Organisierung und Förderung der Produktion zum Nutzen des Volkes. Das galt auch für die nicht sequestrierten, nicht in Volkseigentum überführten kapitalistischen Betriebe. Dort bestand zwar weiterhin Ausbeutung, doch die Produktion war durch Befehle der Besatzungsmacht, durch Maßnahmen der antifaschistisch-demokratischen Machtorgane und nicht zuletzt durch die Ausübung des Mitbestimmungsrechts der Betriebsräte mehr oder weniger den Interessen des Volkes untergeordnet. Im Gegensatz zur kapitalistischen Gesellschaftsordnung richtete sich der Klassenkampf der Arbeiter in diesen Betrieben ebenfalls auf die Steigerung der Produktion zum Nutzen des Volkes und auf die Durchsetzung und Einhaltung der staatlichen Gesetze, die ja nun Gesetze der demokratischen Gesellschaft waren, in der die Arbeiterklasse von Anfang an und in immer stärkerem Maße die Führung ausübte.

Im Falle der heute halbstaatlichen Betriebe sollte man nicht darauf verzichten, den Prozeß der Wandlung des kapitalistischen Unternehmers zum Miterbauer der sozialistischen Gesellschaftsordnung darzustellen. Vielleicht kann der Komplementär selbst darüber schreiben, wie ihm die Arbeiterklasse, vertreten durch die fortschrittlichsten Arbeiter seines Betriebes, aber auch durch Mitarbeiter unserer Staatsmacht, in diesem schwierigen Prozeß seiner Entwicklung zum Verbündeten und Mitkämpfer der Arbeiterklasse half! Sicher wäre das nicht nur interessant, sondern auch lehrreich. Es ist doch ein großer Erfolg, daß wir die Ausbeutung des Menschen durch den Menschen abschaffen und zugleich die technischen, ökonomischen und organisatorischen Fähigkeiten zahlreicher ehemaliger Kapitalisten für die sozialistische Gesellschaft nutzbar machen und ihnen außerdem persönlich eine bessere Perspektive bieten, als sie sie unter der Herrschaft des Monopolkapitals haben könnten.

Im Laufe der Jahre, bei der Aufstellung der ersten Wirtschaftspläne, beim Übergang zur Planwirtschaft und bei ihrer Vervollkommnung, bei der Errichtung der Grundlagen des Sozialismus und bei seinem umfassenden Aufbau, trat der enge Zusammenhang zwischen Klassenkampf und Produktion immer stärker in Erscheinung. Die Weiterentwicklung der Produktivkräfte, die Erhöhung der Arbeitsproduktivität, die Qualifizierung der Mitarbeiter, die Verbesserung der Arbeitsorganisation, der Planung, der Kooperation, der Normung, der Standardisierung, die Steigerung der Rentabilität, die Erweiterung des Außenhandels usw., all das sind ökonomische und technische Probleme und zugleich Wirkungsgebiete des Klassenkampfes. Hierbei wird um die ständige Höherentwicklung des Klassenbewußtseins, das nun zugleich Staatsbewußtsein ist, gerungen; hierbei wird der Kampf mit dem Klassengegner geführt, der innerhalb unseres Landes zwar besiegt und ausgeschaltet ist, aber von Westdeutschland, Westberlin und anderen Bereichen des kapitalistischen Lagers aus in mannigfaltiger Weise unsere Wirtschaft zu stören und unsere Gesellschaftsordnung zu erschüttern sucht. Die Lösung der genannten Aufgaben ist nicht nur *Ergebnis* beharrlichen Klassenkampfes, sondern auch wieder *Voraussetzung und Bedingung* des siegreichen Klassenkampfes im nationalen und internationalen Maßstab. Die Politik der friedlichen Koexistenz, deren Endziel der Sieg des Sozialismus auf der ganzen Erde ist, beruht ja auf dem ökonomischen Wettbewerb zwischen dem sozialistischen und dem kapitalistischen Lager. Innerhalb der Deutschen Demokratischen Republik sind mit dem Sieg der sozialistischen Produktionsverhältnisse in allen Bereichen der Volkswirtschaft die sozialen und ökonomischen Möglichkeiten für eine Wiederherstellung des Kapitalismus endgültig beseitigt; das System der Ausbeutung des Menschen durch den Menschen ist endgültig abgeschafft und der Klassenantagonismus fast völlig überwunden. An die Stelle des erbitterten Klassenkampfes sind die kameradschaftliche Zusammenarbeit und gegenseitige Hilfe, die gemeinsame Arbeit zum Wohle der Gesellschaft und des einzelnen getreten. Immer stärker entwickelt sich die politisch-moralische Einheit aller Bürger der Deutschen Demokratischen Republik.

Bei der Behandlung der genannten Probleme genügt es also nicht, nur Produktionszahlen, technische Daten, Lohnstatistiken und dergleichen in die Betriebsgeschichte aufzunehmen. Um die Vergangenheit lebendig darzustellen und erzieherisch zu wirken, muß man konkret schildern, welche ideologischen Auseinandersetzungen geführt wurden, welche objektiven und subjektiven Widerstände auftraten und wie es gelang, sie zu überwinden. Hierbei darf man sich – genau wie auch bei anderen Problemen – nicht auf den Rahmen des eigenen Betriebes beschränken; denn gerade in dieser Frage hängt alles Geschehen sehr viel enger mit der Geschichte der ganzen Gesellschaft zusammen. Die Betriebsgeschichte muß also auch die wesentlichen Entwicklungsetappen, die wichtigsten Ereignisse unseres nationalen und internationalen Kampfes widerspiegeln. Aber sie würde ihren Zweck verfehlen, wenn sie nur eine allgemeine Agitationsschrift, etwa eine kurze Zusammenfassung der Geschichte der DDR mit gelegentlichen Illustrationsbeispielen aus dem eigenen Betrieb, wäre. Jeder Betrieb hat trotz allem seine eigene Geschichte, die in Einzelfragen zeitweise oder überhaupt von der allgemeinen Entwicklungslinie abweichen kann. Das Allgemeine und das Besondere in ihrer dialektischen Wechselwirkung gut darzustellen ist eine der schwierigsten und wichtigsten Aufgaben; ihr sollte das Autorenkollektiv größte Aufmerksamkeit und Mühe widmen.

Nehmen wir ein Beispiel. Für die Republik in ihrer Gesamtheit war die Tat Adolf Henneckes vom 13. Oktober 1948 der entscheidende Anstoß zur Aktivistenbewegung. Aber war das im einzelnen Betrieb auch so? Folgte der ersten Aktivistenleistung im Betrieb immer gleich der Durchbruch zur Aktivistenbewegung, oder blieb es nicht sehr oft eine Einzelleistung? Erfolgte der Durchbruch vielleicht erst Wochen oder Monate später? Und warum war das so? Was mußte noch geschehen, um diesen Fortschritt zu erreichen? Hing es mit dem Bewußtseinsstand der Arbeiter zusammen, lag es an der Parteiarbeit oder an der Tätigkeit der Werkleitung? Hier gab es doch oft große Unterschiede! Es gab damals auch mehr oder weniger gelungene Versuche noch nicht entlarvter Feinde und Karrieristen, die durch formale oder überspitzte Anwendung richtiger Direktiven die ganze Aktivistenbewegung in den Augen der Arbeiter diskreditierten. Solche Praktiken wirkten sich nicht selten auch dann noch hemmend aus, wenn die Urheber des Schadens bereits aus ihren verantwortlichen Stellungen entfernt waren. Es gilt also auch konkret zu untersuchen, wie eine für die ganze Republik gültige Weisung, sei sie nun durch die Rede eines führenden Genossen der SED, durch einen Beschluß des Ministerrates oder durch das praktische Beispiel Adolf Henneckes gegeben, im eigenen Betrieb allgemeine Anerkennung und Verwirklichung fand. Das Leben ist auch innerhalb des Betriebes voller Widersprüche; nur im Kampf setzt sich das Neue, Fortschrittliche gegen das Alte, Überlebte durch. Eine Betriebsgeschichte ohne die Darstellung dieser Widersprüche, des Kampfes der Gegensätze, in dem schließlich das Neue, Fortschrittliche siegt, wäre einseitig und unglaubwürdig. Sie würde der historischen Wahrheit widersprechen und die weitere Hebung des Klassenbewußtseins unserer Arbeiter nicht fördern, sondern eher hemmen.

Was hier über die Darstellung der Aktivistenbewegung gesagt wurde, gilt entsprechend auch für die spätere Bewegung der Neuerer und Rationalisatoren, für Produktionsberatungen und ökonomische Konferenzen, für die Bildung sozialistischer Brigaden, für die Entwicklung der sozialistischen Gemeinschaftsarbeit und viele weitere Erscheinungen im Leben des Betriebes und der Gesellschaft.

Umgekehrt entstehen aber Weisungen von zentraler Stelle, Beschlüsse der höchsten Leitungen von Partei und Gewerkschaft nicht am grünen Tisch, sondern sie beruhen auf den vielen Erfahrungen, Überlegungen und praktischen Experimenten auf den unteren Ebenen und in den Betrieben, werten sie aus und verallgemeinern sie. Es herrscht also eine ständige Wechselwirkung: Im Betrieb wird Neues erdacht und entwickelt, die zentralen Leitungen verallgemeinern das Beste für die ganze Republik, und in den Betrieben werden diese allgemeinen Weisungen entsprechend den besonderen Bedingungen konkretisiert und im Kampf gegen das Alte verwirklicht, wobei wieder neue Erfahrungen gesammelt, neue Erkenntnisse gewonnen und neue Ideen hervorgebracht werden. In den Betriebsgeschichten sollten wir auf diese Wechselwirkung zwischen der betrieblichen Entwicklung und den Beschlüssen und

Weisungen zentraler Partei-, Gewerkschafts- und Staatsorgane achten und sie darstellen.
Um diese Seite der Betriebsgeschichte zu erforschen, sollten neben den im Betriebsarchiv und in den Protokollen der Betriebsparteileitung und der Betriebsgewerkschaftsleitung vorhandenen Materialien auch die Dokumente und Materialien der Sozialistischen Einheitspartei Deutschlands als Quellen benutzt werden, weiter das Gesetzblatt der DDR sowie die in der Presse abgedruckten Beschlüsse, Referate und Diskussionsreden aus den Sitzungen des Zentralkomitees der SED, der Volkskammer, des Staatsrates, des Ministerrates, des Bundesvorstandes des FDGB und ähnlicher zentraler Leitungen.

BETRIEB UND STAAT

Die erfolgreiche Entwicklung der sozialistischen Gesellschaft hat zwar die optimale Erhöhung der Produktion zur Voraussetzung, erschöpft sich aber nicht darin. Um die Gesellschaft wirklich beim Aufbau des Sozialismus führen zu können, braucht die Arbeiterklasse ihr eigenes Machtinstrument, den Staat der Diktatur des Proletariats. In allen Ländern, die vom Kapitalismus zum Sozialismus übergehen, ist es unmöglich, den alten Staatsapparat bestehenzulassen; die Arbeiterklasse muß einen neuen, eigenen Staatsapparat aufbauen. Das ist eine Bedingung der sozialistischen Revolution. Dennoch gibt es gewisse Unterschiede auf Grund der nationalen historischen Besonderheiten. In manchen volksdemokratischen Ländern war es möglich, einen Teil der alten Beamten in den neuen Staatsapparat zu übernehmen, weil diese sich im Laufe des Widerstandskampfes gegen die deutschen Faschisten ideologisch und organisatorisch von der früheren herrschenden Klasse gelöst und sich mehr oder weniger eng mit der kämpfenden Arbeiterklasse verbunden hatten. In Deutschland dagegen war das wegen der maximalen Faschisierung des Beamtenapparats nicht oder nur in Einzelfällen möglich. Das bedeutete nicht nur, daß nach 1945 die entscheidenden Posten der öffentlichen Verwaltung von bewährten Arbeiterfunktionären eingenommen wurden, sondern daß sehr viele Arbeiter die Produktionsbetriebe verlassen und die Arbeit im neuen Verwaltungsapparat aufnehmen mußten. Für die Zusammensetzung der Betriebsbelegschaften ergaben sich daraus natürlich Nachteile. Es schieden ja nicht nur viele der fachlich qualifiziertesten und klassenbewußtesten Arbeiter aus den Produktionsbetrieben aus, sondern an ihre Stelle traten nun auch viele ehemalige Beamte, Berufsoffiziere, Kleinbürger, die wegen ihrer Nazivergangenheit ihre alte Beschäftigung nicht weiter ausüben konnten. Sie wurden zwar objektiv Arbeiter, ohne sich aber als solche zu fühlen, geschweige denn wie klassenbewußte Arbeiter zu handeln. Viele von ihnen hegten die Hoffnung, ihre soziale Veränderung wieder rückgängig machen zu können; sie waren also an einer positiven Entwicklung des Betriebes und am Fortschritt der Produktion desinteressiert. Da das Klassenbewußtsein der Arbeitermassen in den

Nazijahren schweren Schaden erlitten hatte, waren auch die „alten" Arbeiter nicht überall immun gegen negative ideologische Einflüsse, die von diesen „neuen" Arbeitern ausgingen. Solche negativen Einflüsse machten sich in manchen Betrieben noch im Jahre 1953 beim faschistischen Putschversuch vom 17. Juni bemerkbar.

Bei der Erforschung der Betriebsgeschichte sollte man die von der Partei und den Gewerkschaften geleistete schwierige Arbeit der Umerziehung dieser aus anderen sozialen Schichten stammenden Belegschaftsangehörigen sorgfältig untersuchen. Vielleicht kann man zum Beispiel das Porträt eines Aktivisten, der aus diesen Kreisen stammt, seinen so widerspruchsvollen und schließlich doch in eine für ihn selbst und für die Gesellschaft so erfreuliche Richtung mündenden Lebenslauf in die Betriebsgeschichte aufnehmen. Die Leser könnten daraus sicher viel lernen.

Die von Partei, Gewerkschaft, FDJ und später auch von den Frauenausschüssen im Betrieb geleistete Überzeugungsarbeit zur Gewinnung von haupt- und ehrenamtlichen Mitarbeitern für den Staatsapparat, von Neulehrern, von Volksrichtern und Schöffen, von Studenten für die Arbeiter- und Bauernfakultäten, die Werbung für die Volkspolizei, die Nationale Volksarmee, die Gesellschaft für Sport und Technik und die Kampfgruppen darf in keiner Betriebsgeschichte fehlen. Erfolgszahlen sind gut, aber die lebendige Darstellung dessen, wie diskutiert und argumentiert wurde, wie Schwierigkeiten überwunden wurden, ist besser und lehrreicher.

BETRIEB UND BÜNDNISPOLITIK

Im Klassenkampf stehen sich Arbeiterklasse und Kapitalistenklasse gegenüber, doch beide zusammen machen nicht die ganze Gesellschaft aus. Es gibt weitere Klassen und Schichten, die teils mit der einen, teils mit der anderen Klasse sozial verwandt sind, zugleich aber eigene Interessen haben. In Deutschland handelte es sich im wesentlichen um die Klein- und Mittelbauern, die Intelligenz und die kleinen Handwerker und Händler. Von einzelnen Ausnahmen abgesehen, war es der deutschen Arbeiterklasse bis 1945 nicht gelungen, die werktätigen Bauern, die Intelligenz oder die kleinen Handwerker und Händler als Verbündete zu gewinnen. In ihrer Masse waren sie, trotz der objektiven Bedrohung ihrer Existenz durch das Finanzkapital, der Reaktion gefolgt. Der Schock des Jahres 1945 bot günstige Möglichkeiten, daß sich diese Schichten ihrer wirklichen Lage bewußt wurden. Wie weit das aber gelang und ob die neue Erkenntnis in richtiges praktisches Handeln umschlug, hing von der klugen und aktiven Bündnispolitik der Arbeiterklasse ab. Nach der Zerschlagung des faschistischen Staatsapparates waren die ersten hierfür entscheidenden Schritte die demokratische Bodenreform, durch die die meisten Bauernfamilien eine für ihren Unterhalt ausreichende Bodenfläche erhielten, und die Entmachtung des Großkapitals in Industrie, Bankwesen und Handel wodurch die kleinen Warenproduzenten und Händler von der erdrückenden Konkurrenz der kapitalistischen Großindustrie und der kapitalistischen Warenhäuser, von der Gefahr der zuerst faktischen und schließlich auch juristischen Enteignung durch das Bankkapital befreit wurden.

Die Bündnispolitik war unter den kleinen Warenproduzenten vor allem auf die werktätigen Bauern gerichtet. Um ihnen einen Anreiz zu geben, eine wachsende Menge Produkte für die Volksernährung zu erzeugen, wurde die vollständige Zwangsablieferung abgeschafft und ein System differenzierter Erfassungs- und Aufkaufpreise eingeführt. Waren diese Maßnahmen mehr oder weniger eine Angelegenheit des Staatsapparates, so traten in den folgenden Jahren immer stärker auch die Industriearbeiterschaft und ihre Betriebsorganisationen in der Bündnispolitik direkt in Erscheinung. Zur Gründung und Entwicklung der Maschinenausleih- und später der Maschinen-Traktoren-Stationen entsandten die volkseigenen Industriebetriebe bewährte Arbeiter in die Dörfer. Damit wurde das politische Bündnis zwischen Arbeiterklasse und werktätiger Bauernschaft durch das Produktionsbündnis untermauert. Die Industrie lieferte Traktoren und landwirtschaftliche Maschinen, und der Staat machte es den Bauern durch eine Tarifpolitik, die im wesentlichen auf den Gewinnen der volkseigenen Industrie beruhte, möglich, die moderne Technik auch rentabel zu nutzen. Die aufs Land delegierten Industriearbeiter vermittelten den Bauern zugleich ihre Erfahrungen in der Planung und Arbeitsorganisation, machten sie mit dem sozialistischen Gedankengut vertraut und schufen so allmählich die Voraussetzungen für den freiwilligen Übergang der Bauernschaft von der einfachen Warenproduktion zur genossenschaftlichen Großproduktion, die ihnen eine sichere Existenz und wachsenden Wohlstand und dem ganzen Volk einen steigenden Nahrungsmittelkonsum sichert.

Die Industriebetriebe beschränkten sich jedoch nicht darauf, technisch und politisch versierte Arbeiter in die Dörfer zu entsenden, sondern blieben in ständiger helfender Verbindung, indem sie die Patenschaft über Landwirtschaftliche Produktionsgenossenschaften übernahmen.

Bei der Erforschung der Betriebsgeschichte sollten auch diese Fragen untersucht werden. Man sollte dann auch von den Diskussionen berichten, die im Betrieb geführt wurden, um wirklich erfahrene und bewährte Arbeiter für die Tätigkeit in der Landwirtschaft zu gewinnen. Dieser Entschluß erforderte ja sehr oft persönliche Opfer. Der Arbeiter gab seine Wohnung auf, seine gewohnte Umgebung, die in der Stadt oder im Betriebe vorhandenen Einrichtungen zur kulturellen und sportlichen Freizeitgestaltung, ohne die Aussicht zu haben, in nächster Zeit im Dorfe entsprechenden Ersatz dafür zu finden. Die Voraussetzungen zu schaffen gehörte ja gerade zu seiner Aufgabe, die natürlich gewisse Zeit erforderte. Nicht zu vergessen ist auch, daß diese Arbeiter meistens nicht in die wohlhabenden und fortgeschrittenen, sondern in wirtschaftlich schwache und kulturell rückständige Dörfer und Genossenschaften entsandt wurden, wo man ihre Hilfe am dringendsten brauchte. Auch die Erntehilfe ließ sich nicht immer reibungslos organisieren. Wie wurde im

Betrieb das Problem des eigenen Produktionsausfalls infolge von Ernteeinsätzen gelöst? Die Planerfüllung in der Industrie durfte nicht unter der Planerfüllung in der Landwirtschaft leiden. Welche Überlegungen gab es, um alle diese Probleme zu meistern? Auch darüber sollte man schreiben.

Sehr viel mehr als über die genannten Fragen wird in den Betrieben über das Verhältnis zwischen Arbeiterklasse und Intelligenz zu sagen sein. Ohne Wissenschaftler, Ingenieure und andere Vertreter der Intelligenz und ohne eigene Weiterbildung könnte auch der tüchtigste Arbeiter in unserer Zeit nicht lange bestehen. Ohne Arbeiter würde auch der klügste Gedanke des Intellektuellen fruchtlos bleiben, ja, jede Erfindung beruht auf der kollektiven Produktionserfahrung.

Aber gibt es nicht in jedem Betrieb gewissermaßen Prototypen für falsche Auffassungen von den Beziehungen zwischen Arbeiterklasse und Intelligenz?: Ein Vertreter der „alten" Intelligenz, der früher ergeben den Ausbeutern diente, ein Arbeiter, der ohne Ansehen der Person jeden Ingenieur für seinen Gegner hielt und verachtete, und dann die scheinbar erfolglosen Versuche der Kollegen, den einen wie den anderen von der Fehlerhaftigkeit seiner Ansichten zu überzeugen, bis die beiden aus irgendeinem Anlaß bei der Lösung einer bestimmten Aufgabe aufeinander angewiesen sind, sich dabei gegenseitig schätzen lernen und ihre falsche Einstellung revidieren. Solche Beispiele darf man natürlich nicht erfinden, aber wo sie vorhanden sind – und man wird sie so oder ähnlich in vielen Betrieben entdecken –, sollte man in der Betriebsgeschichte davon berichten, um damit zur Festigung des neuen Verhältnisses zwischen Arbeitern und Intelligenz beizutragen.

Auch die Beziehungen zwischen Betrieb und Künstler sollte man nicht außer acht lassen. Wie trugen die Künstler dazu bei, daß sich unter den Betriebsarbeitern das Kunstverständnis entwickelte und verbreitete, daß die Arbeiter selbst Lust an künstlerischer Betätigung gewannen? Wie halfen die Arbeiter ihrerseits den Künstlern durch Anregungen und Kritik realistische Werke zu schaffen?

Viele Fragen müßten noch aufgeworfen werden. Doch jede Aufzählung bliebe unvollständig, weil die Praxis so mannigfaltig ist. Die eine oder andere der hier gegebenen Anregungen wird sich in manchen Betrieben nicht für die Betriebsgeschichte verwenden lassen. In allen Betrieben wird es aber noch zahlreiche weitere Fragen geben. Worauf es ankommt, ist, daß in der Betriebsgeschichte nicht nur Fakten und Zahlen aneinandergereiht werden, sondern daß das vielfältige, pulsierende Leben des Betriebes und seiner Belegschaft darin einströmt. Sie soll von den Widersprüchen und ihrer Überwindung, vom Kampf, von der Opferbereitschaft, von Niederlagen und Siegen der Arbeiterklasse und ihrer Verbündeten gegen den Kapitalismus und den Krieg, für den Sozialismus und den Frieden künden, den Lesern neuen Mut und neue Kraft verleihen und in ihnen das Bewußtsein stärken, daß auch die künftigen Aufgaben beim Kampf um die Festigung unserer Republik, um die demokratische Einheit unserer Nation, um den Weltfrieden, lösbar sind.

Landwirtschaftliche Betriebe

VON HANS-HEINRICH MÜLLER/HERMANN ROTH

Im Gegensatz zur Geschichtsschreibung in unseren sozialistischen Industriebetrieben, die in den letzten Jahren einen deutlichen, wenn auch freilich noch nicht restlos befriedigenden Aufschwung genommen hat, läßt die Geschichtsschreibung im Bereich unserer sozialistischen Landwirtschaft noch viele Wünsche offen. Es gibt nur ganz wenige Arbeiten auf diesem Gebiet, obwohl gerade hier in den letzten Jahren einschneidende, wahrhaft revolutionäre Veränderungen vor sich gegangen sind, Veränderungen, die unbedingt in ihren Einzelheiten festgehalten werden sollten. Viele unserer LPG können bereits auf ein zehnjähriges Bestehen zurückblicken, und bald wird in der Deutschen Demokratischen Republik der zwanzigste Jahrestag der demokratischen Bodenreform begangen werden. Solche Jubiläen sind stets ein Anlaß, die Vergangenheit zu überschauen, die Gegenwart einzuschätzen und einen Blick ins Morgen zu tun. Nichts anderes wird – ganz allgemein gesagt – von einer Betriebsgeschichte gefordert. Warum sollten unsere Genossenschaftsbauern in dieser Hinsicht hinter den Arbeitern in den volkseigenen Betrieben zurückstehen? Auch sie sind Gestalter der Geschichte, und auch sie werden ihre Geschichte selbst schreiben. Sie werden es müssen; denn wer sollte es sonst für sie tun? Wer sollte besser dazu in der Lage sein? Es ist kein Zufall, wenn L. F. Iljitschow auf dem Juni-Plenum des ZK der KPdSU 1963 forderte, die einstigen Bemühungen Maxim Gorkis um die Erarbeitung revolutionärer Betriebsgeschichten für Fabriken und Werke, Städte, Kollektivwirtschaften und Staatsgüter wieder aufzugreifen und auf neue Art verstärkt fortzusetzen. Iljitschow sagte dazu: „Es ist falsch, daß lediglich alte Betriebe und Städte eine solche Geschichte aufzuweisen haben. Verdient es etwa eine zehnjährige Geschichte eines Neulandsowchos nicht, sorgsam bewahrt zu werden? ... Unsere Pflicht besteht darin, das Pathos des heutigen Kampfes für diejenigen zu erhalten, die uns ablösen werden.“[1]

1 *Neues Deutschland*, Nr 169, v. 23. 6. 1963, S. 5, Ausg. B.

ZUR QUELLENLAGE

Sicher gibt es gerade auf dem Gebiet unserer Landwirtschaft für die Betriebsgeschichtsschreibung eine Reihe von Schwierigkeiten, insbesondere hinsichtlich der Quellenlage, aber es bestehen doch die objektiven und subjektiven Voraussetzungen dafür, derartige Arbeiten vorzubereiten bzw. in Angriff zu nehmen. Die objektiven Bedingungen, die gesellschaftlichen Verhältnisse gestatten es den Bauern in unserer Republik, die Quellen ihrer Geschichte zu erforschen, Einsicht in Archive, in betriebliche und andere Unterlagen zu nehmen. Ebenso sind die subjektiven Voraussetzungen gegeben, daß unsere Genossenschaftsbauern, genau wie unsere schreibenden Arbeiter in den volkseigenen Industriebetrieben, durchaus in der Lage sind, ihre Geschichte selbst zu schreiben. Eine ausgezeichnete methodologisch-politische Anleitung ist die Schrift von Hans Radandt „Wie schreiben wir Betriebsgeschichte?" (Berlin 1963). Wäre es nicht eine lohnende Aufgabe für die Arbeit im Dorfklub, insbesondere in den Wintermonaten, sich mit der dörflichen Geschichte zu befassen? Nicht selten werden bereits Dorfchroniken – auch älteren Datums – vorhanden sein, die zunächst eine gute Grundlage für die weitere Arbeit an einer Dorf- oder LPG-Geschichte bilden können. Und dort, wo Chroniken, vor allem für die jüngste Vergangenheit noch nicht existieren, sollten sie unverzüglich angelegt und zu einer möglichst lückenlosen Aufzeichnung der wichtigsten Ereignisse ausgebaut und regelmäßig ergänzt werden.[2] Wie viele Begebenheiten, die in ihrer Gesamtheit die Geschichte ausmachen, können so in ihren Einzelheiten der Vergessenheit entrissen und damit Bestandteil einer späteren Betriebs- oder Ortsgeschichte werden!

Jede Dorf- oder LPG-Geschichte muß wahr sein, das heißt, sie muß historisch verbürgt und quellenmäßig belegt sein. Selten wird es möglich sein, alle auftauchenden Probleme und Fragen auf Grund eigenen Materials zu behandeln, weil in vielen Fällen die entsprechenden Quellen nicht vorhanden sind – sei es, daß überhaupt keine schriftlichen Zeugnisse angelegt oder daß ehemals vorhandene Quellen verlagert wurden, verlorengegangen oder vernichtet worden sind. Soweit aber Unterlagen zur Verfügung stehen, sollten sie unbedingt ausgeschöpft und in eine LPG-Geschichte eingearbeitet werden.

Im Gegensatz zu den volkseigenen Industriebetrieben besitzen die bäuerlichen Betriebe erst seit ihrem Zusammenschluß zu landwirtschaftlichen Produktionsgenossenschaften ein eigenes „zentrales" Hausarchiv, in dem alle die Genossen-

2 Vgl. *Donath, Fritz,* Wie schreiben wir unsere Ortschronik?, hg. v. Deutschen Kulturbund, Berlin 1959; *Leopoldi, Hans-Heinrich,* Leitfaden der Ortschroniken, hg. v. Deutschen Kulturbund, Berlin 1962; *Anordnung über die Führung von Ortschroniken v. 16. 3. 1955,* in: Gesetzblatt der DDR 1955/I, Nr 17. Um die Heimatgeschichte möglichst eng mit der Betriebsgeschichte zu verbinden, ist es zweckmäßig, die von *Mohr, Hubert/Hühnes, Erik* herausgegebene Einführung in die Heimatgeschichte, Berlin 1959, zu beachten.

schaft betreffenden schriftlichen Zeugnisse, die Aufschluß über den Werdegang der LPG in der neuesten Zeit geben, aufbewahrt werden bzw. aufbewahrt werden sollten. Für die Zeit vor der Gründung der LPG, insbesondere für die Zeit des Feudalismus und Kapitalismus, bestehen jedoch hinsichtlich der Quellen mancherlei Schwierigkeiten. Erstens befinden sich in den seltensten Fällen ältere bäuerliche, schriftliche Zeugnisse im eigenen Ort, und zweitens waren die bäuerlichen Betriebe im Feudalismus und in den ersten Jahrzehnten des Kapitalismus nur ein „Objekt feudalherrlicher oder später junkerlicher Willkür und Politik“[3] und tauchen daher nur in den Akten der feudalen oder junkerlichen Rittergüter, in den Gutsarchiven auf. Dabei unterscheiden wir zwischen den adligen oder privaten und den staatlichen Gütern, den Domänen. Bis Anfang des 19. Jahrhunderts befanden sich zum Beispiel in Preußen rund vierzig Prozent aller bäuerlichen Wirtschaften unter königlicher bzw. staatlicher Herrschaft. Die Bestände der adligen Gutsarchive überdauerten nur in einem sehr kleinen Umfang die Zeit, während die Domänenakten fast vollständig erhalten sind. Der Nachweis, ob ein Dorf früher adlig oder königlich (staatlich) war, ist in den historischen Ortslexika zu finden.

Die adligen Gutsakten sowie die Domänenakten der ehemaligen Länder Anhalt, Brandenburg, Mecklenburg, Sachsen und Thüringen befinden sich in den zuständigen Landeshaupt- und Landesarchiven.[4] Die Domänenakten des ehemaligen preußischen Staates sind im Deutschen Zentralarchiv in Merseburg aufbewahrt. Die Archivare werden den Bearbeitern einer LPG-Geschichte stets helfend und beratend zur Seite stehen und die entsprechenden Quellen nachweisen und zur Einsichtnahme vorlegen. Außer den staatlichen Archiven können auch die Stadtarchive von Nutzen sein, und zwar für alle diejenigen Dörfer, die früher einmal zu einem städtischen Bereich gehörten.

Alle Quellen in den Archiven sollten mit kritischem Blick betrachtet werden. Stets müssen wir uns vor Augen halten, daß die Äußerungen der Gutsherren und königlichen Beamten oder ihrer Beauftragten den Standpunkt der herrschenden Klasse repräsentieren und das Verhalten der Bauern vielfach in einem falschen Licht erscheinen lassen.

Man sollte auch an den Kirchenarchiven (Pfarreien) nicht vorübergehen; mancher Pfarrer hat in seinen Mußestunden eine Ortschronik verfaßt und das bäuerliche Leben vergangener Tage auf Grund überlieferter Kirchenakten beschrieben. Die Pfarrer, die in der Feudalzeit und später Empfänger bäuerlicher Abgaben (Zehnte) gewesen sind, haben diese sehr oft aufgezeichnet und kluge Gedanken über die Arbeit des Bauern, über das dörfliche Schulleben, über das bäuerliche Verhältnis zur Gutsherrschaft niedergeschrieben. Die

3 *Heitz, Gerhard,* Agrar-Betriebsgeschichte, in: Jahrbuch für Wirtschaftsgeschichte 1961, T. 2, Berlin 1961, S. 173.

4 *Landeshauptarchive:* Dresden, Magdeburg, Potsdam, Weimar, Schwerin; *Landesarchive:* Altenburg, Bautzen, Glauchau, Gotha, Greifswald, Greiz, Lübben, Meiningen, Merseburg, Oranienbaum, Rudolstadt.

Kirchenakten und Taufregister geben auch Aufschluß über die Struktur der dörflichen Bevölkerung.
Manches Schriftgut befindet sich in den Gemeindeverwaltungen. Das politische Leben der Bauern, das sich hauptsächlich im Rahmen der Gemeinde abspielte, und das Wechselverhältnis zwischen Staatsmacht und Dorf fand seinen vielfältigen Niederschlag in den Gemeindeakten. Deshalb sind auch die Gemeindeakten eine wertvolle Quelle.
Ebenso sollten in jedem Fall private bäuerliche Aufzeichnungen über die Entwicklung der Bauernwirtschaften, soweit sie vorhanden sind, benutzt werden, nicht nur, weil sie im allgemeinen äußerst selten sind, sondern weil hier ein unmittelbarer Einblick in das bäuerliche Leben gewährt wird, den andere Zeugnisse nicht in diesem Maße vermitteln können.

BAUERN UND FEUDALE UMWELT[5]

Die Arbeit des Bauern ist von jeher eine stete Auseinandersetzung des Menschen mit der Natur, mit den örtlichen geographischen Gegebenheiten. Zweckmäßigerweise sollte eine LPG-Geschichte deshalb in gedrängter Form die geographischen Umweltbedingungen, das heißt die Bodenstruktur, das Klima, das Siedlungsbild, die Verkehrslage, das Nutzflächenverhältnis usw., skizzieren. Das geographische Milieu in weitestem Sinne ändert sich im Gegensatz zu den gesellschaftlichen Umweltbedingungen selbst im Verlaufe von Jahrhunderten nur geringfügig, unmerklich. Es überdauerte die Feudalzeit und die kapitalistische Epoche; es ist auch unter sozialistischen Verhältnissen nicht anders geworden, obwohl der Mensch es mehr und mehr gelernt hat, die Naturgesetze in immer stärkerem Maße zu erkennen und sich dienstbar zu machen, sich der Technik zu bedienen, um die Natur zu beherrschen, das heißt, durch seine Arbeit auch das geographische Milieu im *engeren* Sinne zu verändern.
Wenn bei der Darstellung der Geschichte einer LPG, die in den meisten Fällen gleichzeitig ein Teil der Geschichte des betreffenden Ortes ist, naturgemäß die Jahre seit 1945 im Vordergrund stehen werden, so sollte man doch die Zeit des Feudalismus und des Kapitalismus nicht außer acht lassen. Soweit sich die Geschichte zurückverfolgen läßt, sollte sie auch in der LPG-Geschichte Aufnahme finden. Das wird in den meisten Fällen bis in den Feudalismus möglich sein. Zeugnisse vergangener Jahrhunderte werden jeden Dorfbewohner interessieren; vor allem aber haben die gesellschaftlichen Verhältnisse des Feudalismus und des Kapitalismus das Bild unserer Landwirtschaft bis in die letzten Jahre ungemein stark geprägt. Ihre Überbleibsel in Gestalt der kleinen bäuer-

5 Wenn in der Folge Probleme der Geschichtsschreibung für unsere LPG aufgeworfen werden, so möchten wir sie als Anregungen und keineswegs als ein alle Aspekte berücksichtigendes Schema betrachtet wissen. Zugleich verweisen wir darauf, daß alles für die LPG Gesagte gleichermaßen für landwirtschaftliche Betriebe überhaupt gilt.

lichen Wirtschaften und des junkerlichen Großgrundbesitzes sind erst in jüngster Zeit auf revolutionärem Wege beseitigt worden. Wollte man den historischen Zusammenhang, die geschichtlichen Tatsachen und die Entwicklungslinien nicht berücksichtigen, so widerspräche das der Wirklichkeit unseres Seins und unserer marxistisch-leninistischen Weltanschauung, die uns in die Lage versetzt, den Sozialismus als Ergebnis des historisch gesetzmäßigen Prozesses in seiner umfassenden Bedeutung und seiner Vielschichtigkeit kenntlich zu machen.[6]

Die Geschichte unserer Dörfer ist ein untrennbarer Bestandteil unserer nationalen Geschichte. Wer denkt in diesem Zusammenhang nicht an die frühbürgerliche Revolution der Bauern unter der Führung von Thomas Müntzer? In Thüringen und im westlichen Sachsen wird diese große frühe Klassenschlacht der Bauern gegen die Feudalherren zur Dorfgeschichte gehören, und zahlreiche Quellen werden dort Aufnahme in den Manuskripten finden können. In anderen Bezirken unserer Republik werden es andere Ereignisse, regionale Besonderheiten sein, die in eine Dorfgeschichte gehören. „Alle Geschichte verläuft in der Spannung zwischen nationaler Problematik und regionalen Aspekten. Sie hat stets auch eine landschaftliche, örtliche Seite, wie das Allgemeine nicht existiert ohne das Besondere."[7] Bei der Behandlung des Großen Deutschen Bauernkrieges können die Betriebsgeschichten unserer LPG zur weiteren Erforschung der allgemeinen Geschichte beitragen, wenn sie Angaben über die Rechtsverhältnisse der Bauern gegenüber den Landes- und Grundherren, über die Belastung durch Steuern, Zehnte, Naturalabgaben, Dienste und die Reaktionen der einzelnen Dörfer auf die feudale Ausplünderung, zum Beispiel im Bauernkrieg, enthalten.

Der Sieg des Adels und der Geistlichkeit über die Bauern hatte weittragende Folgen. Es wurde nicht nur die Einheit Deutschlands auf Jahrhunderte hinaus verhindert, sondern es begann auch in den östlichen Provinzen Deutschlands jene reaktionäre geschichtliche Phase im Leben der Bauern, die mit dem Namen „zweite Leibeigenschaft" und „Bauernlegen" verbunden ist. In Mecklenburg, Pommern, Brandenburg und in der Lausitz wurden die Bauern in das Joch der Gutsherrschaft – Form der Klassenherrschaft aller Gutsbesitzer über die feudalabhängigen Bauern – gezwungen. Das ging aber keineswegs gleichförmig vor sich. Während in Mecklenburg rund neun Zehntel der Bauernstellen vom 16. bis zum 18. Jahrhundert vernichtet wurden, war der Umfang des Bauernlegens zum Beispiel im gleichen Zeitraum in den übrigen preußischen Ländern weit geringer. Mitunter wurde das geraubte Land nicht den Rittergütern einverleibt, sondern anderen Bauernwirtschaften zugeschlagen. Welche Veränderungen traten in den Rechtsverhältnissen der

6 Vgl. *Heitz, Gerhard,* a. a. O.; *Radandt, Hans,* Wie schreiben wir Betriebsgeschichte? Berlin 1963, S. 34.

7 *Steinmetz, Marx,* Die Aufgaben der Regionalgeschichtsforschung in der DDR, in: Zeitschrift für Geschichtswissenschaft, 8/1961, S. 1742.

Bauern ein? Blieben sie Erbzinsbauern oder wurden sie Lassiten oder Zeitpächter, die das Land nur solange behielten, wie es den Gutsherren paßte? Wieviel Frondiensttage hatten sie in der Woche zu leisten, und welches Ausmaß hatten Abgaben und Steuern? Wurde die feudale Bedrückung und Ausbeutung gesteigert, oder unterblieb sie hier oder dort aus Furcht vor weiteren Aufständen?

Die Frondienste und die auf diesen basierende Arbeitsverfassung waren Gegenstand immerwährender Auseinandersetzungen zwischen den Feudalherren und den an die Scholle gefesselten Bauern. Die Auseinandersetzungen mit der Gutsherrschaft und dem feudalen Staat, also der bäuerliche Klassenkampf, wurde in den verschiedensten Formen geführt. Mitunter gelang es den Bauern, ihre Forderungen durchzusetzen und der herrschenden Klasse paroli zu bieten. Nicht selten wurden die Frondienste in eine Geldabgabe umgewandelt. Wo es möglich ist, sollte man untersuchen, ob die Leibeigenschaft bzw. Erbuntertänigkeit bereits vor den Reformen von 1807 aufgehoben wurde, ob es den Bauern gelang, verschiedene gutsherrliche Rechte und Privilegien, wie zum Beispiel das Recht der Schafhütung auf den Bauernfeldern, zu beseitigen und anderes mehr. Immer gehören solche Erfolge in eine LPG-Geschichte, da sie dazu beitrugen, die feudale Gesellschaftsordnung zu untergraben und dem Fortschritt Bahn zu brechen.

Von größter Wichtigkeit ist die Darstellung der Entwicklung der Produktivkräfte – also der Technik, der Nutzungssysteme, der Anbaukulturen usw. –, die Lenin das höchste Kriterium des sozialen Fortschritts nennt.[8] Wie verhielten sich die Bauern gegenüber dieser Entwicklung, besonders in der zweiten Hälfte des 18. Jahrhunderts, in der ein deutlicher Aufschwung der landwirtschaftlichen Produktion einsetzte? Die meisten bürgerlichen Historiker behaupten, daß die Bauern an dieser Entwicklung nicht teilnahmen, weil sie angeblich träge, faul und fortschrittsfeindlich waren und zudem die bestehenden feudalen Rechtsverhältnisse jede produktionstechnische Entwicklung unterbanden. Wenn auch die feudalen Produktionsverhältnisse nicht dazu angetan waren, die Entwicklung auf den bäuerlichen Wirtschaften zu forcieren, so haben neuere Untersuchungen doch den Nachweis erbracht, daß die Bauern durchaus nicht bar jeder Initiative waren. Solchen Erscheinungen sollte man unbedingt nachspüren. Seit wann und in welchem Umfang haben die Bauern neue Früchte, wie Klee, Luzerne, Esparsette, Kartoffeln, Rüben, Kohlgewächse, Tabak, Farbkräuter und anderes, angebaut? Ging man schon von der herrschenden Dreifelderwirtschaft ab, und führte man neue, zum Teil ausländische Betriebsweisen ein, oder gab es schon eine ganzjährige Stallfütterung und Verbesserungen in der Viehhaltung? Wenn einzelne bürgerliche Historiker, die immerhin einen gewissen bäuerlichen Fortschritt anerkennen, meinen, daß in diesem Fall die Gutsherrschaften die Lehrmeister der Bauern gewesen seien,

8 Vgl. *Lenin, W. I.*, Das Agrarprogramm der Sozialdemokratie in der ersten russischen Revolution von 1905–1907, Berlin 1952, S. 34.

so sollte man jenem Hinweis von Albrecht Daniel Thaer, dem großen deutschen Landwirt, nachgehen, daß der „Bauer den umliegenden Ritter- und Domänengütern eine bessere Kultur erst gelehrt hat".[9] Derartige Fälle nachzuweisen würde eine Betriebsgeschichte beleben und wäre von größtem Reiz und von großer Bedeutung für die allgemeine Agrargeschichte. Das schließt nicht aus, daß wir auch die Leistungen bedeutender fortschrittlicher Landwirte, wie etwa Albrecht Thaer auf Möglin, J. G. Koppe auf Wollup, J. G. v. Thünen auf Tellow oder Schultze aus Lupitz in der Altmark würdigen und ihr Verhältnis zu den Bauern darstellen.

Im Zusammenhang mit der Entwicklung der Produktivkräfte wäre auch die Ausbreitung der Warenproduktion zu behandeln, die die bäuerlichen Wirtschaften im 18. Jahrhundert mehr und mehr erfaßte und die Naturalwirtschaft allmählich zurückdrängte. Wie groß war der Anteil der Warenproduktion auf den Bauernwirtschaften, das heißt, was und wieviel wurde verkauft, und in welcher Weise erfolgte der Absatz? Welchen Einfluß hatte die Warenproduktion auf die Veränderung der sozialen Struktur im Dorfe? Wer konnte die soziale Stufenleiter erklimmen, und wer unterlag der Konkurrenz und wurde Kleinbauer oder Landarbeiter? Die Warenproduktion ermöglichte es mitunter Einzelbauern, aber auch ganzen Bauerngemeinden, Rittergüter zu pachten oder sogar zu kaufen. Auch diese Erscheinungen sollten behandelt werden, geben sie doch Zeugnis davon, daß die Bauern trotz der feudalen Unterdrückung und Ausbeutung die wirtschaftliche Entwicklung nicht selten zu ihren Gunsten ausnutzten und sich gegen ihre im ganzen feindlich gesinnte Umwelt behaupteten.

Eine Fundgrube für die Geschichte der Dörfer und die Vielzahl der zu behandelnden Probleme des bäuerlichen Lebens jener Zeit sind die zahlreichen Heimatbücher, Heimatkalender, Kreiskalender und Volksbücher, in denen Lehrer, Pfarrer, Archivare und Heimatforscher viele nützliche und interessante Beiträge lieferten. Als Beispiel nennen wir die Prignitzer Volksbücher oder die Oberbarnimschen Heimatbücher. In den letzteren sind von Rudolf Schmidt aufschlußreiche Angaben über fast alle Dörfer des ehemaligen Kreises Oberbarnim im Zusammenhang mit der Entwicklung der feudalen Gutsherrschaften gegeben worden. Ferner sind eine große Anzahl von Ortschroniken erschienen, die die Entwicklung einzelner oder mehrerer Dörfer von ihrer Entstehung bis zur Gegenwart widerspiegeln. In diesem Zusammenhang erwähnen wir auch die Dissertationen und Hochschulschriften, die sich mit der Entwicklung einzelner Dörfer, Güter oder Kreise beschäftigen. Die Bibliothekare werden bei der Beschaffung dieser Materialien gern behilflich sein und Auskünfte erteilen.[10] Man sollte auch nicht versäumen, einen Blick in ältere Jahrgänge der Kreis-

9 Annalen des Ackerbaus, hg. v. *Albrecht Thaer*, Bd 1, Berlin/Wien 1805, S. 189ff.

10 Wertvolles agrarhistorisches Material bieten die landesgeschichtlichen Zeitschriften, die im Gebiet der heutigen DDR erschienen sind, und zwar: Zeitschrift des Vereins für thüringische Geschichte und Altertumskunde, 1–8,

zeitungen zu werfen. Besonders in ihren Beilagen wurden häufig kleine Ortschroniken abgedruckt oder einzelne Probleme aus dem dörflichen Leben behandelt.

VON DER FRON ZUR SCHULDKNECHTSCHAFT

An der Wende vom 18. zum 19. Jahrhundert begann die bürgerliche Umgestaltung in Deutschland. Die Überwindung des überlebten Feudalismus war zur objektiven Notwendigkeit geworden, aber der Kapitalismus konnte sich in Deutschland nur dann durchsetzen, wenn er auch auf dem Lande siegte. Die Entwicklung der Produktivkräfte, der bäuerliche Klassenkampf, die französische Revolution und die darauffolgenden Napoleonischen Kriege und insbesondere die Niederlagen der Preußischen Heere im Jahre 1806 bei Jena und Auerstedt führten zu den Agrarreformen vom 9. Oktober 1807 in Preußen.[11] Das vielgerühmte „Oktoberedikt" gewährte jedoch den Bauern nur die persönliche Freiheit, die Aufhebung der verhaßten Leibeigenschaft oder Erbuntertänigkeit, während die feudalen Lasten und Abgaben bestehen blieben. Der Kampf der Bauern für die Verwirklichung der Reformen führte weiter zu den Gesetzen vom 14. September 1811 und 19. Mai 1816, die jedoch nur den spannfähigen Bauern die Ablösung von den feudalen Lasten gestatteten. Dabei mußten die erblichen Bauern ein Drittel oder die entsprechende geldliche Summe und die nichterblichen Bauern die Hälfte des Besitzes oder die entsprechende Summe abtreten, wenn sie als rechtmäßige Eigentümer ihres restlichen Besitzes anerkannt werden wollten. Es war der von Lenin so benannte „preußische Weg der Landwirtschaft", der von der Fronknechtschaft zur Schuldknechtschaft führte und der das kapitalistische Bauernlegen einleitete. Viele Bauern wurden Tagelöhner auf dem Rittergut oder wanderten in die Städte ab.

NF 1–37 und 28 Beihefte, 1854–1943; Neues Archiv für sächsische Geschichte und Altertumskunde (bis 1880 Archiv für sächsische Geschichte) 1–81, 1863 bis 1942; Zeitschrift des Harzvereins für Geschichte und Altertumskunde, 1–75, 1868–1942, ab 76, 1948, fortgesetzt als Harzzeitschrift; Sachsen und Anhalt, 1–16, 1925–1940; Mitteilungen des Vereins für Anhaltinische Geschichte und Altertumskunde, 1–14, 1877–1922; Lausitzisches, später Neues Lausitzisches Magazin, 1–25, 1768–1792, 1–117, 1822–1941; Geschichtsblätter für Stadt und Land Magdeburg, 1–75, 1866–1941; Jahrbücher des Vereins für Mecklenburgische Geschichte und Altertumskunde, 1–92, 1836 bis 1904; Schriften des Vereins für sächsisch-meiningsche Geschichte und Landeskunde, 1–94, 1888–1935; Monatsblätter der Gesellschaft für Pommersche Geschichte und Altertumskunde, 1–55, 1888–1942; Pommersche Jahrbücher, 1–34, 1900–1940.

11 In Mecklenburg wurde die Leibeigenschaft erst 1820, in Sachsen sogar erst 1832 aufgehoben.

Dieser Prozeß wird mancherorts durch örtliche Beispiele veranschaulicht werden können. In welcher Weise kämpften die Bauern um die Agrarreformen? Wo kam es zu Unruhen, Besetzungen von Schlössern und Herrenhäusern, wo wurden Protestschreiben verfaßt usw.? Wie wurde die Ablösung vollzogen, gaben die Bauern Land her, oder zahlten sie die entsprechende Geldsumme? Konnten sie das erforderliche Geld durch erhöhte Marktproduktion aufbringen, oder ruinierte die Ablösung die Bauern und zwang sie zum Verkauf ihres Restbesitzes? Wer waren die Aufkäufer der bäuerlichen Wirtschaften?
Wichtig wäre es auch, auf die Gesetze zur sogenannten Gemeinheitsteilung vom Jahre 1821 einzugehen; denn hierdurch wurden die Flurbereinigung und die Aufhebung der gegenseitigen Weidebenutzung eingeleitet. Damit wurde eine für den Kapitalismus unerläßliche Voraussetzung für die rasche Entwicklung der agraren Produktion auf der Grundlage der Auflösung der mittelalterlichen Feldgemeinschaft geschaffen und der Übergang zur individuellen Bewirtschaftung vollzogen. Wann wurde mit der Separation in den einzelnen Dörfern begonnen? Wo und weshalb gab es Widerstand gegen die Durchführung der Separation? Blieb nach der Flurbereinigung die alte Betriebsart bestehen, oder wurden neue Nutzungssysteme eingeführt, und wie sahen diese aus?
Die Zeit von 1815 bis 1849 war gekennzeichnet durch den Kampf um die demokratische Einheit Deutschlands gegen die feudal-absolutistische Reaktion, dessen Höhepunkt die Revolution von 1848/49 war. An den Kämpfen der Volksmassen nahm auch die bäuerliche Bevölkerung teil. In Brandenburg und Pommern zum Beispiel gab es große Bauerndemonstrationen gegen die Patrimonialgerichtsbarkeit. In vielen Fällen wurde Militär gegen die revoltierenden Bauern eingesetzt, um die Gutsherren, Landräte, Behörden usw. zu schützen.[12]
Welche Forderungen verbanden die Bauern mit ihren Demonstrationen? Ging es um die Abschaffung der gutsherrlichen Gerichtsbarkeit, die Beseitigung der feudalen Abgaben, die gerechte Verteilung des Bodens, die Verhinderung der Exekution gegen säumige Steuerzahler usw.? Überall, wo solche Aktionen stattfanden, sollten sie aufgezeichnet und ihre Ergebnisse festgehalten werden.
Die Revolution scheiterte infolge des Verrats der Bourgeoisie. Mit „Blut und Eisen" wurde die Einheit Deutschlands erst im Jahre 1871 durch Bismarck hergestellt. Es war keine demokratische Einigung; denn die Macht blieb in den Händen der Großagrarierkaste. Diese Art Einigung erhielt den preußischen Militarismus am Leben, der später das wichtigste Instrument des deutschen Imperialismus zur Durchsetzung seiner verbrecherischen Kriegspolitik wurde.
Die kaiserliche Agrarpolitik war alles andere als bauernfreundlich. Die Junker, ehemals Anhänger des Freihandels, setzten 1879 die Schutzzölle für Getreide durch, die sich nachteilig für die werktätigen Schichten und für die viehintensiven klein- und mittelbäuerlichen Betriebe auswirkten, während die Junker ihre Güter wirtschaftlich festigen konnten. Viele Bauern wurden ge-

12 Vgl. *Obermann, Karl,* Deutschland 1815–1849. Lehrbuch der deutschen Geschichte (Beiträge), Berlin 1961, S. 278ff.

zwungen, nebenbei in der Industrie zu arbeiten, um leben zu können. Im Jahre 1895 waren von den selbständigen Landwirten 502000, das heißt 20 Prozent, in einem Nebenberuf tätig. Nur in der Landwirtschaft nahmen in den achtziger und neunziger Jahren des vorigen Jahrhunderts die Nebenberufe zu.[13] Es war also ganz und gar nicht die gute alte „goldene Zeit", wie Legenden hartnäckig behaupten.

Ein wichtiges Mittel gegen die zunehmende kapitalistische Ausbeutung waren genossenschaftliche Zusammenschlüsse, von denen vor allem die von Raiffeisen zu nennen sind. Raiffeisen bemühte sich seit 1862 durch die Gründung meist genossenschaftlicher Kreditvereine die Stabilität der Bauernwirtschaften zu erhöhen und dem die Bauern ausplündernden Wucherkapital zu begegnen. Diese Genossenschaften konnten jedoch, obwohl sie vom bäuerlichen Selbsthilfegedanken durchdrungen waren, unter den kapitalistischen Bedingungen ihrer Umwelt und bei Anwendung im Grunde kapitalistischer Geschäftsmethoden den kleinen und mittleren Bauernwirtschaften keine grundlegende Veränderung ihrer Lage bringen. Letztlich wurden die Raiffeisen-Genossenschaften bis in die jüngste westdeutsche Gegenwart hinein von den Großbauern und Großagrariern beherrscht. Die Praxis dieser Genossenschaften kann in einer Betriebsgeschichte am konkreten Beispiel durch die Beantwortung solcher Fragen dargelegt werden: Wie standen die Bauern zu diesen Organisationen, welche Hilfe und welche Unterstützung empfingen sie? Welche Unterschiede gab es in der Ausnutzung dieser Genossenschaften durch die Großagrarier im Gegensatz zu den ökonomisch schwächeren Bauern?

Natürlich sollte man auch den Einfluß der Arbeiterbewegung und der Sozialdemokratischen Partei auf die Bauernschaft in der Betriebsgeschichte nicht vernachlässigen. Wie verhielten sich die Bauern zur damaligen Sozialdemokratie? Gab es hier und da Bündnispolitik in kommunalen oder allgemeinpolitischen Fragen?

In jedem Falle sollte man die volksfeindliche Politik des deutschen Imperialismus-Militarismus darstellen, insbesondere die Auswirkungen des ersten Weltkrieges, zum Beispiel die Verluste, die dieser Krieg den bäuerlichen Wirtschaften an Menschen, Tieren und Geräten brachte. Mit der Novemberrevolution war erneut für Deutschland die Stunde gekommen, die nationalen Grundprobleme zu lösen. Eine der entscheidenden Aufgaben war die Zerschlagung des Großgrundbesitzes. Vielerorts nahmen die Bauern an der Novemberrevolution teil und wurden Mitglieder der Arbeiter- und Soldatenräte. Auch diese Traditionen sollten soweit wie möglich in eine LPG-Geschichte eingearbeitet werden. Die Novemberrevolution löste bekanntlich weder die nationalen Aufgaben noch die landwirtschaftlichen Probleme. Auch die spätere, große Aktion zur Volksabstimmung für die Enteignung des fürstlichen Großgrundbesitzes führte noch nicht dazu, dennoch sollte man untersuchen,

13 Tausend Jahre Kampf der deutschen Bauern um ihre Freiheit, hg. v. *Rudolf Berthold*, Berlin 1961, S. 15.

wie ihre Auswirkung auf die Dorfbewohner war und welche Rolle sie im Dorf gespielt hat.
Besonders verheerend wurde die Lage der Bauern in der großen Weltwirtschaftskrise der Jahre 1929–1932. Die Not der Klein- und Mittelbauern erreichte solche Ausmaße, daß die Regierung gezwungen war, staatliche Stützungsmaßnahmen anzuordnen. Doch den größten Teil aller „Osthilfe"-Mittel erhielten die Junker, die sie nicht einmal für ihre Güter, sondern als Zuschuß für die Finanzierung ihres verschwenderischen Lebenswandels verwandten. Dem stand die wachsende Verschuldung der bäuerlichen Wirtschaften gegenüber, die sich in der steigenden Anzahl der Zwangsversteigerungen (entsprechende Zahlen bieten die „Statistischen Jahrbücher für das Deutsche Reich") widerspiegelt.
Um die Agrarkrise und die Not auf dem Lande zu lindern, schlug die KPD unter anderem vor, alle Schulden- und Zinszahlungen der Klein- und Mittelbauern aufzuheben und alle Pachtzahlungen an die Großgrundbesitzer sofort einzustellen. Das Bauernhilfsprogramm der KPD ist ein Ausdruck für die verantwortungsvolle Politik der KPD. Welchen Einfluß hatte es auf die verschiedenen bäuerlichen Schichten? Wo wurde die KPD von Bauern unterstützt? Gab es Austritte aus den von Großagrariern beherrschten Organisationen, zum Beispiel dem „Landbund"? Die volksfeindliche Agrarpolitik der herrschenden Kreise in der Zeit der „Weimarer Demokratie" brachte keine Verbesserung in der Lage der Bauern. Sie trug vielmehr dazu bei, der faschistischen Diktatur den Boden zu bereiten. Mit dem Machtantritt Hitlers wurde Deutschland in die finsterste Nacht gestürzt. Auch die Bauern sollten das erfahren, nachdem sich die faschistische Demagogie nach und nach in ihrem verbrecherischen Wesen enthüllte. Praktisch sah es so aus, daß der deutsche Bauer zunächst einige Vorteile aus der Drosselung der Lebensmittelimporte, die dem Absatz seiner Erzeugnisse vorher im Wege standen, und der Anlage von Lebensmittelreserven für den faschistischen Krieg ziehen konnte, aber bald machten sich die Kriegsvorbereitung und die faschistischen Raubkriege auch auf den Bauernwirtschaften nachteilig bemerkbar. Die bäuerlichen Wirtschaften wurden von Arbeitskräften entblößt, und allmählich entstand eine Notlage im Wirtschaftsleben durch Verluste an Menschen, Tieren, Gebäuden und Verwüstung der Äcker.
Eine wichtige Maßnahme der faschistischen Agrarpolitik war die Erbhofgesetzgebung (RGBl. 1933/I, S. 685). Die sogenannten Erbhöfe durften nicht verpfändet oder verkauft oder anderweitig belastet werden und genossen erhebliche steuerliche Vorteile. Voraussetzung für die Zuordnung zu dieser privilegierten Bauernschicht waren vor allem rassistische Gesichtspunkte.
Das Gesetz sah vor, daß landwirtschaftliche Betriebe in der Größenordnung von 7,5 bis 125 ha, die den faschistischen Bedingungen entsprachen, zu Reichserbhöfen erklärt werden konnten. Ein wesentlicher Grundsatz hierbei war die Unteilbarkeit des Betriebes, der nur noch einen Erbberechtigten zuließ. Die übrigen nunmehr besitzlosen Miterben wurden damit in die Rüstungsindustrie

und teilweise in die faschistische Wehrmacht getrieben. Im Jahre 1937 waren etwa 20 Prozent aller Bauernwirtschaften zu Erbhöfen erklärt, wobei der stärkste Anteil auf Betriebe in der Größenordnung von 20 bis 100 ha entfiel.[14] Die nächst größere Gruppe waren Betriebe in der Größe von 5 bis 20 ha. Mit den Erbhofbestimmungen wurde also versucht, den Teil der Mittel- und vor allem Großbauern, die erstens den rassistischen Maßstäben der Nazis entsprachen und zweitens ökonomisch so stark waren, daß sie die verheerenden Folgen der großen Weltwirtschaftskrise überstanden hatten, zu konsolidieren. Dagegen kamen Kleinbauern mit Besitz bis zu 5 ha nur in ganz seltenen Fällen in die Erbhofkategorie, wie ebenso die in der Krise ruinierten Bauern nicht die Chance eines begünstigten Neubeginns erhielten. Die mit der faschistischen Erbhofgesetzgebung zusammenhängenden Probleme, vor allem ihr Einfluß auf die Stärkung der Großbauern und die weitere Differenzierung der Bauernschaft sollten in einer landwirtschaftlichen Betriebsgeschichte am örtlichen Beispiel unbedingt behandelt werden.

Bei der Untersuchung der vielfältigen Fragen aus der Zeit des Kapitalismus und des Imperialismus ist die 1893 vom Bund der Landwirte angelegte und bis zum Ende des zweiten Weltkrieges reichende Zeitungsausschnittsammlung eine besonders wertvolle Quelle, deren politisch-historischer Teil in der Bibliothek des Museums für Deutsche Geschichte in Berlin, Unter den Linden, und deren landwirtschaftlicher Teil in der Landwirtschaftlichen Zentralbibliothek der Deutschen Akademie der Landwirtschaftswissenschaften in Berlin W 8, Krausenstr. 38/39, eingesehen werden kann.

Neben den Reichstags- und Landtagsprotokollen enthalten auch die Denkschriften der verschiedensten Landwirtschaftskreise zu Fragen der Agrarpolitik (zum Beispiel der Osthilfe) interessantes und für die Arbeit beachtenswertes Material. Ebenso ist ein Blick in die in unseren Bibliotheken vorhandenen Güteradreßbücher zu empfehlen, die detaillierte Angaben über einzelne Gutswirtschaften enthalten.

JUNKERLAND IN BAUERNHAND

Das Jahr 1945 brachte dem deutschen Volk mit der Beendigung des Krieges, der Zerschlagung des räuberischen deutschen Faschismus durch die Armeen der Anti-Hitler-Koalition die Möglichkeit eines friedlichen, demokratischen Neubeginns. Im Gegensatz zu den westlichen Besatzungszonen wurden in der damaligen sowjetischen Besatzungszone die völkerrechtlichen Bestimmungen von Potsdam konsequent befolgt; der Nazismus wurde mit seinen Wurzeln ausgerottet, die Betriebe der Kriegsverbrecher und Naziaktivisten wurden

14 Vgl. *Helling, Gertrud,* Zur Bodenpolitik des deutschen Imperialismus zwischen 1918 und 1945, in: Jahrbuch für Wirtschaftsgeschichte 1963, T. 3, Berlin 1963, S. 14f.

enteignet, und die Konzerne und andere Monopole gingen in die Hände des Volkes über.
Doch die erste große revolutionäre Aktion war die demokratische Bodenreform. Die Enteignung der Junker und Großagrarier und die Neuverteilung des Bodens an landarme Bauern, Landarbeiter und Umsiedler war eine historisch längst fällige Maßnahme, die erstens die Junker als Klasse und damit als militaristische Hauptstütze des aggressiven deutschen Imperialismus liquidierte und zweitens den jahrhundertealten Forderungen deutscher Bauern nach Aufteilung des junkerlichen Großgrundbesitzes Rechnung trug. Walter Ulbricht führte dazu auf einer öffentlichen Kundgebung am 29. Juli 1946 in München aus: „Eine der ersten Aufgaben zur Sicherung des Friedens, der Demokratie und der Ernährung unseres Volkes ist die Bodenreform. Diese Aufgabe hätte schon vor Jahrhunderten gelöst werden müssen.“[15]
Mit der Bodenreform wurde gleichzeitig ein brennend wichtiges Problem gelöst. Die Umsiedler, die durch den verbrecherischen Raubkrieg des faschistischen deutschen Imperialismus entsprechend den gemeinsamen Beschlüssen der alliierten Mächte in den vier Besatzungszonen angesiedelt wurden, erhielten im Osten Deutschlands Land zum Aufbau einer neuen Existenz. Sie schufen sich in fleißiger Arbeit mit Hilfe der staatlichen Organe eine neue Heimat und konnten bald mithelfen, die Not der ersten Nachkriegszeit zu überwinden. In einer LPG-Geschichte wird in den meisten Fällen ein Abschnitt über das Problem der Umsiedler unumgänglich sein. Hier sollten die Herkunft der Umsiedler und ihre soziale Stellung behandelt werden, ihr Verhältnis zu den Einheimischen und die Frage, welche Unterstützung sie erhielten, wie sie sich einlebten und wie sie zur Bodenreform standen, die auch ihnen Land gab. Natürlich wurde die Bodenreform nicht durch eine Anordnung erledigt, sondern in schärfstem Klassenkampf durch das Bündnis der Arbeiterklasse mit den werktätigen Bauern, Landarbeitern und Umsiedlern durchgesetzt.[16] Aus der ehemaligen Reserve der Bourgeoisie wurden aktive Verbündete der geeint handelnden Arbeiterklasse.
Die demokratische Bodenreform ist ein tiefer Einschnitt in der Geschichte unserer ganzen Nation und natürlich auch in der Geschichte jedes Dorfes und der LPG. Der Kampf um die Verwirklichung dieser revolutionären Maßnahme sollte durch Abbildungen, Dokumente, Zeitungs- oder Erlebnisberichte veranschaulicht werden – den Älteren zur Erinnerung, der Jugend zum Verständnis für Vergangenheit und Gegenwart. Je konkreter gerade dieser Teil einer LPG-Geschichte mit allen Auseinandersetzungen, den ersten Beratungen und Maßnahmen, gestaltet wird, um so besser wird sie ihren Zweck erfüllen und der geschichtlichen Größe der Bodenreform für ganz Deutschland, aber auch im eigenen Dorf Rechnung tragen.

15 *Ulbricht, Walter,* Die Bauernbefreiung in der Deutschen Demokratischen Republik, Berlin 1961, Bd 1, S. 133.
16 Ebenda, S. 118ff.

Dabei wird beispielsweise zu erwähnen sein, wer an den ersten Kreisbauernkonferenzen teilnahm, in denen die Bodenreform gefordert wurde, und wie es zu dieser Delegierung kam. Wie war die Zusammensetzung, und wie arbeiteten die Gemeindekommissionen, war ein Angehöriger des Dorfes in einer Kreiskommission für die Bodenreform tätig? Hier könnten Erlebnisberichte von Veteranen eingeblendet werden, die selbst miterlebt haben, wie die bäuerlichen Forderungen durch die ehemalige KPD, die SPD, den FDGB und andere demokratische Organisationen unterstützt und weitergetragen wurden. Ebenso sollte nicht unerwähnt bleiben, wie der Klassengegner, die Junker, Gutsbesitzer oder deren reaktionäre Helfershelfer reagierten, welcher Widerstand zu überwinden war, und ob es nicht auch hier und da einsichtige Vertreter des Großgrundbesitzes, Verwalter oder Pächter gab.

Das Bündnis der Arbeiterklasse mit den Bauern und allen antifaschistischen und demokratischen Kräften verwirklichte die uralte Forderung der Bauern nach Enteignung des Großgrundbesitzes und nach Verteilung des Bodens an die Werktätigen in unserer Landwirtschaft, an die, die den Boden von jeher bebaut und bearbeitet haben.

Für die Darstellung des Kampfes um die Durchführung der Bodenreform finden wir das entsprechende Quellenmaterial in den genannten Landeshauptarchiven und in den Kreisarchiven, die übrigens auch die Ablösungsakten aus den Reformen des vorigen Jahrhunderts aufbewahren.

Das sich auf die revolutionäre Aktion gründende Bündnis zwischen Arbeitern und Bauern war nicht mit dem Abschluß der Bodenreform zu Ende. Es wurde zur Grundlage unserer weiteren umfassenden gesellschaftlichen Entwicklung und manifestierte sich im Aufbau unserer Arbeiter-und-Bauern-Macht. Diese Bündnispolitik spiegelt sich im eigenen Dorfbereich, im Kreis oder Bezirk im Verhältnis der demokratischen Organisationen zueinander, in der Beteiligung der Blockparteien an der Lösung wichtiger Projekte und in der Arbeit der Ausschüsse der Nationalen Front wider. Welche Aktivisten des eigenen Bereichs waren an der Selbstverwaltung und am Aufbau der staatlichen Organe beteiligt?

Ein weiterer Abschnitt müßte der Entwicklung der Produktivkräfte im Dorfe gewidmet werden. Wie war die Produktivität der bäuerlichen Wirtschaften in der ersten Zeit nach 1945? Sicher gab es hierbei Unterschiede zwischen Alt- und Neubauern. Wie war der Maschinenbesatz, der Viehbestand, welche Erträge brachten die ersten Jahre, und wie brach sich die Erkenntnis Bahn, daß eine gemeinsame Bewirtschaftung vorteilhafter ist? Es ist ja bekannt, daß sich vor der genossenschaftlichen Bewirtschaftung da und dort – vielfach in Anknüpfung an alte, im bäuerlichen Bewußtsein erhalten gebliebene genossenschaftliche Traditionen – aus praktischen Erwägungen heraus bestimmte Formen der Gemeinschaftsarbeit herausgebildet hatten, so beispielsweise bei Feldarbeiten, in der Ernte, beim Drusch, in Weidegemeinschaften, beim Holzeinschlag oder bei Meliorations- und Straßenbauarbeiten.

Wo war das der Fall, und wie begann der Übergang zum höheren genossenschaftlichen Denken? Wer waren die Initiatoren der Bildung der Komitees für gegenseitige Bauernhilfe und der VdgB, und welche Auswirkungen hatten diese Organisationen zunächst und später für den genossenschaftlichen Gedanken? Wo kamen die ersten sowjetischen Traktoren und Landmaschinen zum Einsatz, und welchen Anteil hatten die MTS insbesondere durch die Sammlung von Feldbearbeitungsaufträgen und deren komplexe Durchführung an diesem Prozeß? Auch diese Fragen am konkreten Beispiel zu beantworten ist um so notwendiger, als sich gerade für die ersten Jahre nach der Bodenreform noch die Möglichkeit bietet, Erlebnisberichte zu sammeln und zu verarbeiten. Gerade durch die breite Mitarbeit vieler Bauern wird die Arbeit an einer LPG-Geschichte zu einer Angelegenheit des ganzen Dorfes, und es muß festgestellt werden, daß hier für die historische Forschung zur Zeit noch Quellen vorhanden sind, die genutzt werden müssen, bevor sie versiegen.
An dieser Stelle sei auf das schon mehrfach angeführte Buch von Walter Ulbricht „Die Bauernbefreiung in der Deutschen Demokratischen Republik", Band 1, Berlin 1961, und Band 2, Berlin 1962, verwiesen, das eine Fülle von Tatsachen und Anregungen zur jüngsten Agrargeschichte vermittelt. Empfehlenswert für die Behandlung der Fragen aus Vergangenheit und Gegenwart sind ferner auch das zweibändige Werk von G. G. Kotow, „Agrarverhältnisse und Bodenreform in Deutschland", Berlin 1955, und die ebenfalls schon erwähnte Broschüre „Tausend Jahre Kampf der deutschen Bauern um ihre Freiheit", herausgegeben von Rudolf Berthold, Berlin 1961.

NEUES LEBEN IM SOZIALISTISCHEN DORF

War die Bodenreform die große historische und politische Leistung der ersten Jahre, so folgte ihr wenig später eine weitere revolutionäre Bewegung. Seit der II. Parteikonferenz der SED im Juli 1952, die den Aufbau des Sozialismus zum konkreten Programm erhoben hatte, wurde auf allen Gebieten unseres gesellschaftlichen Lebens verstärkt die Schaffung der Grundlagen des Sozialismus in Angriff genommen. Das galt auch für unsere Landwirtschaft, in der sich bereits die ersten Produktionsgenossenschaften gebildet hatten. Mehr und mehr stieß die Kapazität der auf Großflächen erst rentabel arbeitenden agrotechnischen Aggregate auf die Schranken der durch die Parzellierung entstandenen Kleinflächen. Und wieder war es das Bündnis der Bauern mit der Arbeiterklasse, das diesen objektiven Widerspruch mit der Orientierung auf den genossenschaftlichen Zusammenschluß einer Lösung entgegenführte. Damit wurde nicht nur einer ökonomischen Gesetzmäßigkeit entsprochen, sondern auch die in Jahrhunderten vor sich gegangene Zersplitterung des Dorfes überwunden und seine Einheit wiederhergestellt.

Von den bäuerlichen Traditionen ausgehend, sagte einst Friedrich Engels die künftige Bildung landwirtschaftlicher Produktionsgenossenschaften auf folgendem Wege voraus: „durch eine Wiedergeburt der Mark, aber nicht in ihrer alten, überlebten, sondern in einer verjüngten Gestalt; durch eine solche Erneuerung der Bodengemeinschaft, daß diese den kleinbäuerlichen Genossen nicht nur alle Vorteile des Großbetriebes und der Anwendung der landwirtschaftlichen Maschinerie zuwendet, sondern ihnen auch die Mittel bietet, neben dem Ackerbau Großindustrie mit Dampf- oder Wasserkraft zu betreiben, und zwar für Rechnung nicht von Kapitalisten, sondern für Rechnung der Genossenschaft."[17]
Die Erinnerungen an die Markgenossenschaft, die sich in Resten bis in das 19. Jahrhundert hinein erhalten hatte, in der in demokratischer Weise und nach gemeinsamer Vereinbarung alle Fragen der Bodennutzung, der Ernte und der Viehhaltung geregelt wurden, lebten trotz jahrhundertelanger Ausbeutung und Unterdrückung, trotz des Raubes des Bauernlandes durch „Adel und Geistlichkeit unter williger Beihilfe der Landesherrschaft"[18] in den Köpfen der Bauern fort. „Diese Erinnerung begeisterte die Vorkämpfer der Bauernsache. Sie war das Programm aller Befreiungskämpfe der Bauern."[19]
Erfüllt werden sollte diese Forderung erst im ersten deutschen Staat der Arbeiter und Bauern, in der Deutschen Demokratischen Republik. Die neuen, sozialistischen Produktionsverhältnisse auf dem Lande ließen die alte Markgenossenschaft gewissermaßen Auferstehung feiern, natürlich auf einer anderen Stufenleiter, im neuen, modernen Gewande. „Auf der Basis des genossenschaftlichen Eigentums und der Anwendung der modernsten Technik arbeiten alle unsere Bauern mit gleichen Rechten und Pflichten am Aufbau unserer neuen, sozialistischen Gesellschaft."[20]
Der Schritt zur genossenschaftlichen Arbeit auf sozialistischer Grundlage war ein bedeutungsvoller Abschnitt in der bäuerlichen Geschichte, der von seinen Anfängen an, mit seinen ersten Schwierigkeiten, Erfolgen oder auch auch zeitweiligen Rückschlägen, gezeigt werden sollte. Es müßte Aufgabe einer Geschichte landwirtschaftlicher Betriebe sein, den Weg bis zu diesem eigenen Beginn ausführlich zu zeigen. Wie so oft, wenn es um Neues im Denken und Handeln der Menschen geht, dürfte es da und dort Hemmungen, Zweifel und innere Widerstände gegeben haben. Gerade so einschneidende, revolutionäre Veränderungen werden nicht selten durch eine Bewußtseinsbarriere, durch einen alten Zopf ehemals begründeter Vorurteile und verschiedene, durch die unerbittliche Konkurrenz im Kapitalismus anerzogene Lebensgewohnheiten erschwert. Friedrich Engels hat diese komplizierte Problematik schon vor genau 70 Jahren klar erkannt und den Weg zu ihrer Lösung gewiesen: „Die

17 *Engels, Friedrich,* Die Mark, in: Marx/Engels, Werke, Bd 19, Berlin 1962, S. 330.
18 Ebenda, S. 324.
19 *Tausend Jahre Kampf der deutschen Bauern um ihre Freiheit,* a. a. O., S. 15.
20 Ebenda.

Hauptsache bei alledem ist und bleibt die, den Bauern begreiflich zu machen, daß wir ihnen ihren Haus- und Feldbesitz nur retten, nur erhalten können durch Verwandlung in genossenschaftlichen Besitz und Betrieb. Es ist ja gerade die durch den Einzelbesitz bedingte Einzelwirtschaft, die die Bauern dem Untergang zutreibt. Beharren sie auf dem Einzelbetrieb, so werden sie unvermeidlich von Haus und Hof verjagt, ihre veraltete Produktionsweise durch den kapitalistischen Großbetrieb verdrängt. So liegt die Sache; und da kommen wir und bieten den Bauern die Möglichkeit, den Großbetrieb selbst einzuführen, nicht für kapitalistische, sondern für ihre eigene gemeinsame Rechnung. Daß dies in ihrem eigenen Interesse, daß es ihr einziges Rettungsmittel ist, das sollte den Bauern nicht begreiflich zu machen sein?"[21]

Und sie begriffen es, denn es fanden zahlreiche fortschrittliche Bauern bald den Weg zur genossenschaftlichen Arbeit. Dieser Weg war sicherlich vielfach nicht einfach zu finden. Deshalb gerade scheint es besonders wichtig – nicht zuletzt, weil einmal auch in Westdeutschland diese Fragen gelöst werden müssen –, diesen Beginn zu analysieren und in der eigenen Dorf- oder LPG-Geschichte festzuhalten. Wer waren die Bahnbrecher im Dorf, welche Schwierigkeiten hat es gegeben, und welche Erfolge sind nach und nach erreicht worden? Welchen Anteil hatten daran die Wissenschaftler mit ihren sachkundigen Ratschlägen für eine verbesserte Viehhaltung, für die Intensivierung des Feldbaus und für eine Vervollkommnung der Leitungstätigkeit? Welche Wirkung hatten die Beispiele gut arbeitender Genossenschaften oder Volkseigener Güter in der näheren oder weiteren Umgebung auf die eigene Arbeit und deren Ergebnisse? Wo kamen Industriearbeiter als Kader aufs Land, wie war das Verhältnis der Bauern zu ihnen, und wie wirkte sich ihre Arbeit aus?

Und hierbei gilt es nicht nur die Erfolge in der Entwicklung der Produktivkräfte, in der Arbeit und ihrer Organisation, sondern auch den Fortschritt im gesellschaftlichen Leben zu sehen. Wie ist die Gleichberechtigung der Frau durchgesetzt und deren häusliche Belastung durch Gemeinschaftsküche, Kinderkrippen und andere Einrichtungen erleichtert worden? Wie hat sich das Bild des Dorfes als Ganzes gewandelt, wie sieht es mit dem kulturellen Leben aus? In welcher Weise hat sich das Bildungswesen verbessert, und wie hat sich der Übergang von der überkommenen einklassigen Dorfschule über die Zentralschule zur polytechnischen zehnklassigen Oberschule vollzogen, und wieviele Dorfbewohner bzw. LPG-Mitglieder haben eine Hochschule oder Universität besucht?

Hierin spiegelt sich die im Sozialismus angestrebte Angleichung der ländlichen Lebensverhältnisse an das städtische Niveau wider, und der Leser einer LPG-Geschichte sollte erfahren, welchen Anteil die Gemeinde und die Mitglieder der Genossenschaft selbst daran haben. Deshalb wird es auch wichtig sein zu zeigen, wie die Pläne erfüllt wurden, wie sich der Wert der Arbeitseinheit und

21 *Engels, Friedrich,* Die Bauernfrage in Frankreich und Deutschland, in: Marx/Engels, Ausgewählte Schriften, Bd 2, Berlin 1955, S. 407f.

der unteilbare Fonds entwickelt haben, ob staatliche Überbrückungshilfen oder Zuschüsse nötig waren, ob sie gestundet, storniert oder getilgt wurden. Hierbei empfiehlt es sich, Tabellen mit jährlichen Daten zu bringen, die einen Vergleich mit der jüngsten Vergangenheit ermöglichen. Selbstverständlich muß in einer LPG-Geschichte ausgesagt werden, seit wann das Dorf vollgenossenschaftlich arbeitet und wie sich der völlige Zusammenschluß ausgewirkt hat. Hier sind Ausführungen über das System der innergenossenschaftlichen Demokratie, darüber, wie es funktioniert und welche Rechte und Pflichten jeder Genossenschaftler hat, am Platze; denn nicht nur unsere Dorfbewohner werden diese Zeilen lesen, sondern auch immer mehr westdeutsche Bauern, denen diese Begriffe noch nicht so vertraut sind.
Wenn etwas mangelhaft war, sei es auf dem Gebiet der Arbeitsorganisation, der Disziplin oder der Qualität der Arbeit, so sollte das ebenso wenig wie objektive, also etwa witterungsbedingte Rückschläge, Viehseuchen und ähnliches verschwiegen werden; gleichzeitig muß man aber auch zeigen, wie die Mängel und Schwächen durch Qualifizierung der LPG-Mitglieder in Kursen, Lehrgängen und Schulen oder durch Wettbewerbe, innerbetriebliche wie überbetriebliche, überwunden wurden. Natürlich sollte der Wettbewerb als ständige sozialistische Arbeits- und Leitungsmethode, wie in der volkseigenen Industrie so auch im Bereich unserer Landwirtschaft, herausgearbeitet werden; denn im Sozialismus bestimmt nicht mehr die Konkurrenz, sondern das gemeinsame Interesse das Verhältnis der Menschen zueinander. In diesem Kapitel ist auch der Einfluß überbetrieblicher Wettbewerbsaufrufe zur Verbesserung der Arbeit zu behandeln.
Die Bedrückung der Bauern durch den Ausbeuterstaat, durch Monopole und Großgrundbesitzer gehört in unserer Republik der Vergangenheit an. Unser Staat garantiert den Absatz der Arbeitsergebnisse unserer landwirtschaftlichen Produzenten und sichert die friedliche Arbeit durch den Schutz unserer Grenzen.
Man könnte sich vorstellen, daß einer LPG-Geschichte eine Ehrentafel mit den Namen derer beigegeben wird, die den Ehrendienst in der Nationalen Volksarmee abgeleistet haben. Und auch das Bündnis der Arbeiter und Bauern muß hier seine Würdigung finden – im Großen, in der Landwirtschaftspolitik unserer Regierung, zum Beispiel der Übergabe der Großtechnik der MTS an die Genossenschaften und im engen, nicht selten persönlichen Kontakt von Ministern oder dem Vorsitzenden des Staatsrats, Walter Ulbricht, mit unseren Bauern, und ebenso im Kleinen, in der kontinuierlichen Patenschaftsarbeit vieler Industriebetriebe und Institutionen mit einzelnen LPG. Denken wir nur an die praktische Hilfe bei der Feldarbeit oder umgekehrt an den Hilfseinsatz von Genossenschaftsbauern im Winter in den Kohlerevieren oder im Transportwesen. Das ist ein Ausdruck der tiefen Verbundenheit der Arbeiter und Bauern in unserem Staat. Immer stärker entwickelt sich hier eine in den Klassengesellschaften der Vergangenheit unbekannt gewesene moralisch-politische Einheit der Menschen, deren Vorbedingung die Einheit der Arbeiterklasse ist.

Ein Buch oder eine Broschüre mit der Geschichte der LPG wird sicher nicht nur von den älteren Genossenschaftlern gern zur Hand genommen werden, sondern es wird auch den Lehrern für den heimatkundlichen Unterricht eine willkommene Arbeitsgrundlage bieten. Der Jugend wird sie Ansporn sein, an der weiteren Gestaltung unserer sozialistischen Landwirtschaft tatkräftig mitzuwirken.
Damit schließt sich der Bogen, der von der Betrachtung der Vergangenheit über die Einschätzung unserer Gegenwart bis zur Darlegung des Weges, der in die Zukunft reicht – in eine Zukunft, die, wie überall in unserer Republik, auch im sozialistischen Dorf von Jahr zu Jahr ein reicheres und vielseitigeres Leben für jeden Bürger bereithält.

ALFRED SCHRÖTER

Krieg – Staat – Monopol 1914–1918

Die Zusammenhänge von imperialistischer Kriegswirtschaft, Militarisierung der Volkswirtschaft und staatsmonopolistischem Kapitalismus in Deutschland während des ersten Weltkrieges

1965. VIII, 172 Seiten – gr. 8° – MDN 13,30

Alfred Schröter befaßt sich in seiner Arbeit mit den Zusammenhängen von Kriegswirtschaft und staatsmonopolistischem Kapitalismus zur Zeit des 1. Weltkrieges in Deutschland. Auf Grund umfangreicher Literatur und neuer Quellen analysiert der Verfasser die deutsche Kriegswirtschaft nach ihrer Stellung bei der Entwicklung des staatsmonopolistischen Kapitalismus. Theoretische Darlegungen über das Wesen und die Erscheinungsformen der imperialistischen Kriegswirtschaft und der Militarisierung der Volkswirtschaft vervollständigen die Untersuchungen. Besondere Kapitel über die ökonomische Kriegsvorbereitung, die Wechselbeziehungen zwischen den sich aus der Kriegführung ergebenden ökonomischen Notwendigkeiten und den Gesetzmäßigkeiten der imperialistischen Entwicklung sowie über Erscheinungsformen der Militarisierung der Wirtschaft runden das Bild ab. Damit wird die Arbeit zu einer für Ökonomen, Historiker und Offiziere gleichermaßen interessanten und wichtigen Lektüre.

Bestellungen durch eine Buchhandlung erbeten

A K A D E M I E - V E R L A G · B E R L I N

Bei Fragen zur Produktsicherheit wenden Sie sich bitte an:
If you have any questions regarding product safety,
please contact:

Walter de Gruyter GmbH
Genthiner Straße 13
10785 Berlin
productsafety@degruyterbrill.com